创新型高等职业教育精品教材

“互联网＋教育”新形态教材

超越自我

——大学生创新创业基础教程

主编　孟德娜　吴万贵　林晓丹

上海交通大学出版社
SHANGHAI JIAO TONG UNIVERSITY PRESS

内容提要

本书从实用角度出发，系统讲述了创新与创业的相关知识。全书共 8 个模块，分别为“生活无处不创意”“创新能力如何练”“创业素质养成记”“寻找机会费思量”“警钟长鸣控风险”“创业资源巧整合”“创业万事开头难”“创业发展有诀窍”，主要讲述了创意、创新与创业的关系，创新意识的培养，创新思维的开发，创业素质的提升，创业机会的识别，创业风险的评估，创业计划的制订，创业资源的整合，创业团队的建设，新创企业的设立与经营等内容，每个模块均包含创新创业的基本理论和基本技能训练，旨在全面培养大学生的创新意识和创业能力。

本书既可作为高等院校创新创业教育课程的教材，也可作为立志创新创业的各界人士的自学参考书。

图书在版编目（CIP）数据

超越自我 ：大学生创新创业基础教程 / 孟德娜，吴万贵，林晓丹主编. -- 上海 ：上海交通大学出版社，2021

ISBN 978-7-313-24772-8

Ⅰ. ①超… Ⅱ. ①孟… ②吴… ③林… Ⅲ. ①大学生－创业－高等学校－教材 Ⅳ. ①G647.38

中国版本图书馆 CIP 数据核字(2021)第 038122 号

超越自我——大学生创新创业基础教程

CHAOYUE ZIWO —— DAXUESHENG CHUANGXIN CHUANGYE JICHU JIAOCHENG

主　　编：孟德娜　吴万贵　林晓丹

出版发行：上海交通大学出版社　　地　　址：上海市番禺路 951 号

邮政编码：200030　　电　　话：021-64071208

印　　制：北京同文印刷有限责任公司　　经　　销：全国新华书店

开　　本：787mm×1092mm　1/16　　印　　张：15.25

字　　数：244 千字

版　　次：2021 年 3 月第 1 版　　印　　次：2021 年 3 月第 1 次印刷

书　　号：ISBN　978-7-313-24772-8

定　　价：45.00 元

前言

QIANYAN

创新创业，是国家发展之根，是民族振兴之魂。推动社会发展，不仅需要解放生产力，更需要解放人自身的创造力。为了激发广大人民群众的创造潜能，我国政府提出了“大众创业、万众创新”的口号，而大学生正是推进“大众创业、万众创新”的生力军。

为培养大学生的创新创业能力，统筹做好高校创新创业教育，教育部要求各高校把提高教育质量作为创新创业教育改革的出发点和落脚点，根据人才培养定位和创新创业教育目标要求，促进专业教育与创新创业教育有机融合。

基于此，我们特组织具有多年创新创业教学经验及创新创业大赛指导经验的一线教师共同编写了本书。本书从实用角度出发，系统阐述了创新与创业的相关知识，旨在全面培养大学生的创新意识和创业能力。

本书在编写过程中突出以下特点：

1. 故事开篇，趣味性强

本书每一模块都通过新鲜、有趣、热门、典型的创新创业故事引出正文，不仅可以激发学生的学习兴趣，还可以拓宽学生的知识面。

2. 体例新颖，实用为主

本书大胆创新，依据“行动导向法”“情景式探索活动法”等教学方法设计体例、安排内容，每一小节均包含以下版块：

- **创业思考：** 引出本节要介绍的重点内容，旨在使学生带着问题在文中寻找解决的办法。
- **创业课堂：** 重点讲解相关的理论知识。同时，在知识讲解中穿插了“案例阅读”“课堂互动”等栏目，增强了教材的可读性。
- **典型案例分析：** 每节内容讲解完毕后，编排了典型案例，并对案例进行了分析，以强化学生对理论知识的理解。
- **探索活动：** 根据所讲解的内容安排了探索活动，让学生在活动中感悟和体会，帮助学生巩固所学知识，培养学生的创业技能。此外，每个活动都提出了详细的评价标准，便于学生进行评分考核，以便量化学习效果并找出自身不足。
- **能力训练：** 能力训练包含知识训练、技能训练、小组讨论、游戏教学等活动，内容丰富、形式多样。

此外，为培养学生的创业技能，本书在编写过程中，特别强化了实践部分的内容，在每一模块后均增加了综合性的创业实践，为学生提供真实的创业情境，以使学生在体验中提升创新创业能力。

3．图文并茂，生动形象

本书在正文中插入了精美的图片，以使知识点的讲解更加生动、形象，从而帮助学生更快、更好地理解与掌握相关知识。

4．微信扫码，随扫随学

本书利用二维码技术配备了丰富的电子学习资源，学生拿出手机扫一扫，便可获取对应部分的精彩视频，随扫随学，非常方便。

本书由辽宁现代服务职业技术学院孟德娜、泉州经贸职业技术学院吴万贵、泉州纺织服装职业学院林晓丹担任主编，泉州经贸职业技术学院李文辉、湖南财经工业职业技术学院欧阳琳担任副主编，泉州经贸职业技术学院吴灵莉、苏亚三参与编写。其中孟德娜、欧阳琳负责编写模块一，模块二并统稿，吴万贵、李文辉负责编写模块三、模块四、模块七，林晓丹、苏亚三负责编写模块五、模块六，吴灵莉负责编写模块八。在编写过程中，我们参阅和借鉴了大量的相关文献资料，在此向文献作者和资料提供者表示衷心的感谢。

由于编写时间仓促，加之编者水平有限，书中疏漏与不当之处在所难免，敬请广大读者批评指正。

本书编委会

主　编　孟德娜　吴万贵　林晓丹

副主编　李文辉　欧阳琳

参　编　吴灵莉　苏亚三

目录

MULU

模块一

生活无处不创意

自我思考

你在这个世界上是独一无二的，你做的每一件事也是独一无二的。你正在创造独一无二的人生——不管你是谁，你正在以自己独一无二的方式影响着这个世界——无论影响大小。你的创意，你的创新，你的创业，都可能让这个世界发生或大或小的改变。

现在请你静静地想一想：你的独一无二对你意味着什么？你的独一无二对你周围的人意味着什么？你的独一无二对你生活的这个世界又意味着什么？你的独一无二是否代表你的人生也一定是独一无二的？假如是，那你想给这个世界带来什么样的独一无二的礼物？

开篇故事

大一男生寝室开理发店

下课后刚回寝室一会儿，便有预约的同学上门理发。最近，因为学长悄悄录下的一段视频，四川某汽车职业学院大一男生丁维杰在寝室内开理发店的事儿火了。

拿室友试手后开起理发店

2018 年 9 月，19 岁的丁维杰进入四川某汽车职业学院新能源汽车专业学习。由于家境一般，进入大学后，他便想找个兼职挣点生活费，但他找了一圈也没找到合适的。

不久后，丁维杰又萌发了边学习边利用课余时间创业的想法，但他不知道做什么。一次偶然的机会，他听到室友抱怨学校周边理发收费贵，每次理发至少二三十元。他想到自己曾在理发店做过兼职，对理发有一些初步的了解，这让他有了开理发店的想法。于是，他便花了 200 多元购置了剪刀、梳子、电推剪、围布等基本的理发工具。

丁维杰先为自己理了发，室友熊维光看到后觉得他替自己剪的还不错，就决定让丁维杰替自己理理试一下。当时，熊维光还担心丁维杰剪不好。但剪了后，熊维光直夸丁维杰手艺还不错。得到室友的肯定后，丁维杰更是信心十足，他每天利用课余时间在网上看视频学理发，边学边拿室友和班上同学继续试手。2018 年 11 月 20 日左右，在室友的鼓励下，他在寝室开起了快剪理发店，开始面向全校男生理发。

每次收五六元同学直呼便宜

丁维杰的理发店只负责剪，不负责洗，收费很便宜，大多都是每次五六元，最贵也不过八元。“同学觉得我剪得好的，多给我一两元。剪得不好的我还退钱。”开始时，丁维杰剪得比较慢，替 1 个同学理发 1 次要 1 个小时左右。此外，由于都是课余时间给同学们理发，所以每天只能接待两三个人。

某天，有一位学长来找他理发，理发时这位学长悄悄拍下了他理发的视频并发给了媒体。经媒体发布后，丁维杰在学校火了，加上他此前通过社交平台发布的“宣传”，不少同学开始在网上预约，要找他理发。找他剪过头发的同学表示：“他剪得还不错，和外面的理发店相比价格也很便宜，因此，找他理发的人越来越多，有时候都要排队。”

在得知丁维杰开寝室理发店的事后，学校决定免费为丁维杰提供一个工作室，让其带一个团队创业。现在国家大力支持大学生创新创业，所以学校也很重视，将帮助他申请创业资金。

资料来源：http://news.bandao.cn/a/158120.html

第一节　生活即创意

创业思考

谈到创意，你眼前会出现什么画面？很多人认为，创意不可捉摸，非常神秘。也有人说，创意的产生主要靠灵感爆发。那么，到底什么是创意呢？

为了方便理解，我们先来思考这样一个问题：如果你被鳄鱼咬住了腿，你会怎么办？

下面，我们来看看一个十岁的小女孩是怎么做的。

2017 年，美国一个叫朱丽安娜·奥萨的小女孩被一条短吻鳄咬住了腿。情急之下，她伸出食指和中指，堵住了鳄鱼的鼻孔。鳄鱼无法呼吸，只能张开了嘴巴。这时，正好救生员赶过来，顺利将她从鳄鱼的嘴里救了出来。

大部分人想到的是鳄鱼的鼻孔是呼吸的通道，而小女孩想到的则是救命的出口、逃生的管道。由此可见，创意是在与别人面对同样的问题时，产生的不一样的看法和解决方法。所以，创意不只与从事广告设计、文案创编等工作的人相关，而是与每一个人密切相关。只要留心观察，每个人都能在工作和生活中产生各种各样的创意。

创意在创业的过程中起着重要的作用。创业是目的，创意则是手段，一个好的创意有助于创业的成功。在进行下面的学习之前，请同学们先思考以下问题：

（1）你怎样理解创意？

（2）如何才能产生创意？在日常生活中，你有过好的创意吗？

创业课堂

一、创意的概念

创意是创造意识或创新意识的简称，是指通过对现实中存在的事物的理解和认知所衍生出的一种新的抽象思维或行为潜能。简单来讲，创意就是破旧立新，是具有新颖性的想法，是不同于寻常的解决方法。

案例阅读

创意无处不在

生活中到处充满了创意。例如，图 1-1 是一个饼干造型的小型笔记本。它只是在传统笔记本的基础上有了一个形状上的小小的创意设计，就让不少“吃货”爱不释手。

图 1-2 是一款用于搬家的背带。针对搬家费时、费力的痛点，设计师设计了这款功能型背带，让搬家的人们在搬运大型家电或家具时变得更加省力、方便。

图 1-1　饼干小本

图 1-2　搬家背带

二、创意的产生

创意绝不是无本之木，它来源于生活，是人们在对生活进行长期的观察、思考后产生的创造性的新思考。

一般来说，创意的产生需要遵循以下四个步骤：

（1）收集原始资料、数据，包括待解决问题的全部资料、数据，以及平时积累的一般性知识。

（2）认真研究、分析资料和数据，找出这些资料和数据之间的内在联系，并开始产生零碎的构思。

（3）深思熟虑，将知识、信息和经验融会贯通。创意的产生是一个不断推敲、分析、论证的过程，不可急于求成。

（4）积极听取不同意见，不断完善创意方案，以使其能够应用于实际。

在生活中，我们偶尔会因某些事物的触动而“灵光一闪”，产生一些有创意的想法，这时应及时将这些想法记录下来，再去进一步分析、论证。

小知识

让创意“灵光一闪”的五个好办法

（1）养成记录想法的习惯。每当有好的想法就及时记下来，以防遗忘。同时，应不时地提醒自己，努力去实践好的想法。

（2）平时多想一想“假如将两个不一样的东西组合在一起会产生什么？”例如，很多年前，有人将铅笔和橡皮组合在一起制成带橡皮头的铅笔，并申请了专利，赚了一大笔钱。

（3）经常做“假如……就会……”的思考游戏。例如，假如汽车能在天上飞，人们的出行就会更加快捷。

（4）深入学习，且不局限于自己感兴趣的方面。能够深入学习的人，其想象力和创造力一般会变得更丰富。

（5）多与同学就某个主题进行交流，因为思想的碰撞更容易产生智慧的火花。

资料来源：钟宇，朱勇刚，蔡向阳．创新创业实践能力训练．镇江：江苏大学出版社，2016.

典型案例分析

快递单上印广告 吸引千万投资

郭星曾就读于四川省某职业学校，因家里生活困难，她便在课余时间找了一份发传单的工作。工作期间，郭星发现，很多人为了尽快发完传单，会将几张传单发给同一个人，而且会把发不完的传单丢进垃圾桶，这使得传单的营销效果大打折扣。

“如何能让一份传单被更多的人阅读呢？”郭星想到了快递单。如今，网络购物的人那么多，如果将广告印在快递单上，至少能保证送件员和收件人可以阅读。同时，广告投放商也可以很便捷地查询到投放广告单的有效数量。

当晚，郭星便将该创业点子与同学李某进行了交流。次日，她们又召集了两名女同学进行讨论，大家一致认为这个创业点子很好。之后，这 4 名女生又找了些同学，组建了 10 余人的创业队伍。他们将团队分成两组：一组负责联系快递公司，以免费提供快递单作为条件，换取快递单上的广告位；另一组则去寻找愿意在快递单上做广告的客户。

但是，半个月过去了，除了有几家快递公司愿意合作外，他们仍没找到愿意投放广告的商家。一些同学开始有了放弃的念头，郭星也开始怀疑自己的创业模式。

当时，郭星正在约见一家网上售卖零食的食品公司。连续一周，她每天都会打两个电话给这家公司的前台，但对方均以“相关领导不在”婉拒了郭星。后来，她乔装成快递员，将“快递单广告”的宣传资料放在信封内，让该公司前台转交给相关领导。

等待一周后，该公司领导终于与她联系了。见面交流后，该公司支付了 8 000 元买下了快递单上的两个广告位。首笔订单不仅解决了团队的资金问题，而且给团队带来了巨大的精神鼓励。

后来，这个年轻团队中出现了一位年长的投资人，名叫李军。“我打算投 1 000 万元到这个项目。”李军表示。他非常看好“快递单广告”项目。他认为，这群学生提供了很好的创业点子，虽然他们欠缺社会经验，但可塑性很强，且有创业激情，所以他愿意与他们合作。

郭星和她的团队创业两个月后，已有 11 家快递公司与其合作，50 多个商家投放广告，营业额达到了 95 万元。某快递公司分部经理表示，该分部平均每天同城快递有 2 000 多份，每张快递单成本 3 角钱，使用该团队免费提供的快递单后，每天能节约 600 多元成本；投放广告的某网络店家表示，网购人群以年轻白领居多，正是他们所需要的客户群，所以广告投放效果不错，每天能增加 30～40 个订单。

资料来源：http://e.chengdu.cn/html/2012-08/16/content_342581.htm

【案例分析】

创意对创业而言有着重要的作用，有时一个新点子就能打开创业的大门。案例中，郭星正是因为想到了利用快递单投放广告这一创意点子，从而走上了创业之路，并获得了千万投资。

探索活动

水果拼盘金点子活动

活动目的：

通过活动，培养创意能力，增强创业信心。

活动背景：

很多大学生独自在外，大部分人买水果时每次只买一两种，以免买多了吃不完，造成浪费。这就为学生们提供了一个创业点子，那就是开一家水果拼盘店。

模拟情景：

小敏是某职业学院商务管理专业的一名学生，她希望利用课余时间进行创业。经过仔细考虑，她决定组织几个志同道合的同学在校园的创客空间里开一家水果拼盘店，为同学和老师提供便利且丰富的水果拼盘（见图 1-3）。

图 1-3　水果拼盘

金点子：

请为小敏的创业项目出谋划策（可分组进行），具体包括：

（1）给小店取一个有创意的名字，使大家一下子就能够记住这个水果拼盘小店。

（2）进行创意营销策划，即分析哪些营销活动能将小店以最快的速度推广出去。注意：应包括线上和线下相结合（online to offline, O2O）的营销策略。

（3）分析如何搭配水果品种更有创意。

（4）制订合理的定价策略。

头脑风暴时间为30分钟。讨论结束后，每组将讨论结果进行整理，并形成书面报告。

活动检测：

活动结束后，教师可根据表1-1对各小组进行评分。

表1-1　探索活动评价表

评分标准	满分	实际得分	备注
店名有创意，让人眼前一亮	30		
营销手段新颖、独特，能够吸引顾客	30		
水果品种搭配合理、有创意，符合顾客需求	20		
定价策略合理	20		
总分	100		

能力训练

创意能力训练

（1）写出关于可乐瓶的各种可能的用途，越多越好。具体做法：在一张纸的中间写上你的主要想法，然后拉出线，写出衍生的其他想法（每个想法拉出一条线）。

（2）将12根火柴摆成如图1-4所示的图形，可构成5个正方形。请移动其中两根火柴，使这12根火柴分别构成6个和7个正方形。

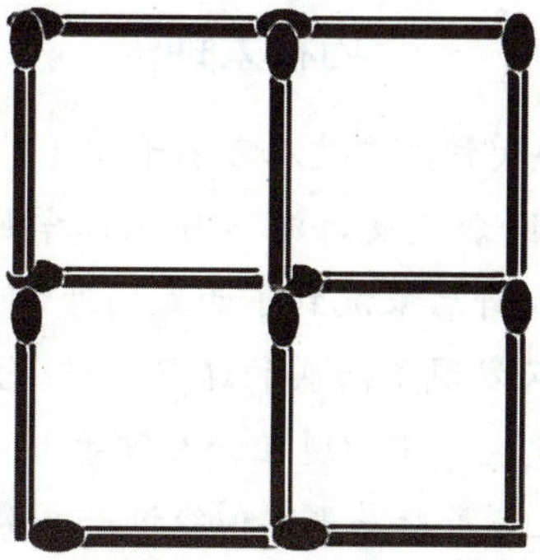

图1-4　火柴摆放示意图

（3）请试着参照手机的功能和应用来改造汽车。例如，手机能随身携带，据此发明一种能放在裤兜里的汽车。

第二节 从创意到创新

创业思考

创意是指创新的意识，而意识引导行为，所以应是先有创意，再去实践创新，最后得到成果。由此可见，从创意到实现创意，即从创意到创新，是一个质的飞跃。在进行下面的学习之前，请同学们先思考以下问题：

（1）创新是什么？创新的类型有哪些？

（2）在生活中，你是否发现某些日用品有需要改进的地方？具体应如何改进？

创业课堂

一、创新的概念

扫一扫

人类有史以来的部分创新发明

创新是指人们遵循事物的发展规律，对事物的整体或部分进行变革，从而使其得以更新和发展的活动。创新是以新思维、新发明和新描述为特征的一种概念化活动。实际上，并非只有重大的发明创造才是创新，对各种产品、技术、工作方法、制度规定、商业模式、服务模式等的改进都属于创新。

案例阅读

巧移大钟

北京市的大钟寺里有一座大钟，重达八万七千斤（1 斤=0.5 千克），号称“钟王”。这是明朝皇帝朱棣为了防止民众造反，派军师姚广孝收集老百姓的各种兵器后铸就的。不知是什么原因，这口大钟后来沉到了西直门外万寿寺前的长河的河底。一百多年后的一天，一个打鱼的老汉发现了河底的这口大钟。清朝皇帝得知此事后，下令将这口大钟打捞上来，并挪到觉生寺（即现在的大钟寺），然后再修建一个阁楼来悬挂这口大钟。从河底把大钟打捞上岸虽非易事，但经过一番努力，总算克服了种种困难打捞上来了。可要把这八万七千斤重的大钟挪到五六里（1 里=500 米）外的觉生寺去，谁也没有想出一个可行的办法来。

钟是夏天打捞出来的，可到了秋天还没有人想出主意来。有一天，参与此事的一个工头和几个工匠在工棚里喝闷酒。工棚内只有一块长长的石条当桌子用，大伙就围坐在石桌旁。这时外面正下雨，从棚顶上漏下来的雨水滴了不少在石桌上。坐在石桌一头的一个工匠叫坐在另一头的一个工匠再给他倒一盅酒。酒倒好后，大家在传递酒盅时没留神把它弄翻了。大伙连声叹道："太可惜了！""太可惜了！"这时，一个工匠很不耐烦地说："何必用手传呢！石桌上有水，是滑的，轻轻一推不就推过去了。"

坐在旁边的一个工匠沉思了片刻，然后将石桌子一拍，大叫起来："有啦！有啦！挪动大钟有办法啦！"这个工匠想到的办法是：在万寿寺与觉生寺之间挖一条浅河，放进一二尺（1 尺=0.33 米）深的水，等到冬天河里的水结冰后，费不了多大力气便能将大钟从冰上推到觉生寺去。后来，人们真的用这个办法将大钟从万寿寺挪到了觉生寺。

资料来源：http://blog.sina.com.cn/s/blog_14b1c793f0102x8nr.html

二、创新的类型

创新主要分为产品创新、技术创新、制度创新、职能创新和结构创新。

（一）产品创新

产品创新就是研发和生产出性能更好，外观更美，使用更便捷、更安全，更符合环境保护要求的产品，以更好地满足人们需求。产品创新可从以下三个层面来实现：

（1）开发具有新功能的产品。例如，3D 打印行业的翘楚——3D Systems 发布的 Cube 3D 打印机，具有打印平台自动找平功能，采用了全新的彩色触摸屏，具有直观的用户界面，打印时拥有漂亮的 LED 高亮显示效果，且其打印支撑结构更容易拆除。正因为有了这些创新，这种打印机堪称 3D Systems 的杀手级产品。

（2）优化产品结构。例如，企业通过优化电子产品的结构，使产品变得轻、巧、小、薄，更加节能环保。

（3）改进产品外观。例如，苹果公司曾推出彩壳流线型 PC 机（个人计算机），以提高市场占有率。

（二）技术创新

技术创新是指采用新的生产方法或新的原料生产产品，以达到提升质量、降低成本、保护环境或使生产过程更加安全和省力的效果。技术创新可从以下四个层面来实现：

（1）革新工艺路线。例如，用精密铸造、精密锻造、粉末冶金技术代替金属切削技术来生产复杂的机械零件，可大大缩短生产周期，降低成本。

（2）替代和重组材料。例如，从环保角度出发，以农产品为原料生产工业产品，如用玉米生产一次性水杯、餐具和包装盒等。

（3）革新工艺装备。例如，用电脑绣花机代替手工绣花，用数控机床代替手动操作机床，等等。

（4）革新操作方法。例如，用更省力、更高效的操作方法，代替一些传统的、不适应现代技术进步的操作方法。

（三）制度创新

制度创新就是从社会经济角度对企业的生产方式、经营方式、分配方式、经营观念等进行调整和变革，以推动企业发展和社会进步的一种创新。

（四）职能创新

职能创新就是在计划、组织、控制、协调等管理职能方面采用更有效的新方法和新手段。其常见形式如下：

（1）计划形式的创新。例如，某企业在购电、电网运行和用电方面创造性地采用了目标规划方案，结果每年节约电费 2 000 万元以上。

（2）控制方式的创新。例如，丰田汽车公司首创了准时生产制（just in time, JIT），显著降低了生产成本。

（3）用人方面的创新。例如，使用测评法选拔和考核干部，采用拓展训练等方法改善员工培训效果等。

（4）激励方式的创新。例如，某企业实行“自助餐式”奖励制度，即员工可以从企业提供的列有多种福利项目的“菜单”中选择自己所需要的福利，这种创新型激励方式使企业在付出同等成本的情况下获得了更好的激励效果。

（5）协调方式的创新。例如，某市政府试行科技特派员制度，市政府工作人员先通过调查，了解村镇和农业大户所需要的技术支持，同时将全市 3 500 名农业科学技术人员按专长分类并公布，然后将两者对接起来，让双方实行双向选择。经过这种协调方式的创新，农户和农业科学技术人员的收入都得到了大幅度增加。

（五）结构创新

结构创新是指设计和应用更有效率的新组织结构。结构创新按其影响范围的不同可分为技术结构的创新和经济与社会结构的创新。

（1）技术结构的创新。例如，福特汽车公司在 20 世纪 20 年代首创了流水线生产方式，让工人分工完成流水线上的简单工序，大大提高了生产率，从而开创了大规模生产标准产品的工业经济时代。

（2）经济与社会结构的创新，即通过调整人们的责、权、利关系来提高组织效能。例如，美国通用汽车公司在 20 世纪 20 年代通过采用事业部制，化解了统一领导与分散经营之间的矛盾，使规模经营与市场适应得到了很好的统一，从而极大地增强了公司的市场竞争力。

案例阅读

华为成功的奥秘在于六大创新

任正非说："创新虽然很难，但它是唯一的生存之路，是成功的必经之路。"他认为，创新是广义的，不仅包括技术创新、产品创新、商业模式创新，还应该包括制度创新、组织创新等。

一、技术创新

华为是全球各类组织中研发人数最多的公司。在华为的 18 万名员工中，从事研究与开发的人员约有 8 万名，占员工人数的 45%。

从 1992 年开始，华为就坚持将每年销售额的至少 10%投入研发。什么钱都可以省，什么事都可以打折，但"研发的 10%投不下去是要被砍头的"。

二、制度创新

华为在管理领域最大的制度创新就是"全员持股"。这是华为最大的颠覆性创新，也是华为创造奇迹的根本所在。

作为一个民营企业，任正非完全可以拥有华为的绝对控股权，但他一反常理，从华为创立的第一天起，就让员工自己为自己打工。

三、营销模式创新

任正非常说一句话："客户是我们的衣食父母，你们的工资收入和各项福利不是我给的，而是客户给的，客户才是你们真正的老板。"

早期，华为做代理商起步。为了客户和市场，华为颠覆了传统的营销模式，由代理模式走向了直销模式，其核心就是贴近客户去服务。正是华为跟客户零距离的沟通，改变了西方公司独霸市场的格局。

四、市场开发创新

华为在市场开发上有其独到之处。在华为成立早期，任正非就在公司倡导和推行"一点两面三三制"。所谓一点，是指要集中优势兵力于主要的攻击点上，反对在各点上平分兵力。所谓两面，是指必须采取勇敢包围的办法，防止敌人突围逃走。所谓三三制，是指无论是企业整体组织架构，还是企业内部团队，都按照权力下放、小团队独立作战的形式进行运作。任正非曾这样描述："华为选择了通信行业，这个行业比较窄，市场规模没那么大，面对的又是世界级的竞争对手，我们没有别的选择，只有聚焦，只能集中配置资源朝着一个方向前进。犹如部队攻城，选择城墙上的薄弱处，尖刀队先撕开一个口子，两翼的部队再蜂拥而上，把这个口子从两边快速拉开，千军万马压过去，不断扫除前进中的障碍，最终形成不可阻挡的潮流，将缺口冲成大道，城就是你的了。"

五、研发体制创新

华为在研发体制上创造出了以下两种模式:

（1）模块研发+系统集成模式。例如，固定网络研发部把产品分解成不同的功能模块，据此成立模块小组，每个小组由 4～5 个专家组成，分头进行技术攻关，最后再将各模块小组的研发成果集成一体。这样不仅大大提高了研发速度，而且降低了开发错误率。

（2）修长城+海豹突击队模式。例如，在无线研发部，底层架构研发强调“修长城”，面向客户的应用平台研发则推行“海豹突击队”模式，实现了整体作战能力和快速反应能力的有效结合。

六、决策体制创新

在企业决策机制上，华为最大的创新就是“轮值 CEO”，即各副总裁轮流担任 CEO，每半年轮值一次。这是对传统管理理论的颠覆性创新。

任正非认为，企业领袖应该是头脑越来越发达，四肢越来越萎缩。头脑要发达，是指精力要聚焦于企业思想和文化；四肢要萎缩，是指不要对下面的人指手画脚，否则下面的人会无所适从。

轮值 CEO 制度从体制上避免了山头问题，为公司积淀了很多杰出人才。同时，这种创新体制也使整个公司的决策过程越来越科学化和民主化。

资料来源：https://www.sohu.com/a/343036057_100122697

典型案例分析

“与众不同”的赚钱方式

有个年轻人想凭自己的聪慧赚钱，就跟别人一起来到山上，开山卖石头。

当别人把石块砸成石子，运到路边，卖给附近建筑房屋的人时，这个年轻人却把石头运到码头，卖给了花鸟商人。因为他觉得这儿的石头奇形怪状，卖重量不如卖造型。

就这样，这个年轻人很快就富裕起来了。3 年后，卖怪石的他成为村子里第一座漂亮瓦房的主人。

后来，村里不许开山，只许种树，于是村里有了好多果园。

当地的鸭梨汁浓肉脆，香甜无比。每到秋天，漫山遍野的鸭梨引来四面八方的商客。村民们把堆积如山的鸭梨一车一车地运往外地，甚至还发往国外。

鸭梨带来了小康生活，村民们欢呼雀跃。这时，这个年轻人却卖掉果树，开始种柳树。因为他发现，来这儿的商客不愁挑不到好梨，只愁买不到盛梨的筐。

5 年后，这个年轻人成为村子里第一个在城里买房的人。

再后来，一条铁路经村子贯穿南北。小小的山村更加热闹起来，村民们由单一的种梨、卖梨起步，开始发展果品加工等一系列深加工产业。

就在村民们开始集资办厂时，这个年轻人却在他的地头砌了一道 3 米高、100 米长的墙。这道墙面朝铁路，背依翠柳，两旁是一望无际的梨园。坐火车经过这里的人在欣赏盛开的梨花的同时，还能看到四个醒目的大字——可口可乐。据说，这是几百里山川中唯一的一个广告，这个年轻人仅凭这道墙，一年又有了 4 万元的额外收入。

资料来源：https://www.sohu.com/a/272037260_514944

【案例分析】

有时候，成功并不需要太多的社会阅历，也不需要庞大的资金，需要的是独特的眼光和非凡的创意。聪明人总能发现某些事物中潜在的价值，并能很好地将其加以利用，为自己赢得财富。

探索活动

发现生活中的创新

活动目的：

通过活动，开阔创意思维，体验创新的乐趣。

活动内容：

请同学们列出可以进行改进或重新设计的学习和生活用品，或专业领域的产品和服务（至少 3 种），并说明需要改进的具体内容。

活动检测：

活动结束后，教师可根据表 1-2 对学生进行评分。

表 1-2　探索活动评价表

评分标准	满分	实际得分	备注
需要改进的用品或服务名称（至少 3 种，每少 1 种扣 5 分）	20		
改进有一定的创新性	40		
改进合理	20		
描述具体、清晰	20		
总分			

能力训练

请根据下面的材料进行讨论。

李开复曾指出，不要做无用的创新。这一点在诺基亚产品上曾得到了很好的印证。诺基亚在研发上的投入非常大，有浩如烟海的专利，但是很多专利都没有投入到产品中去。有一部分专利虽然投放到了市场，但没有为公司带来利润。一个新产品，如果不能满足顾客的需求，不能给公司带来收益，那么它算不算创新？

到底什么才是真正的创新？请同学们以小组为单位就上述问题展开讨论。

第三节 从创意到创业

创业思考

从创意到实现创意，是一个质的飞跃；而从产生创意产品到形成商业模式，更是一个质的飞跃。一个创意只有经过一套切实可行的方案层层推进，才能为个人或企业带来利益。也就是说，创意仅仅是创业的一个起点。在进行下面的学习之前，请同学们先思考以下问题：

（1）什么是创业？

（2）创业的要素有哪些？

（3）创业过程主要包括哪些环节？

创业课堂

一、创业的含义

创业是指创业者通过寻找和把握创业机会，投入已有的技能知识，配置相关资源，创建新企业，为消费者提供产品和服务，为个人和社会创造价值与财富的过程。

创业包含以下四层含义：① 创业是一个创造的过程；② 创业的本质在于发掘与利用机会的商业价值，即要创造或认识事物的商业用途；③ 创业的潜在价值需要通过市场来体现，即市场是实现创业价值的渠道；④ 创业以追求回报为目的，包括个人价值的实现、知识与财富的积累等。

二、创业的要素

（一）创业的关键要素

创业的关键要素包括创业机会、创业团队和创业资源。

创业机会是指创业者可以利用的商业机会。从创业过程的角度来说，创业机会是创业的起点，创业过程就是围绕着创业机会进行识别、开发和利用的过程。

创业团队是指在创业初期（包括企业成立前和成立早期），由一群才能互补、责任共担、愿为共同的创业目标奋斗的人所组成的特殊群体。

创业资源是指企业在创造价值的过程中需要的特定资产，包括有形资产和无形资产。它是企业创立和运营的必要条件，主要包括创业人才、创业资金、创业技术和创业管理等。

（二）创业各要素之间的关系

我们可以从以下几个方面来认识创业各要素之间的相互关系：

扫一扫

创业三要素

第一，创业机会是创业过程的重要驱动力，创业团队是创业过程的主导者，创业资源是创业成功的必要保证。创业过程始于创业机会，而不是资金、战略、网络、团队或创业计划。开始创业时，创业机会比强大的团队和合适的资源更重要。在创业过程中，创业机会与创业资源之间经历着一个“适应—差距—适应”的动态过程。

第二，创业过程是创业机会、创业团队与创业资源三个要素匹配和平衡的结果。创业团队要善于配置和平衡，包括对创业机会的理性分析和把握，对创业资源的合理配置和利用，对工作团队适应性的正确认识和分析等，以不断推进创业过程。

第三，创业是一个连续不断地寻求平衡的行为组合。三个要素的绝对平衡是不存在的，但创业过程要保持发展，必须追求一个动态的平衡。在这期间，创业团队必须思考以下几个问题：目前的团队能否领导企业未来的成长？企业面临怎样的资源状况？下一阶段的运作与成功面临哪些困难与陷阱？这些问题在企业发展的不同阶段会以不同的形式出现，并会严重影响企业的可持续发展。

三、创业的过程

创业的过程包括从产生创业动机到创建新企业并获取回报的整个过程，通常包括以下六个环节。

（一）产生创业动机

创业动机是创业者创业的原动力，它能够推动创业者去发现和识别市场机会。创业活动的主体是创业者，创业活动的开展首先取决于一个人希望成为创业者。同时，创业动机不仅是创业者打算创业的一时冲动，更是其对创业目标与预期收益的深思熟虑。

（二）识别创业机会

识别创业机会是指创业者对可能成为创业机会的诸多事件的分析和对创业预期结果的判断。

国家产业政策的调整、新技术的出现、人口和家庭结构的变化、人们物质需求和精神需求的变化、流行时尚的变化等都可能带来创业机会。创业者应具有敏锐的观察力，能够及时、准确地识别创业机会，并对创业机会进行评估和筛选。

（三）整合有效资源

资源是创业的基础条件，整合资源是创业者开发机会的重要手段。之所以强调资源整合，是因为创业者可以直接控制的可用资源往往很少，许多创业者都需要白手起家。创业者需要整合的资源包括基本信息（如市场环境等）、人力资源（包括合作者、雇员等）、财务资源等。

（四）创建新企业

创建新企业需要进行大量的准备工作。其中，创业计划、创业融资和注册登记尤为关键。创业想法能否变成现实，关键看创业者能否制订一个周密的创业计划；资金短缺往往是制约企业发展的“瓶颈”，因此创业融资在企业的创建过程中起着至关重要的作用；创业者完成创业计划并获得企业融资之后，就可以按照法定程序进行注册登记，包括确定企业的组织形式、设计企业名称、向市场监督管理机关提出企业登记注册申请、领取营业执照等。

（五）实现机会价值

创业者整合资源、创建新企业的目的是实现机会价值。实现机会价值是创业过程中的重要环节。在创业过程中，确保新创建的企业得以生存是创业者必须面对的挑战，但创业者更应考虑到企业若不成长，就无法生存得更好，在激烈竞争的环境中尤其如此。因此，创业者必须了解企业成长的一般规律，预见企业在不同成长阶段可能面临的问题，以便采取有效措施予以防范和解决，使机会价值得到充分的实现，同时应不断地开发新的机会，把企业做活，做大，做强。

（六）收获创业回报

追求创业回报是创业者开展创业活动的目的。创业回报可以是多种多样的，创业者对创业回报的满意度在很大程度上取决于其创业动机。有调查显示，部分创业者的创业动机首先是自己当老板，然后才是追求财富。对于这些人来说，当老板的感受就是一种创业回报。

典型案例分析

花式卖水果

新时代下，不少年轻创业者都瞄准了互联网创业。2013 年，小邱也放弃了自己稳定的工作，注册了长春果健商贸有限公司（以下简称“果健”），用 O2O 模式开启了他的花式卖水果之路。

从开水果超市起步

上大学期间，有一次，小邱去沈阳旅行，路过水果批发市场时，他看到有些商贩在市场上买水果时一买就是十多箱，进货量较大，不像普通的水果商贩。上前询问后，小邱得知他们都是开水果超市的。

小邱想道：长春还没有大规模的水果超市，为何不在长春开一家呢？于是，他在沈阳对多家水果超市进行了考察，来了解他们的经营模式。

回到长春后，小邱便筹集资金，在某新住宅区租了一间130多平方米的门面房，复制沈阳大型水果超市的经营模式，和父母一道开起了水果超市。开业的第一天，他的店铺销售额就达到了1.3万元。“其实没有什么技术含量，就是照搬别人的开店模式。”小邱说。他认为，当时的生意之所以好，是因为水果超市在长春还很少见。随后，小邱采取了一系列的销售措施（如发传单、每天推出特价水果等），以吸引顾客，并取得了显著的效果。

但好景不长，因为这种传统水果超市门槛不高，复制性很强，所以没过多久，长春市的水果超市就数量激增，再加上房租不断上涨，小邱的收入变得不再那么可观。

鲜果切的失败反助成功转型

面对危机，小邱决定出去走一走，以寻求解决办法。他先后到了北京、上海、广州等地考察，发现电子商务模式在水果行业的应用越来越普遍，并且鲜果切（即新鲜的水果切片）在一线城市的需求量很大。回到长春，仅做了简单的随机调研后，小邱便购买了物流配送车，建好了网上鲜果切商城，做起了鲜果切生意。

但是，鲜果切销售了3个多月后，平均月销售额只有1 000多元，入不敷出，损失惨重。失败让小邱冷静下来思考了其中的原因：长春的生活节奏和消费水平与一线城市的不一样，所以深受一线城市认可的鲜果切，在长春却“水土不服”。此外，顾客对鲜果切的质量和卫生问题的质疑，也没能得到很好的解决。

想到这些，小邱决定卖绿色有机水果。首先被小邱选中的是草莓。他找到辽宁省丹东市的“九九草莓种植基地”，与当地农户签订了排他性协议，成为吉林省唯一的代理商。小邱明白，单凭自己宣传草莓如何绿色、健康，消费者是不会相信的。为消除消费者的疑虑，他想到了“让水果可溯源”这一办法。

小邱在草莓种植大棚内安装了摄像头，实时监控草莓的生长过程，并将监控内容链接到果健官网，消费者登录官网便可看到草莓的生长情况。此外，他还在草莓包装箱体上贴了二维码，顾客通过扫码也可以看到草莓的生长情况。

至于销售渠道，小邱放弃了网上商城，改用更加方便的微信。进货前，先由公司的销售人员通过微信朋友圈了解周围人对草莓的需求量，以确定进货量，保证水果无积压。3个月下来，公司销售额达到了84万元，小邱的水果生意再次红火起来。

但是，草莓的销售期只有短短的4个月。为增加绿色有机水果的种类，小邱又先后到海南、四川、云南等地，复制与丹东农户合作的模式，建立了自己的货源基地。至2015年，果健在全国建立了20多个绿色有机水果基地。

情感营销增加客户黏性

水果质量得到了保证，但如何才能广而告之，并增加客户的黏性呢？小邱带领团队尝试微信情感营销，即销售团队除在朋友圈发布水果销售信息外，还要晒工作、晒生活等，以让客户对果健产生感情。同时，果健鼓励客户在朋友圈晒“买家秀”，客户凭“买家秀”即可参与每月一次的抽奖活动。经过一年多的积累，果健线上的稳定客户达 3 万余人。

资料来源：https://m.sohu.com/a/272648651_117373

【案例分析】

创业需要魄力和勇气，需要创业者留心观察、敢于质疑、勤于思考、勇于实践。上述案例中的小邱从水果超市起步，到最后成功拥有自己的品牌和公司，关键在于他在创业初期和创业过程中认真分析了所面临的机遇和挑战，并不断对产品类型、营销策略等进行革新。

探索活动

创业模拟——合伙创办小吃店

活动目的：

通过活动，了解创业的要素和创业的过程。

活动内容：

在全班同学中挑选出 3 名同学，1 名模拟房东，另外 2 名模拟客人。其他同学每 5 人组建一个创业团队，模拟合伙创办一个小吃店。小吃店启动资金为 20 000 元。其中，房租 3 000～5 000 元，店铺装修费和设备费 10 000 元，剩余资金为现金储备。具体活动流程如下：

（1）各团队内部协商，确定组织架构和分工，包括店长、厨师、采购员、服务员等。

（2）各团队派出 1 名成员与房东谈判，争取以最低的价格租下店铺。

（3）各团队内部协商，确定经营的项目、店铺装修风格和营销策略等（要有特色，有创意），并做成纸质材料。

（4）两名客人到各店铺查看，并与房东一起根据表 1-3 为各团队打分。

表 1-3　探索活动评价表

评分标准	满分	实际得分	备注
人员分工合理	20		
房租合适（房租越低，得分越高）	20		
经营项目有创意	20		
店铺装修风格有创意	20		
营销策略有创意	20		
总分	100		

能力训练

请充分发挥你的想象力，以这些简单的图形或线条为基础，创作各种图画。

创业实践

请同学们从生活中捕捉“痛点”（最好能结合自己的专业），然后想出一个解决这个“痛点”的金点子，进行创业计划设计。具体实施步骤如下：

（1）每4～6人为一个团队，并选出一名团队负责人。

（2）以团队为单位探讨项目方向，确定创业主题和具体内容。

（3）在下次理论课时，由每队派出一名代表形成评委团。

（4）各队派一名代表在班级分享团队的创业主题和内容，由评委团进行评估，并提出建议。

（5）分享结束后，各队根据评委团的建议对项目进行完善，形成可行性方案。方案中应包括团队人员的职责分工、供货渠道、店面设计、日常经营管理（包括业务洽谈、售后服务、营销与推广等）等。

模块二

创新能力如何练

自我思考

2014年6月9日，习近平总书记在中国科学院第十七次院士大会、中国工程院第十二次院士大会上指出，广大青年科技人才要树立科学精神、培养创新思维、挖掘创新潜能、提高创新能力，在继承前人的基础上不断超越。

2018年3月7日，习近平总书记在参加十三届全国人大一次会议广东代表团审议时强调，发展是第一要务，人才是第一资源，创新是第一动力。中国如果不走创新驱动道路，新旧动能不能顺利转换，是不可能真正强大起来的，只能是大而不强。

请同学们想一想，如何才能培养创新思维、挖掘创新潜能、提高创新能力？

开篇故事

大学生发明“环卫机器人”

当前，我国城市湖泊公园打捞水面垃圾漂浮物基本都依靠传统的人工作业，这不仅费时费力，还具有一定的危险性。那么，有没有一种不用人工作业，而且安全快捷的垃圾打捞方法呢？为了解决这个问题，湖南某大学的几位学生在老师的指导下，发明了一种“城市小型湖泊水面智能清理装置”。

那么，这个智能清理装置到底是怎样打捞湖面上的垃圾的呢？

城市小型湖泊水面智能清理装置其实就是一个水面清洁机器人。机器人工作时，主要利用机械结构模仿人类对湖面垃圾进行打捞。它的机械结构由控制系统、驱动装置、执行机构三个部分组成。其中，控制系统就像人类的大脑，可以通过图像识别技术、通信技术等，识别和接收各种信号，以保证人们对装置的远程无线控制。驱动装置则像人类的小脑，可保证装置运转的协调，例如，船体底部安装的驱动电机可带动螺旋桨转动，螺旋桨转动提供的动力又能推动船体前进。执行机构则相当于人的四肢，通过电机驱动主动轴轴上的链轮带动链条转动，可使打捞网随链条转动而往复打捞湖面垃圾，并运输到船体后方的垃圾箱中。

2017 年 9 月，在第三届全国大学生环境生态科技创新大赛上，这个项目获得了科技实物类一等奖。

资料来源：http://hnndxb.cuepa.cn/show_more.php?doc_id=2355613

第一节 思维枷锁要打破

创业思考

有位科学家曾这样说过：“妨碍人们创新的最大障碍，并不是未知的东西，而是已知的东西。”一个人如果总是沿着一定的方向、一定的秩序去思考，久而久之就会形成一种惯性，从而阻碍新观点的出现。了解阻碍创新思维的枷锁，可以使我们免受这些思维枷锁的束缚。在进行下面的学习之前，请同学们先思考以下问题：

（1）束缚创新思维的枷锁有哪些？

（2）如何才能摆脱思维枷锁的束缚？

创业课堂

一、常见的创新思维枷锁

（一）从众型思维枷锁

从众型思维是指在认知判断、解决问题时，附和多数，人云亦云，缺乏自己的独立思考的一种思维方式。大多数人都有从众心理，因为思维上的“从众定式”，能够使人有一种归属感和安全感，但这种思维是一种缺乏创新意识、无主见、随大流的不良思维定式。

案例阅读

苹果的香味儿

在一次课堂上，老师拿出一个苹果，慢慢地从每一个学生的座位旁走过，他一边走一边说：“请同学们集中精力，仔细闻一闻空气中的味道。”

走完一圈后，老师回到讲台，把手里的苹果举起来晃了晃，问道：“有哪位同学闻到苹果的香味儿了吗？”有一位学生举手回答：“我闻到了苹果的香味儿！”老师又问：“还有哪位同学闻到了？”学生们你望望我，我看看你，都不作声。

老师再次走下讲台，举着苹果慢慢地从每一个学生的座位旁走过，并叮嘱道：“请大家再仔细闻一闻空气中有没有苹果的香味儿。”

回到讲台后，老师又问：“这次大家闻到苹果的香味儿了吗？”这次，绝大多数学生都举起了手。

老师停顿了一下，第三次走到学生中间，把苹果拿到没举手的每位学生面前，让他们好好闻一闻。回到讲台后，老师又重复了刚才的问题。这一次，除了一位学生没有举手外，其他学生全都举起了手。那位没举手的学生左右看了看，也慌忙举起了手。老师又问道：“大家闻到了什么味儿？”学生们异口同声地回答：“苹果的香味儿！”

这时，老师举起苹果，缓缓地说：“非常遗憾，其实这是一个假苹果，什么味儿也没有。”

资料来源：https://wenku.baidu.com/view/c36bf27fc5da50e2524d7f9a.html

（二）权威型思维枷锁

权威型思维是指盲目迷信权威，缺乏独立思考能力，以权威的是非为是非，一旦发现与权威相悖的观点或思想，便会认为其是错误的或荒谬的。权威型思维的产生有两个途径：一是儿童在走向成年的过程中所接受的“教育权威”；二是由于社会分工不同和知识技能方面的差异所产生的“专业权威”，也就是人们所说的“专家”。

权威是客观存在的，无论任何时代，只要有人的存在就会有权威的存在。但事实上，权威的观点也会受到人类对自然规律认识的局限性的影响。因此，盲目地相信权威，会使个体的思维失去积极性和主动性，甚至会把错误扩大。

（三）经验型思维枷锁

经验型思维是指过分依赖以往的经验，习惯以经验为标准来衡量是非的一种思维方式。经验是相对稳定的东西，通常情况下，经验对于人们处理日常问题是很有帮助的，特别是一些技术和管理方面的工作，都需要人们有丰富的经验。然而，这种稳定性也可能会导致人们对经验的过分依赖甚至盲从。从思维的角度来说，经验具有很大的狭隘性，它使人们习惯于用已有的或常规的模式去思考和处理问题，因此束缚了人思维的广度，而创新思维则要求人必须拓展思路，充分发挥想象力。

案例阅读

海鸥司令

第二次世界大战期间，英国某潜艇部队的司令被人们称为“海鸥司令”。就是这位“海鸥司令”，带领他的潜艇，在反击德军的潜艇战中，创下了辉煌的战绩。

战争一开始，这位司令就着手研究如何对付德军潜艇了。在潜艇战中，最关键的是如何隐蔽自己，如何及早发现敌人。可以说，谁先发现敌人，谁便赢得了取胜的主动权。由于双方都能充分应用雷达技术来及时报警，所以谁掌握了雷达仪器测探范围之外的侦察能力，谁就能真正拥有决胜权。

一天，这位司令一个人在沙滩上散步。突然，他看到几十米远的海面上，一群海鸥在低低地盘旋。那些海鸥“呀呀”地叫着，一会儿从空中俯冲到海面上，一会儿又在海面上低翔回转。他觉得很奇怪：一大群海鸥在那儿结集翻飞是什么原因呢？想到这，他拿起了望远镜。原来，海面上散浮着从潜艇厨房里扔出来的剩饭菜。这位司令知道海鸥盘旋的原因了，与此同时，一个奇特的计划在他的脑海中形成了。

不久，士兵们接到了司令下达的一项特殊命令，在潜艇巡航时，不断向海面施放食物。时间久了，士兵们发现，即便不施放食物，海鸥一发现水下有黑影移动，就会在海面上尾随等食。

司令的举动让士兵们很不理解，他们甚至会抱怨每天浪费了大量的食物。听到士兵们的抱怨，司令只是一笑了之，并没有收回成命。

正式的战役终于打响了。英军潜艇经常巡航的海面很快成了主要战场。这位司令给士兵们下达了新命令：“一旦发现海面上有海鸥结集飞翔，就说明德军潜艇出动了，即可发动攻击!”士兵们一下子明白了司令训练海鸥的良苦用心。

就这样，海鸥成了英军的“眼睛”。在海鸥的指引下，英军潜艇给了德军潜艇沉重的打击。

资料来源：http://www.doc88.com/p-464115548762.html

（四）书本型思维枷锁

书本型思维是指在思考问题时不顾实际情况、不加思考地盲目运用书本知识，一切从书本出发、以书本为纲的教条主义思维方式。书本知识是一种系统化、理论化的知识，是千百年来人类经验的结晶，其积极作用确实是巨大的，是个体创新能力提升的基础。但是，书本知识也有一定的缺点，如滞后性。

创新要求在继承的基础上有所突破，有所开拓，如果只是局限在已有的知识范围之内，个体是很难有所创新的。另外，创新的对象是不断运动和发展变化的，在一定的条件下，书本知识有可能会成为创新的障碍。

（五）自我贬低型思维枷锁

有的人做事没有信心，总认为“我不行，我做不到”，从来不敢去尝试一下。个体只有及时打破这种思维枷锁，从内心深处树立起信心，敢于挑战，勇于创新，才能充分挖掘自己的创新潜能。

对于大学生来说，思维的枷锁就像一座监狱，只有丢掉守旧观念，勇于冲破思维藩篱，才能走进创新的世界。

二、突破创新思维枷锁的方法

对于大学生而言，要想突破创新思维枷锁，可以从以下几个方面做起。

（一）增强独立意识

创新就是要做别人没有做过的事情，想别人没有想过的问题。大学生如果没有独立意识，不善于独立思考，而总是屈从于多数人的意志，就无法产生新的想法，创新也就无从谈起了。

（二）打牢知识基础

创新绝不是无本之木、无源之水，知识是创新的根基。唯有先打牢知识基础，才有可能创新。因此，大学生应精通所学课程，并培养广泛的阅读兴趣。

一个人的知识水平越高，其观察和分析问题的能力就越强，盲目跟风的可能性就越小。当然，这并不是说大学生可以过度依赖知识，而是要学会搜集与处理知识，灵活运用知识，以形成自己的独特见解。

（三）强化创新欲望

大学生不应满足于现成的思想、观点、方法等，而应敢于打破传统、打破权威，走前人没有走过的路，经常思考如何在原有基础上推陈出新，如经常思考“能否换个角度看问题？”“有没有更简捷有效的方法和途径？”等。

（四）投身社会实践

实践是检验真理的唯一标准。大学生要开发创新思维，就必须投身社会实践。高校也应针对大学生创新思维的培养，多组织开展行之有效的社会实践活动，让大学生在课堂学习之余，能够走向社会，投身实践。只有在实践中，大学生才能找出想与做的差距；只有在实践中，大学生的创新理念才能变为现实；也只有在实践中，大学生的创新意识和创新能力才能得到真正的发展。

典型案例分析

东芝公司的电扇营销

日本的东芝公司在 1952 年前后曾一度积压了大量的电扇卖不出去，7 万多名职工为了打开销路，绞尽脑汁地想了不少办法，但依然进展不大。

有一天，一名小职员向领导提出了改变电扇颜色的建议。当时，全世界的电扇都是黑色的，东芝公司生产的电扇也不例外。这名小职员虽然年轻，但是一个喜欢动脑子的人，他觉得电扇积压滞销是因为公司的产品与其他公司的产品没有区别，没有自己的特点。

这一建议引起了公司高层的重视。经过研究，公司最终采纳了这个建议。第二年夏天，东芝公司推出了一批浅蓝色电扇，结果大受顾客欢迎，还掀起了一阵抢购热潮，几个月内就卖出了几十万台。从此以后，在日本，甚至全世界，电扇就不再都是一副统一的黑色面孔了。

后来，公司公开嘉奖了这名小职员，同时提升他担任公司研发部的经理。公司的董事长在嘉奖大会上说，只是改变了一下颜色，大量积压滞销的电扇在几个月内就被售出几十万台。这个想法其实非常简单，但是，为什么其他的几万名职工就没人想到呢？为什么日本以及其他国家的成千上万家电器公司在长达几十年的时间里都没有想到过呢？这是因为自有电扇以来，它就是黑色的。虽然谁也没有做出过这样的规定，但是这在漫长的时间里已经逐渐成为一种惯例、一种传统，似乎电扇只能是黑色的，不是黑色的就不能称之为电扇。

资料来源：http://www.ruiwen.com/wenxue/gushihui/616800.html

【案例分析】

这样的惯例、这样的传统反映在人们的头脑中，其实就是一种根深蒂固的思维定式。正是这种思维定式，严重地阻碍和束缚了人们在电扇设计和制造上的创新思考。

其实，有时候突破和超越并不是多么艰难。一次小小的尝试，一个小小的改变，都可能会打开一个崭新的世界。大学生应时常反思自己是否被某种思维定式捆住了手脚，同时应学会不断突破，不断创新。

探索活动

如何用 5 美元赚到 500 美元？

活动目的：

通过活动，认识到思维定式是束缚创新思维的枷锁，同时挖掘自身的创新思维潜能。

背景资料：

斯坦福大学有一个叫“斯坦福科技创业计划”的项目，蒂娜•西利格是这个项目的明星导师，她的想法总是另辟蹊径。有一次，她把自己的学生分成了 14 个小组，并给了每组一个装有 5 美元“种子基金”的信封。她告诉学生，他们可以在周三到周日的这几天时间里尽情花时间做详细的规划，不过一旦打开信封拿出钞票，就要在 2 个小时之内，用这 5 美元赚到尽量多的钱。同时，每个小组要在周日晚上给她发一份 PPT，描述他们是如何完成任务的。此外，每个小组在周一的时候都有 3 分钟的时间在全班同学面前进行成果展示。

最后，大部分小组都用这 5 美元赚到了一些钱。有的小组通过在学校的舞会上设置照相摊位赚到了钱，有的小组通过向同学兜售定制 T 恤赚到了钱，也有的小组通过洗车、摆冷饮摊等赚到了钱。不过，有 3 个小组却想到了打破常规的更好的办法，他们在 2 个小时之内平均赚到了 600 多美元。如此高的回报率，他们是如何做到的呢？

有一个小组想到了大学城里的一个常见现象——每到周六晚上，一些热门餐馆前就会排起长队。他们决定通过向那些不想排队的顾客出售餐位来赚钱。到了周六晚上，他们两人一组来到各个热门餐馆前，一个负责排队，一个负责推销餐位。当快排到餐位时，就把餐位卖给后面不想排队的人，每个餐位最多卖到了 20 美元。在这个过程中，他们发现，女同学推销餐位的成绩要比男同学好很多。于是，他们临时调整了方案，由男生负责排队，由女生负责推销餐位。此外，他们还发现，有些餐厅会发震动式传呼机给等餐位的顾客，当他们把已排到座位的传呼机交给买餐位的顾客后，顾客通常会拿自己的传呼机交换，这样就可以用换来的传呼机把另一个餐位卖给到的更晚的顾客，再赚一笔钱。

第二个小组在学生活动中心旁边支了一个小摊，免费帮路过的同学检查自行车轮胎的胎压，如果胎压不足，可以花 1 美元在他们的摊点充气。事实证明，这个点子虽然很简单，但效果很好。虽然同学们可以很方便地在附近的加油站免费充气，但大部分人都非常感谢他们所提供的服务，因此乐意在他们的摊点充气。在摆摊 1 个小时之后，这组人调整了他们的赚钱方式，他们不再对充气服务收取 1 美元的费用，而是让同学们自由捐赠。结果，后面 1 小时赚的钱居然比前 1 个小时赚的还要多。

第三个小组认为，他们最宝贵的资源既不是 5 美元的启动基金，也不是 2 小时的赚钱时间，而是周一课堂上的 3 分钟展示时间。这里可是世界名校斯坦福大学，有多少公司都想在这儿招聘人才。于是，他们把这 3 分钟展示时间卖给了一家公司，并为这家公司制作了一个 3 分钟的招聘广告在课堂上播放。

活动内容：

（1）请结合上述案例，谈谈你对创新思维的理解。

（2）请大家仿照斯坦福大学的 5 美元创业计划，开启自己的探索活动之旅。

活动检测：

活动结束后，教师可根据以下标准评选出表现最优秀的小组：点子越有创意，赚取的钱越多，得分越高。

能力训练

突破思维定式训练

（1）一只青蛙从 6 米深的井底往上爬，每天爬上 30 厘米，倒退 20 厘米。请问：这只青蛙多少天能到达井口？

（2）有位老汉用 2 米长的绳子把牛鼻子牢牢拴住，把饲料筐放在 3 米以外的地方就走开了。当他回来的时候发现，牛已经把饲料全吃光了。请问：牛是如何做到的？

（3）王先生到 8 楼去办事，从大厅走到 4 楼用了 48 秒。那么，他再从 4 楼走到 8 楼需要多长时间呢？

（4）由 2 个阿拉伯数字 1 组成的最大数是多少？3 个呢？4 个呢？

（5）把一盘红豆和一盘黑豆混在一起炒，炒完之后倒在一个盘子里，豆子自然分成了两部分——一半红豆，一半黑豆。这是为什么？

第二节 思维方式需改变

创业思考

创新思维是创新活动的灵魂和核心。我们要想具备创新思维就应当改变思维方式，善于运用逆向思维、发散思维、联想思维等思考问题，从而发现解决问题的新途径、新办法。在进行下面的学习之前，请同学们先思考以下问题：

（1）什么是创新思维？

（2）常见的创新思维方式有哪些？

创业课堂

创新思维是指以新颖独特的方法解决问题的思维活动过程。拥有这种思维的人能突破常规思维的限制，从超常规甚至反常规的角度去思考问题，进而提出与众不同的解决方案。创新思维往往表现为提出新问题、设计新方法、开创新途径、解决新问题、创建新理论等。

创新思维的方式有很多种，常见的创新思维方式有逆向思维、发散思维、集中思维、联想思维、逻辑思维和灵感思维。

一、逆向思维

扫一扫

逆向思维

逆向思维又称“求异思维”，是指对司空见惯的，似乎已成定论的事物或观点反过来思考的一种思维方式。例如，当儿童落入水缸急需施救时，常规的思维模式是“救人离水”，而少年时期的司马光面对险情，却运用了逆向思维，果断地用石头把缸砸破，“让水离人”，从而挽救了小伙伴的生命。

运用逆向思维时，可以把握以下几点：

（1）反转型逆向思维法，是指将通常思考问题的思路反过来思考的一种思维方法。

（2）转换型逆向思维法，是指由于解决问题的常规手段受阻而转换成另一种手段，或者转换思考的角度，从而令问题得到解决的一种思维方法。

（3）缺点型逆向思维法，是指转换角度看待事物的缺点，将缺点加以有效利用的一种思维方法。

案例阅读

巧使汽车通过天桥

有一位司机驾驶货车通过一座天桥时，由于没有看到天桥的高度标记，结果使车卡在了天桥下面。为了弄出这辆货车，司机和当地交管部门的工作人员想了很多办法，但都无济于事。这时，旁边围观的一个小孩走了上来，笑着说：“你们为什么不把车胎的气放点出来呢？”大家一想，都觉得这确实是一个办法。于是，司机便放了一点车胎的气，使货车的高度降了下来，最终货车顺利地通过了天桥。

资料来源：https://www.docin.com/p-687355722.html

二、发散思维

发散思维又称“辐射思维”“放射思维”“扩散思维”等，是指从问题的要求出发，重新组织当前信息和已存储信息，沿不同的方向去探求多种答案，从而产生大量的独特的新思想的思维方式。

俗话说：“条条大路通罗马。”人的思维也是一样。面对同一个问题，人们可以从多角度思考，进行大量的不同的设想，以尽可能多地提出解决方案。

发散思维没有一定的方向，也没有一定的范围，它要求人们将单向思考转为多向思考或立体思考，不墨守成规。从一定程度上来说，人与人的创新能力的差别就体现在发散思维能力上。

大学生要勤于实践，有意识地训练自己的发散思维。遇到问题时，应当尽可能赋予问题所涉及的人、物及事情以新的性质，摆脱旧思维、旧方法的束缚，运用新观点、新方法、新结论解决问题。按照这个思路进行发散思维训练，往往能收到良好的效果。

案例阅读

曲别针的用途

1987 年，我国第一届创造学学术讨论会在南宁市召开。这次会议集中了全国许多科学、技术、艺术等领域的杰出人才，同时也邀请了一些国外的著名专家、学者。

在这次会议中，日本的村上幸雄先生受邀为与会者讲学。其间，村上幸雄拿出一把曲别针，说道："请大家动脑筋想一想，曲别针都有哪些用途。"有的与会者说可以别胸卡、挂日历、别文件，有的与会者说可以挂窗帘、钉书本……很多人都可以说出曲别针的二十多种用途。然后，大家问村上幸雄："您能说出多少种？"村上幸雄轻轻地伸出三根手指。

有人问："是三十种吗？"他摇摇头。"是三百种吗？"他仍然摇头，然后说："是三千种。"大家都感到十分惊讶。正在这时，我国学者许国泰先生说："村上幸雄先生，关于曲别针的用途，我也可以说出三千种，甚至三万种。"村上幸雄十分震惊，其他与会者也都不太相信。

许国泰说："大家所说的曲别针的用途，我可以简单地用四个字加以概括，即钩、挂、别、联，而我认为远远不止这些。"接着，许国泰详细地解释了他的想法。他把曲别针的相关信息分解为材质、重量、体积、长度、截面、颜色、弹性、韧性、硬度、直边、弧度十个要素，并将这些要素连接在一条横线上列为横坐标，然后把人类的有关实践活动连接在一条竖线上列为纵坐标。两条直线垂直相交，便形成了一个信息反应场。每一个横坐标与纵坐标一一相乘，便达到了信息交合，于是，曲别针的用途就无穷无尽了。例如，可利用曲别针与硫酸的化学反应制氢气，可将曲别针加工成弹簧，可将曲别针弯成英文字母，等等。

资料来源：http://www.docin.com/p-907123195.html

三、集中思维

集中思维是指在发散思维的基础上，将获得的若干信息或思路加以重新组织，使之指向一个正确的答案、结论或方案的一种思维方式。具体来说，集中思维就是对发散思维提出的多种设想进行整理、分析，再从中选出最有可能、最经济、最有价值的设想，并加以深化和完善，从而获得一个最佳方案。

集中思维与发散思维如同“一枚钱币的两面”，是对立统一的，两者不可偏废。实践证明，个体只有既重视发散思维的培养，又重视集中思维的培养，才能较好地促进创新思维的发展，进而提高自身的创新能力。

一般情况下，人们在信息量的占有上并无多大差别，但有些人能通过所占有的信息发现问题，抓住机会，而有些人却茫然不知。为什么会有这种差异呢？其实，这主要是因为这两类人的集中思维能力不同。在占有相同信息量的情况下，集中思维能力较强的人能够更加准确、及时地提取有用信息并加以利用。

案例阅读

小猫毁掉指挥部

第一次世界大战期间，法国和德国交战时，法军在前线建造了一个极其隐蔽的地下指挥部。指挥部的人深居简出，十分诡秘。德军的侦察人员观察了很久，也没有发现破绽。最后，他们把注意力放在了一只小猫身上。原来，德军的侦察人员在观察战场时发现：每天早上八九点钟，都有一只小猫在法军阵地后方的一个土包上晒太阳。

德军对这只小猫做了以下分析：① 这只猫不是野猫，野猫白天很少出来，更不会在炮声隆隆的阵地上出现；② 这只猫的栖身处就在土包附近，而且很有可能就是地下指挥部，因为周围没有住家；③ 根据仔细观察，这只猫是相当名贵的波斯品种，在打仗时还有兴趣养这种猫的绝不会是普通的下级军官。

据此，德军判定小猫晒太阳的土包处一定是法军的地下指挥部。随后，德军集中了六个炮兵营的火力，对那里发起了猛烈袭击。

事后证明，德军的判断完全正确。法军地下指挥部的人员在袭击中全部阵亡。

资料来源：https://www.docin.com/p-734046251.html

四、联想思维

联想思维是指在原先并不相关的事物之间搭起一座桥梁，将表面看起来并不相关的事物联系起来的一种思维方式。联想思维又可细分为以下几种。

（一）接近联想

接近联想是指由某一事物联想到在时间上或空间上与它相接近的另一个或另一些事物。例如，由“阳春三月”联想到“桃花”，由“天安门”联想到“人民大会堂”，由“三角形的外角和是 360°”联想到“四边形、多边形的外角和是不是也都是 360°”，等等。

（二）对比联想

对比联想是指由某一事物联想到与它具有相反特点的另一个或另一些事物。例如，由朋友想到敌人，由水想到火，由战争想到和平，等等。

（三）相似联想

相似联想是指由某一事物联想到与它在性质上接近或相似的另一个或另一些事物。例如，由大海想到海浪，想到鱼群，想到轮船，想到海底电缆，想到海洋资源的开发和利用。

扫一扫

联想思维

（四）关系联想

关系联想是指由事物所具有的各种关系而形成的联想。例如，由铅笔想到制作铅笔的原料——铅。

案例阅读

输油冰管

美国的一支南极探险队首次准备在南极过冬时，遇到了这样一个难题：队员们打算把船上的汽油输送到基地上，但由于输油管的长度不够，当时又没有备用的管子，因此无法完成输送。

正当队员们一筹莫展时，队长突发奇想：南极到处都是冰，为什么不用冰来做管子呢？

由于南极气温低，“点水成冰”必然不是空想。但怎样才能使冰成为管状呢？这时，队长看到队友缠着绷带的手，突然想到了一个办法。他让队友拿出备用的绷带，将其缠在已有的管子上，然后向绷带上浇水，待水结成冰后，再抽出管子，这样果然做出了冰管。

最后，队员们将一截截冰管与输油管相连，成功完成了汽油输送。

资料来源：http://www.doc88.com/p-8435998631925.html

课堂互动

运用不同的联想思维，可以由某一事物联想到多种事物。例如，围绕“森林”展开联想，可以想到古树、野生动物、落叶、山洞、向导等；围绕“电视机”展开联想，可以想到长虹、康佳、松下、进口、字幕等；围绕图形“○”展开联想，可以想到太阳、月亮、光盘等；围绕数字“0”展开联想，可以想到一无所有、无知、起点等。

请同学们围绕下列事物进行联想，并比一比谁联想到的事物更多。

数字：1，9，5，8

图形：◣ □ * § 《 ╯╰ ╱╲ ！

五、逻辑思维

逻辑思维是人们在认识事物的过程中，借助概念、判断、推理等思维形式能动地反映客观现实的理性认识过程。逻辑思维处于认识的高级阶段，即理性认识阶段。通过逻辑思维，人们能把握事物的本质。

也许有人会问，逻辑思维和创新有什么关系呢？其实，两者之间有很紧密的联系：创新思维需要人们拓展思路，而任何思路的转换都与逻辑思维活动（分析、比较、综合、概括、演绎等）密切相关。大学生在日常生活中应有意识地将感性认识所获得的事物信息抽象成概念，再进一步去判断、推理，以便逐步提高自己的逻辑思维能力。

六、灵感思维

灵感思维是指人们在与某一事物接触时或进行某种思考时，因受到某种启发而突然产生某种想法的一种思维方式。

由于这种思维方式具有转瞬即逝性和偶发性，所以，大学生要善于抓住灵感，并对其进行深入的分析和研究，以促成新生事物的应运而生或疑难问题的迎刃而解。

典型案例分析

报事贴的发明

报事贴的英文名为“Post it”，它的诞生既是一个传奇，更是一个巧合。

1968 年，美国 3M 公司的有机化学博士斯潘塞·西尔弗一心想发明一种黏力很强的黏合剂。但经过两年的潜心研究，他研制出来的黏合剂黏性都比较低。最终，他决定放弃这项研究。但他转念又想，或许其他同事可以从中受到一些启发。于是，在公司召开的技术交流会上，他多次向同事推介了这款黏合剂。但是，大家对这款黏合剂的反应都很冷淡，西尔弗博士只好把他这项看起来并不算成功的研究成果放在了一边。

当时，公司还有一名叫阿瑟·弗赖伊的化学博士。每个星期天，他都要去教堂做礼拜，而且经常参加唱诗班的活动。唱诗班的成员都有一个习惯，就是在歌本里夹一张纸片当书签，每次唱到哪一页就夹在哪一页。但纸片很容易滑落，大家经常会在唱诗的过程中俯下身去捡滑落在地上的纸片，有时候会因此翻错了歌本，唱错了诗句。

有一天，弗赖伊博士在俯身捡纸片时想道：要是有一种用时能牢牢地粘在纸上，不用时又能轻易揭去的书签就好了。这时，他忽然想起西尔弗博士多次推介却没有引起大家兴趣的那种黏性较低的黏合剂。

于是，弗赖伊博士找到西尔弗博士，说出了自己的想法。两位博士一拍即合。经过两人一年半时间的研究和改进，一种粘揭自如的便条纸便诞生了。

经过 5 年反复的市场测试、调查和推广，1980 年，3M 公司正式将这种具有革命性改变的产品命名为“Post it”，并大力推向市场。

如今，报事贴已成为人们在工作、学习和生活中的必备品，它被广泛用于留言、备忘、分类、记事、指引、标记等。报事贴不仅被认为是“20 世纪全球创意产品”之一，而且被评为“20 世纪改变人类生活方式的十大发明”之一。

资料来源：http://www.doc88.com/p-7814447620045.html

【案例分析】

黏合剂的黏力不强，按照正常思维，人们一般会认为这是一个失败的产品。但是，斯潘塞·西尔弗博士和阿瑟·弗赖伊博士运用逆向思维，利用黏合剂黏力不强的特点，发明了报事贴这一符合人们某些需求的产品。

从这个案例可以看出，很多时候，创新需要逆向思维，因此，大学生应在平时的生活和工作中，注意观察，勤于思考，努力培养自己的逆向思维能力。

探索活动

探索中国服装企业的突破发展

活动目的：

通过活动，培养创新思维。

活动内容：

一场疫情，让全球经济经历了从未有过的“急刹车”。人员缺位、积压滞销、资金紧缺等现状无一不给当下很多企业带来巨大挑战。对于服装零售业的商家而言，影响更是重大。有关统计数据显示：2020 年 1 月至 10 月，我国服装行业在生产、内销、出口、投资、效益等五大方面均呈现出了不同程度的同比下降。

有业内人士表示：“三年前，服装业拼的是流量，是数据，是爆款；三年后，服装业拼的是效果，是转化，是思维。新形势下，对于服装人来说，最重要的就是面对每一次突如其来的轰炸，是否有足够跳脱的思维和能力迅速重整旗鼓。根据近几年的市场趋势，我们可以看出，每一次‘灾难’后，活下来的都是积极拥抱变化的企业。”

请同学们思考：新形势下，我国服装企业应如何突破商业领域固有的理念和框架，走出自己的经营之路？

活动检测：

活动结束后，教师可根据表 2-1 对学生进行评分。

表 2-1　探索活动评价表

评分标准	满分	实际得分	备注
能指出新形势下，服装企业面临的挑战	25		
能针对问题想出解决的方案	30		
方案详细具体、有新意	30		
其他	15		
总分	100		

能力训练

逆向思维训练

（1）以 6～8 人组成的小组为单位，进行“哭笑娃娃”游戏。

游戏目的：在迅速反应中发展思维的逆向性和流畅性。

游戏玩法：小组成员一起玩“石头剪刀布”游戏。胜利者要做“哭”的动作，失败者则要做“笑”的动作，做错的人将直接被淘汰。

（2）2 人一组，进行“反口令”游戏。

游戏目的：训练思维的逆向性和思维的敏捷性。

游戏玩法：一方喊口令，另一方做与口令相反的动作。例如，一方说“起立”，另一方就要坐着不动；一方说“举左手”，另一方就要举起右手；一方说“向前走”，另一方就要往后退；等等。总之，双方的动作与口令要相反，看谁做对的动作多。

发散思维训练

（1）请在 5 分钟时间内尽可能多地写出带有数字一至十的词汇，如一心一意、三心二意等。

（2）请尽可能多地说出冰块的用途。

（3）你能设计出更漂亮、更新颖的伞的形状吗？

（4）请尽可能多地列出肥皂的用途。

（5）请尽可能多地写出“缓解上班高峰期电梯拥挤”的方法。

（6）以“A 能够影响 B”的形式写出 4 种 A 和 B 的关系。例如，书籍能够影响人的身心。

（7）用“古怪”“台风”“一棵树”“杂货店”“天使”5 个关键词编故事。注意：所编故事一定要用到所有的关键词，关键词出现的先后顺序无要求，故事长短不限。

集中思维训练

（1）下列两组词语中，哪一个词与其他词不同？

A. 房屋　冰屋　平房　办公室　茅舍

B. 沙丁鱼　鲸鱼　鳕鱼　鲨鱼　鳗鱼

（2）请将缺失的数字或字母填写在下列横线上。

A. 2　5　8　11　____

B. 2　5　7

4　7　5

3　6　____

C. E　H　L　O　S　____

（3）假如你是一个钟表商店的经理，现在商店门前要挂两个大的钟表模型，你认为时针和分针分别摆在什么位置最好？

（4）小明、小兵和小刚三个人中，有一个人偷吃了苹果。下面他们三个人说的话中，只有一个人的话是真的。请找出偷吃苹果的人，并说明理由。

小明说："我向来守规矩，没有偷吃苹果。"

小兵说："不，小明撒谎。"

小刚说："小兵胡说。"

联想思维训练

（1）请列出以下每组两个事物之间的相似之处，越多越好。

A. 桌子和椅子

B. 人才市场和商品市场

C. 工厂和学校

（2）当遇到交通堵塞，车辆排起长队时，你会联想到什么？

（3）看到新生入学的场景，你会联想到哪些相近的事物？

（4）木头和皮球是两个风马牛不相及的概念，但我们可以通过联想，使它们发生联系。例如，木头—树林—田野—足球场—皮球。

那么，请同学们想一想：天空和茶有什么联系？钢笔和月亮有什么联系？

逻辑思维训练

（1）在 8 个玻璃杯中，有 7 杯盛的是凉开水，1 杯盛的是白糖水。你能否只尝 3 次，就找出盛白糖水的杯子来？

（2）假设有一个池塘，里面有无穷多的水。现有 2 个空水壶，容积分别为 5 升和 6 升。如何只用这 2 个水壶从池塘里取得 3 升的水？

（3）一个人花 8 元钱买了 1 只鸡，然后以 9 元的价格卖掉了这只鸡。后来，他觉得不划算，又花 10 元钱把这只鸡买了回来，然后以 11 元的价格卖给了另外一个人。请问他最终赚了多少钱？

（4）烧完一根不均匀的绳要用 1 个小时。请问如何通过这种方式来估算半个小时的时间？

第三节　创新技法需掌握

创业思考

我们常常感叹自己总是被条条框框所约束，不能提出有创意的想法。其实，创新也有一定的规律和技巧，可以通过练习培养出来。在进行下面的学习之前，请同学们先思考以下问题：

（1）你听说过创新技法吗？

（2）在生活中，你使用过哪些创新技法？

创业课堂

一、头脑风暴法

扫一扫

头脑风暴法

头脑风暴法又称“智力激励法”或“自由思考法”，是一种为激发创造力、强化思考力而设计出来的特殊方法。在进行头脑风暴法的过程中，参与者可随意地将想到的与研讨主题有关的见解提出来，无论提出的见解多么可笑和荒谬，其他人都不得打断和批评，以期得到尽可能多的新观点和问题解决方法。

（一）头脑风暴法的激发机理

1. 联想反应

联想是产生新观念的基本过程。在集体讨论问题的过程中，每当有人提出一个新的观念时，都会引发他人的联想。这样就会相继产生一连串的新观念，产生连锁反应，形成新观念堆，从而为创造性地解决问题提供更多的可能性。

2. 热情感染

在不受任何限制的情况下，集体讨论能充分激发人的热情，并会使周围的人受到感染，从而使全部或大部分人能够突破固有观念的束缚，最大限度地发挥自己的创造性思维能力。

3. 竞争意识

人都有争强好胜的心理，在有竞争的情况下，人们会竞相发言，不断开动脑筋，力求自己有更多、更好的独到见解和新奇想法。

4．个人欲望

因为参与者不受任何条条框框的限制，所以能够放松思想，充分激发自己的创新欲望，从而能够大胆地展开想象，提出很多独创性的想法。

（二）头脑风暴法的要求

1．组织形式

一般以小组为单位进行讨论（课堂教学也可以班为单位），且最好由不同专业、不同岗位者组成；设主持人1名，主持人只主持会议，对设想不做评论；设记录员1～2名，将参与者的每一设想都完整地记录下来。会议时间一般为20～60分钟。

2．会议原则

为使参与者畅所欲言，使会议达到较好的效果，参与者必须严格遵守以下原则：

（1）禁止批评。对别人提出的任何想法都不得批判或阻拦，即使认为别人的想法是幼稚的、错误的，甚至是荒诞离奇的，也不得予以驳斥。同时，也不允许自我批判。因此，参与者在会议中不得说一些“扼杀性语句”和“自我扼杀性语句”。例如，“这根本行不通”“你这个想法太陈旧了”“这是不可能的”“我提一个不成熟的看法”“我有一个不一定行得通的想法”等。

（2）追求数量。头脑风暴会议的目标是获得尽可能多的设想，追求数量是它的首要任务。参加会议的每一个人都要积极思考，多提设想。

（3）延迟评判。当场不对任何设想做出评价，既不肯定或否定某个设想，也不对某个设想发表评论性的意见，一切评价和判断都要延迟到会议结束后再进行。

（4）人人平等。无论参与者是该会议主题方面的专家，还是该领域的外行，都一律平等。所有设想，不论大小，记录人员都要认真地、完整地记录下来。

（5）不强调个人成绩。参与者要以小组的整体利益为重，人人都要努力营造民主的氛围，不得以任何形式阻碍他人新观点或新设想的产生。

（三）头脑风暴法的操作程序

（1）准备阶段。① 主持人事先对所议问题进行一定的研究，弄清问题的实质，找到问题的关键，设定解决问题所要达到的目标；② 选定参与者，一般以5～10人为宜，不宜太多；③ 确定会议的时间、地点；④ 准备好纸、笔等记录工具；⑤ 布置会场。

（2）头脑风暴阶段。① 主持人简明扼要地介绍有待解决的问题；② 参与者畅所欲言；③ 记录人员记录参与者的想法。

（3）选择评价阶段。由指定人员将参与者的想法整理成若干方案，再根据相关标准进行筛选。经过多次反复比较，优中择优，最终确定1～3个最佳方案。

案例阅读

坐飞机扫雪

有一年冬天，美国的北方格外寒冷，且经常大雪纷飞，电线上总是积满了冰雪，大跨度的电线常被积雪压断，严重影响了人们的通信。为解决这一难题，通信公司经理组织不同专业的技术人员召开了一次头脑风暴会议，并要求参与者必须遵守以下原则：

（1）自由思考。参与者要尽可能地解放思想，无拘无束地思考问题，并畅所欲言，不必顾虑自己的想法是否“离经叛道”或“荒唐可笑”。

（2）延迟评判。参与者在会上不可对他人的设想评头论足，不能发表“这主意好极了！”“这种想法太离谱了！”之类的“捧杀句”或“扼杀句”。至于对设想的评判，留在会后组织专人考虑。

（3）以量求质。参与者要尽可能多而广地提出设想，以大量的设想来保证质量较高的设想的存在。

（4）结合改善。参与者应积极进行智力互补，注意思考如何把两个或更多的设想结合成另一个更完善的设想。

按照这一原则，大家七嘴八舌地议论开来。有人提出设计一种专用的电线清雪机；有人想到利用电热来化解冰雪；也有人建议用振荡技术来清除积雪；还有人提出带上几把大扫帚，乘直升机去扫电线上的积雪。对于“坐飞机扫雪”这一想法，尽管很多人心里觉得滑稽可笑，但因要遵守会议原则，所以没有人对此进行评价。

有一位工程师听到坐飞机扫雪的想法后，突然有了灵感。他想，每当大雪过后，出动直升机沿积雪严重的电线飞行，依靠调整旋转的螺旋桨即可将电线上的积雪迅速扇落。他马上提出“用直升机扇雪”的新设想，这一设想又立即引发了其他参与者的联想，有关用飞机除雪的主意一下子又多了七八条。

会后，公司组织专家对会上提出的设想进行了分类论证。专家们认为，设计专用的清雪机，采用电热或电磁振荡等方法清除电线上的积雪，在技术上虽然可行，但研发成本高，周期长，一时难以见效。那个由“坐飞机扫雪”激发出来的“用直升机扇雪”的设想，倒是一个大胆的方案，如果可行，这将是一种既简单又高效的好办法。

经过现场试验，大家发现用直升机扇雪真的很有效。一个久悬未决的难题，就这样在头脑风暴会议中得到了巧妙的解决。

资料来源：叶敏，谭润志，杨荣. 大学生创新创业教育. 上海：上海交通大学出版社，2016.

二、奥斯本检核表法

奥斯本检核表法是利用检核表来完成创意的方法。所谓检核表，是指根据研究对象的特点列出相关问题，形成列表，创意者通过对问题逐个核对讨论，从而发掘出解决问题的大量设想。

奥斯本检核表法中的问题可归纳为 9 组问题，即 9 大检核类别，其核心是改进，如表 2-2 所示。

表 2-2　奥斯本检核表

序号	检核类别	检核内容
1	能否他用	现有事物除了具有大家公认的功能外，有无其他用途？
2	能否借用	能否从其他领域、产品或方案中引入新的元素、材料、造型、原理、工艺、思路等？
3	能否扩大	现有事物能否扩大面积，延伸长度，增加厚度，提高速度，增加数量，延长寿命，等等？
4	能否缩小	现有事物能否缩小体积，减轻重量，降低高度，去掉某些结构，等等？能否浓缩化、省力化、方便化等？
5	能否改变	现有事物能否改变一下形状、颜色、味道、音色、制造方法等？
6	能否代用	现有事物的材料、成分、零件、能源等有无其他代替品？
7	能否调整	现有事物能否调整一下排列顺序、位置、速度、型号、内部元件等？
8	能否颠倒	现有事物能否从上下、左右、前后、里外、正负、主次、横竖、因果等角度颠倒过来使用？
9	能否组合	现有事物能否进行原理组合、材料组合、部件组合、形状组合、功能组合等？

（一）能否他用

对于某个物品，思考“它还能有其他什么用途？”“还能用其他什么方法使用它？”等，能使我们的思维活跃起来。例如，关于花生的使用方法，有人曾想出了 300 多种，仅是烹调方法就有 100 多种；关于橡胶的用处，有家公司曾提出了成千上万种设想，如用它制成浴盆、人行道边饰、衣夹、鸟笼、棺材、墓碑等。

（二）能否借用

伦琴最初发现 X 射线时，并没有预见到这种射线的任何用途，但后来通过人们的联想借鉴，X 射线不仅可以用来治疗疾病，还可以用来观察人体的内部情况。同样，电灯在最初发明时只用来照明，后来，人们通过改变光线的波长，又发明了紫外线灯、红外线加热灯、灭菌灯等。因此，科学技术的重大进步不仅表现在某些科学技术难题的突破上，也表现在科学技术成果的借鉴应用上。

（三）能否扩大

在自我发问时，使用加法或乘法，即思考“再多些”“再大些”等问题，可能会帮助人们扩大探索的领域。例如：

“能使部分结构加固吗？”——某织袜厂通过加固袜子的袜头和袜跟，使袜子的使用寿命延长，从而使其销售量大增。

“能增加某种成分吗？”——某牙膏厂在生产的牙膏中添加了某种配料，使牙膏多了某种附加功能。

（四）能否缩小

例如，袖珍式收音机、微型计算机等都是体积缩小后的产物；没有内胎的轮胎、尽可能删去细节的漫画等都是结构或细节省略后的产物。

（五）能否改变

例如，改变一下汽车车身的颜色，就会增加汽车的美感，从而增加汽车的销售量；在甜甜圈表面裹一层巧克力液，就能使其对人们的诱惑力增加。

（六）能否代用

例如，用惰性气体（氮气、氩气或氪气）代替电灯泡中的真空，可以减慢钨丝的升华，延长电灯泡的寿命。

（七）能否调整

例如，飞机刚诞生时，螺旋桨是竖着安在其头部的，后来，人们将螺旋桨横着装到了飞机的顶部，这样就有了直升机。商店柜台的重新安排，商场营业时间的调整，电视节目播出顺序的调整，机器设备的布局调整……都有可能产生更好的效果。

（八）能否颠倒

这是一种反向思维的方法，它在人们的创造活动中是一种颇为常见和有用的思维方法。例如，有一种“快速吸烟法”的戒烟方法，这种方法不是让戒烟者不吸烟，而是让其多吸、快吸，在其连吸多支后，一般就会产生一些生理上的不适反应，从而达到戒烟的目的。

（九）能否组合

例如，把铅笔和橡皮组合在一起，造出带橡皮的铅笔；把几种金属组合在一起，造出种种性能不同的合金；把几种材料组合在一起，制成复合材料；等等。

案例阅读

奥斯本检核表法在手电筒改进方面的运用

奥斯本检核表法在手电筒改进方面的运用如表 2-3 所示。

表 2-3 手电筒的创新思路

序号	检核类别	引出的发明
1	能否他用	其他用途：信号灯、装饰灯
2	能否借用	增加功能：加大反光罩，提高灯泡亮度
3	能否扩大	延长使用寿命：使用节电、降压开关
4	能否缩小	缩小体积：1 号电池→2 号电池→5 号电池→7 号电池→8 号电池→纽扣电池
5	能否改变	改一改：改灯罩、改小电珠、改用彩色电珠等
6	能否代用	替换：用发光二极管代替小电珠
7	能否调整	换型号：电池直排型改电池横排型
8	能否颠倒	反过来想：不用干电池，而用磁电机发电
9	能否组合	与其他组合：带手电的收音机、带手电的钟表等

三、5W2H 分析法

5W2H 分析法又称“七何分析法”，包括 5 个以字母 w 开头的问题和 2 个以字母 h 开头的问题。这七个问题分别是：

（1）what（是什么）。目的是什么？做什么工作？

（2）how（怎么做）。如何提高效率？如何实施？方法怎样？

（3）why（为什么）。为什么要这么做？造成这样的结果是为什么？

（4）when（何时）。什么时间完成？什么时机最适宜？

（5）where（何处）。在哪里做？从哪里入手？

（6）who（谁）。谁来承担？谁来完成？由谁负责？

（7）how much（多少）。做到什么程度？数量如何？质量水平如何？费用产出如何？

扫一扫

5W2H 分析法

案例阅读

候机厅的小卖部

某航空公司在机场候机厅二楼开设了一个小卖部。奇怪的是，候机厅里每天人来人往，可小卖部自开张之日起便一直门庭冷落。公司经理决定用 5W2H 法进行问题筛查，最后发现问题出在 who（谁）、where（何处）和 when（何时）三个方面。

（1）who（谁）。谁是顾客？机场小卖部在开设时便确定目标顾客是入境的旅客，但是这些旅客并不需要上二楼。在二楼停留的大部分是送客或接客的人，他们完全可以在市内的商场里购物，而不必到机场小卖部来买东西。

（2）where（何处）。小卖部设置在何处？旅客出入境都是经海关检查后，直接从一楼左侧走了，根本不需要走二楼。因此，小卖部没有设在旅客的必经之路上。

（3）when（何时）。何时购物？入境的旅客不上二楼，那么出境的旅客便成了潜在顾客。但是，出境的旅客也只有在办完行李托运等相关手续后才有时间和精力去逛小卖部，而机场规定旅客登机前才能将行李办理托运，这样一来，出境的旅客根本没有时间光顾小卖部。

由此可见，小卖部生意不佳的原因如下：一是未能留住目标顾客和潜在顾客；二是其位置偏离了旅客的必经之路；三是旅客没有购物时间。

针对这三个原因，航空公司调整了旅客行李托运的时间规定和旅客出入境路线，从而为小卖部保证了充足的客源。小卖部的生意日益红火起来。

资料来源：https://max.book118.com/html/2017/0615/115438986.shtm

四、组合创造法

课堂互动

在人们的生活中，有很多物品是组合而成的。例如，牙膏 + 中草药 = 中草药牙膏，牙刷 + 电机 = 电动牙刷，手枪 + 消音器 = 无声手枪，毛毯 + 电阻丝 = 电热毯，台秤 +电子计算机 = 电子秤，飞机 + 机场 + 军舰 = 航空母舰，洗衣机 + 脱水机 + 烘干机 = 全自动洗脱烘一体机，自行车 + 电机 + 蓄电池 = 电动自行车，照相机 + 电子调焦调光机 =傻瓜照相机，等等。

你还能想到哪些组合而成的物品呢？

组合创造法是指从两种或两种以上的产品中，抽取合适的原理、材料、工艺、方法、零部件等技术要素，进行重新组合，从而获得新产品、新材料、新工艺的方法。这种方法主要包括以下三种类型。

（一）主体附加法

主体附加法是指在某种产品上附加新的成分或部件，使主体产品的功能或性能略有拓宽，从而使消费者在购买主体产品的同时能获得锦上添花式的附加利益。例如，可更换衣服的玩具娃娃、带指南针的手表（见图 2-1）、带温度计的奶瓶（见图 2-2）、带照相功能的手机等。

图 2-1　带指南针的手表

图 2-2　带温度计的奶瓶

（二）同类组合法

同类组合法是指将两个或两个以上相同或相似的事物进行简单叠合的方法。在同类组合中，参与组合的对象与组合前相比，其基本性能和基本结构一般没有什么根本性的变化。例如，多头铅笔（见图 2-3）、自行婴儿车（见图 2-4）等。

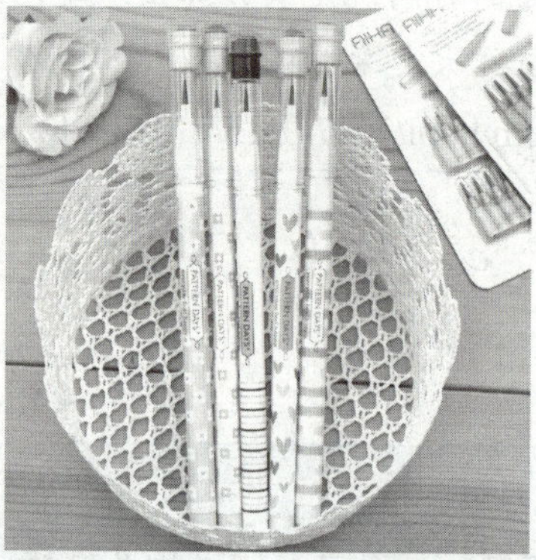

图 2-3　多头铅笔

图 2-4　自行婴儿车

（三）异类组合法

异类组合法是指将来自不同领域的两种或两种以上的不同类事物进行叠合的方法。在异类组合中，被组合的因子来自不同的方面，各因子彼此间一般没有明显的主次之分，参与组合的因子可以从意义、原则、构造、成分、功能等任意一方面或多方面互相渗透，从而使组合后的整体发生变化。例如，可视电话就是将可视屏幕和电话进行了异类组合而创造出来的。

案例阅读

蛋卷冰激凌的诞生

1904 年夏天，美国圣路易斯世界博览会（以下简称“世博会”）结束后，评选出了本届世博会的真正明星产品。但这个明星产品不是任何一家参展商提供的产品，而是世博会门口小贩出售的食品。这是怎么回事呢？

原来，世博会期间，一位叫哈姆维的小贩在会场外出售甜脆薄饼，他旁边是一位卖冰激凌的小贩。夏日炎炎，冰激凌卖得很快，不一会儿盛冰激凌的小碟就不够用了。热心的哈姆维突发奇想，把自己的甜脆薄饼卷成锥形，给旁边的小贩当作盛冰激凌的小碟用。没想到的是，冰激凌和甜脆薄饼的结合受到了出乎意料的欢迎，人们争相购买。

世博会结束后，这个冰激凌和甜脆薄饼的组合，也就是我们今天所熟知的蛋卷冰激凌，被评选为“真正的世博明星产品”。

资料来源：http://www.360doc.com/content/15/1229/18/3328689_523997944.shtml

五、分析列举法

分析列举法是指通过分析，尽可能全面地列举出某一事物的相关内容，从而有助于形成多种构思方案的方法。这一方法主要包括以下四种类型。

（一）特性列举法

运用该技法时，首先要把研究对象的特性逐一列出，然后通过详细分析，探讨能否进行改进或创新。将研究对象的特性列举得越全面和详细，就越容易找到改进和创新的方法。

特性列举法的具体实施步骤如下：

（1）将研究对象的特性尽可能详细地列出，要求具体、明确。

（2）从名词特性、形容词特性和动词特性三个方面进行列举。名词特性指的是研究对象的材质、制作方法等，形容词特性指的是研究对象的形状、颜色等，动词特性则指的是研究对象的效用、功能等。

（3）尽量尝试对各种可替代的特性进行置换，以产生新的设想和方案。

（4）讨论和评价提出的新方案，并努力按照实际需要进行改进。

（二）缺点列举法

缺点列举法是指抓住研究对象的缺点进行分析，以确定创新目的的一种方法。

缺点列举法的具体实施步骤如下：

（1）将研究对象的缺点尽可能全面地列出，需要时可事先广泛调查研究、征集意见。

（2）将所列缺点加以归类整理。

（3）对所列缺点进行逐条分析，研究其改进方案，或考虑能否缺点逆用、化弊为利。

（三）希望点列举法

希望点列举法是指通过提出种种希望，并进行归纳，以确定创新目标的方法。例如，人们希望像鸟一样能飞上天空，于是就发明了飞机；人们希望冬暖夏凉，于是就发明了空调；人们希望打电话时不仅能听到对方说话，还能看到对方，于是就发明了可视电话；人们希望夜间上下楼梯时，灯能自动亮、自动灭，于是就发明了声控开关。这些发明都是根据人们的希望和需求创造出来的。

希望点列举法的具体实施步骤与缺点列举法基本一致，不再一一赘述。

（四）成对列举法

成对列举法是指把任意选择的两个事项结合起来，成对列举其特征，或者把某一范围内的事物一一列举，依次成对组合，并从中寻求创新设想的方法。

成对列举法的具体实施步骤如下：

（1）把某一范围内所能想到的所有事物依次列举出来。

（2）将其中任意两个事物依次进行组合，并想象这种组合的意义。

（3）对所有的组合做分析、筛选。

例如，要设计新式多功能家具，可以先列举各种家具及室内用具，如床、箱子、桌子、沙发、椅子、茶几、书架、灯、衣柜、衣架、镜子、花盆架、电视、音响等。然后，将上述家具和用具两两配对组合，如床和沙发、灯和衣架、桌子和书架、床和箱子、床和灯、镜子和衣柜、电视和花盆架、音响和灯等。同时，想象每种组合的意义，如床和沙发可以组合成沙发床、镜子和衣柜可以组合成带穿衣镜的衣柜、床和箱子可以组合成床底可兼做储物柜的组合床等。最后，对所有的组合方案进行分析，如方案是否可行、方案是否已经被使用等。

课堂互动

请大家结合自身特点说说自己最喜欢用的是哪种创新技法，并说明理由。

典型案例分析

当咖啡香遇上书香

在重庆市渝北区宝圣大道上，有一家不显眼的小店，但推门进去后，会发现里面别有洞天：成排的书架，精致的手工点心，新鲜烘焙的咖啡……

这家名为“豆芽咖啡馆”的店是由4个年轻人在大学期间创办的。当时，他们发现学校周边没有特色咖啡馆，加之自己非常喜欢咖啡馆的氛围，于是决定在附近开一家咖啡馆。

创业初期，四人将平时积攒下来的零花钱、奖学金、生活费及兼职赚的钱凑到一起，共筹集了 8 万元启动资金。为了节省开支，他们从二手市场淘来桌椅、饰品，再自己上漆改造，他们自己粉刷墙面，亲自拜师学习咖啡冲调技术。经过差不多两个月的准备时间，咖啡馆终于正式开门营业了。

在开店之前，他们 4 个人就做好了明确的分工，有负责做线上线下宣传的，有负责运营的，有负责财务的。本以为小店会被经营得非常顺利，谁知，开业一段时间以来，来店里的顾客并不多，而且大都是熟悉的同学来捧场。

由于顾客少，又要交纳房租、水电费等，店里每月亏损 5 000 多元。随着时间的推移，周边 KTV、茶吧、咖啡馆也多了起来，原本不好的生意更是雪上加霜。

为了改变这种现状，这四个年轻人一起想了很多改进方案，最终决定把咖啡馆与书店结合起来，通过环境优势吸引顾客。于是，他们把自己平时收藏的图书搬到了店里，后来又与某文化传媒公司合作共建了咖啡图书馆，向顾客提供免费借阅图书服务，旨在打造属于自己的咖啡馆文化——让每个人在这里自由阅读，享受一段轻松的时光，通过阅读、欣赏和交流，构建平和、智慧的内心世界。此外，他们还会不定期地在咖啡馆举行电影赏析、手工课、摄影展、民谣音乐会等活动。

在亏损了近 3 个月后，店里的生意逐渐好了起来。很快，他们又开了第二家、第三家分店。收益逐渐增多，但大家并没有急于分红，而是打算将钱继续用于投资，进一步提升咖啡馆的品质，将咖啡馆做成重庆地区的校园品牌咖啡馆，同时为重庆本地的咖啡文化贡献自己的力量。

资料来源：https://www.jianshu.com/p/36a65eb2803d

【案例分析】

在上述案例中，四个年轻人运用组合创造法，将咖啡与图书相结合，使咖啡馆扭亏为盈，可见创新技法在创业过程中的重要作用。因此，大学生要树立创新意识，掌握创新技法，不断提升自身的创新能力。

探索活动

营销创新探索活动

活动目的：

通过活动，学会如何运用创新技法。

活动内容：

以小组为单位，每个小组从自身熟悉或感兴趣的行业里选择一个产品或服务，为该产品或服务设计一段广告词。该广告词有以下设计要求：

（1）广告词要体现出产品或服务的功能和特点。

（2）广告词能激发消费者的购买欲。

每个小组将本组的广告词说给其他小组听，由其他小组成员评判该广告词是否成功（获得 60 分即算成功），并指出该广告词存在的问题，评判标准如表 2-4 所示。

表 2-4　探索活动评判标准

评判标准	满分	实际得分	备注
广告词有创意	20		
广告词体现出了产品或服务的功能和特点	30		
广告词能激发消费者的购买欲	30		
其他	20		
总分	100		

活动讨论：

（1）为了成功推销该产品或服务，你们的营销方案进行了何种创新？采用了哪些创新技法？

（2）关于产品或服务的目标人群、价值标准，你们是怎样设想的？

能力训练

头脑风暴法练习

针对“如何改善城市拥堵的交通状况”和“如何减轻城市空气污染”这两个社会问题，让学生运用头脑风暴法提出解决办法。具体步骤如下：

（1）教师将学生分组，每 6～8 人一组，并选出一名小组记录员。

（2）教师提出问题，并留给学生 5 分钟左右的思考时间，同时应保证学生能在充分放松的状态下思考。

（3）各小组成员畅所欲言，然后各组派代表汇报结果。

（4）在规定时间内，提出设想最多的小组获胜。

奥斯本检核表法练习

利用奥斯本检核表法，构思智能手机的创新思路，并填入表 2-5 中。

表 2-5　智能手机的创新思路

序号	检核类别	引出的发明
1	能否他用	
2	能否借用	
3	能否扩大	
4	能否缩小	
5	能否改变	
6	能否代用	
7	能否调整	
8	能否颠倒	
9	能否组合	

5W2H 分析法练习

我国的快餐业起步较晚，自 1987 年 4 月美国的肯德基快餐连锁店在我国落户，现代快餐的概念才引入我国。目前，我国也出现了越来越多的快餐品牌，并有不少品牌深入人心，但我国快餐业的发展整体尚处于初创阶段，还在借鉴、模仿和积累阶段，没有形成体系和规模。与欧美国家的快餐店相比，我国的快餐店在支持性设施、辅助物品、服务等方面还存在着显著的差距。

请同学们用 5W2H 分析法对我国快餐行业进行分析，并为我国快餐行业的发展提出合理化建议。

组合创造法练习

（1）你能将下列词语组合成哪些有意义、有价值的东西？

卧室	自动化
床	运送装置
睡觉的地方	移动
窗帘	加热器
位于浴室附近	不同颜色
让人有安全感	自动门锁

（2）请阅读下列材料，并回答问题。

从洞里怎么掏铁球

有一棵长在沙丘旁边的大树，树的根部有一个 1 米深的、碗口大的洞。有一天，几个小孩在树下玩铁球，一不留神，铁球掉进了洞里。小孩们只有一根 1 米长的木棍，此外再也没有其他可以利用的工具。

问题：如何才能把掉进洞里的铁球掏出来？

分析列举法练习

现在有一把旧的长柄弯把雨伞，请你根据缺点列举法的原理，对其提出改进方案（至少4种）。老旧雨伞的缺点如下：

（1）太长，不便于携带。

（2）把手太大，在拥挤的地方容易钩住别人的口袋。

（3）撑开和收拢不方便。

（4）伞尖容易伤人。

（5）伞太重，长时间打伞会感到手臂酸疼。

（6）伞面遮挡视线，容易发生事故。

（7）伞面淋湿后，不易放置。

（8）伞面抗风能力差，刮大风时会向上开口成喇叭形。

（9）骑自行车时打伞容易出事故。

创业实践

以小组为单位选择一个创业项目，然后进行创业实践。具体实施步骤如下：

（1）运用创新思维和创新技法完善创业方案，包括创业项目、目标客户、经营特色、营销方案、创业团队构成及分工等。

（2）各组按照创业方案进行创业实践。

（3）实践总结与汇报。汇报内容包括创办过程、经营绩效、实践心得及体会。

模块三

创业素质养成记

自我思考

创业动机是创业者开启创业之路的内在动力，创业素质则是创业者通往成功之路的铠甲。没有创业动机，创业就无从谈起；不具备创业素质，创业者就难以取得创业的成功。

你身边有创业成功的人吗？请想一想，他们的创业动机是什么？他们具备哪些创业素质？你认为自己适合创业吗？你认为自己具备哪些创业素质？

开篇故事

卖梳子

某公司的四个营销员接到一项销售任务——到寺庙推销梳子。

第一个营销员空手而回。他说，寺庙里的和尚说没头发，不需要梳子，所以一把都没有卖掉。

第二个营销员销售了十多把梳子。他说，我告诉寺庙里的和尚，头皮要经常梳，这样不仅可以止痒，还可以活络血脉，有益健康。

第三个营销员销售了一百把梳子。他说，我跟寺庙的方丈说，您看这些香客多虔诚呀，在那里烧香磕头，但磕几个头起来头发就乱了。您在每个庙堂的前堂放一些梳子，让他们磕完头后梳梳头。这样一来，香客们会感到寺庙对他们的关心，下次还会再来。

第四个营销员销售了几千把梳子，而且还有订货。他说，我跟方丈说，庙里经常接受香客的捐赠，应该回报香客。您可以在梳子上刻上寺庙的名字，再刻上“积善梳”三个字，将其作为礼品储备在寺庙，送给捐功德者，保证庙里香火更旺。

资料来源：http://info.shoes.hc360.com/2013/03/261038483818.shtml

第一节 创业动机助我行

创业思考

当前，“大众创业、万众创新”已成为新时代的热潮。不少大学生已率先加入创业大军，实现了自己的创业梦想。但也有部分大学生追求稳定的生活，害怕创业失败，不愿意承担创业风险，因而选择就业。在进行下面的学习之前，请同学们思考以下问题：

（1）一个人选择创业的原因是什么？他的动力来自哪里？

（2）你将来会选择创业还是就业，为什么？

创业课堂

一、创业动机概述

动机是推动人们从事某种活动并朝某一方向前进的内部动力，是人们为实现一定目的而行动的原因。创业动机是创业者从事创业活动，并使该活动朝向某些目标发展的内部动力。创业是一项机会与挑战并存的活动，如果缺少创业动机，就会影响创业者创业的积极性。

一般来说，创业动机可分为以下两类：

（1）生存型。创业者迫于生存压力，为获得个人基本的或更好的生存条件而选择创业。

（2）机会型。创业者因发现了新的市场机会而进行创业，目的是追求更多的利润、更大的发展空间，或是实现自身价值。

课堂互动

比尔·盖茨在 11 岁时就迷上了电脑，19 岁就从哈佛大学退学创建了微软公司。随后，微软公司奇迹般地发展成为世界电脑界的霸主，并以电脑应用软件系统——Windows 闻名于世。

请根据你的了解，与周围的同学进行讨论、交流，分析比尔·盖茨的创业动机。

二、创业动机的激发与培养

（一）萌发创业意识

虽然很多大学生在校期间已经开始思索人生的意义，有的大学生甚至产生了毕业后当老板的创业意识，但这种意识是相当薄弱的，而且大多数大学生还认为创业离自己很遥远，从没有想过要自己创业。因此，大学生必须通过系统的创新创业教育树立创业意识，激发自身的创业动机。

（二）激发创业需要

目前，大学生多是因就业形势严峻，无法得到高质量的就业，而被动走上创业之路。这种创业的积极性不高，创业成功的概率也比较低。要激发自身的创业动机，应注重培养自身的成就动机。具体来说，可以通过以下途径培养：

（1）积极参加学校举办的模拟创业大赛等活动，通过活动获得成功的体验，了解自己的长处和不足，从而获得创业的信心和成就感。

（2）通过成功人士的讲座，或报纸、广播等宣传的创业成功案例，熟悉他人的创业过程，激发自身的创业动机。

（三）培养创业沃土

青年代表着国家的未来。营造积极向上的创业氛围，可减少大学生在创业之路上的压力。

首先，学校应开设专门的创新创业基础与实践课程，使大学生通过系统学习全方位了解创业活动的各个方面，通过参与各类创业实践活动提升创业能力；通过多种媒介传播有关创业的信息，营造创业的良好氛围；建立创业指导部门，配备专业的指导老师，切实做好大学生创业的扶持工作。

其次，政府要为大学生创业提供绿色通道，在资金贷款、孵化基地入驻、企业注册等方面提供实质性政策支持，维护公平公正的市场秩序，为大学生创业营造良好的市场环境。

最后，社会应包容大学生的创业活动，对大学生的创业行为给予适当的鼓励与支持；同时，对失败者予以宽容与保护。各级媒体应多进行正面报道，塑造正能量的创业风气。

总之，学校、政府、社会应重视大学生创业教育实践工作，多措并举，激发大学生的创业动机，鼓励大学生的创业行为，切实调动大学生的创业积极性。

典型案例分析

放弃安稳工作 成就创业梦想

丁某毕业于某高职院校，也曾是忙忙碌碌的上班族，生活安稳，衣食无忧，可她并没有就此平凡下去，而是为了梦想走上了创业的道路。如今，她开办的跆拳道馆红红火火，成为许多跆拳道爱好者的好去处。

丁某上学时就酷爱跆拳道，毕业后在银川一家跆拳道馆担任主教练。2010 年 6 月，丁某参加中韩跆拳道沟通赛，取得了女子 58 公斤（1 公斤=1 千克）第一名、成人组品势第一名，由此也得到宁夏第一个跆拳道“双冠王”的头衔。2011 年，她离开银川回到吴忠工作。

丁某在吴忠的第一份工作是在宁夏高速公路管理局，每月拿着固定的工资，日子过得舒服安稳，按理说，她该知足了。可这里并不是她这个有着创业梦想的女孩想待的地方，所以她辞职了。辞职后，丁某在吴忠第三建筑公司项目部担任资料员。但是，这种波澜不惊的生活依然不是她想要的，她再三问自己到底想要什么。上学时，丁某就想开一家跆拳道馆。也恰是由于这个想法，她毕业后担任了几年的跆拳道教练，还获得了许多荣誉。经过深思熟虑，她决定辞职开一家跆拳道馆。

丁某说：“刚开始创业的时候，爸爸妈妈不同意。他们一向期望自己的女儿有份安稳的工作，不用每天风风雨雨在外奔走。但不管怎样，自己算是挺过来了，如今爸爸妈妈也理解我了。”

谈起创业前期的艰难，丁某皱了一下眉头说：“刚开始我想找一个比较大的场所，谁知道房租都谈好了，房东又反悔了，之后看上的场所租金又高得离谱。我不想依靠爸爸妈妈，仅靠自个儿那点积蓄和不多的借款要做许多的工作，既要装饰场所，又要置办设备，还要做宣传等，那时，觉得创业真的好难。”在创业前期的摸爬滚打中，丁某最大的收获即是知道了怎样与人沟通，明白了“只要坚持，任何困难都可以克服”的道理，这些都为她后来的成功奠定了基础。

如今，丁某的跆拳道馆里已经有 30 多名学员，而这仅仅是她创业的第一步。丁某想送给想要创业的青年学生们这样一句话：“不要去想创业有多难，选准方针，坚定信心，多听、多看、多想、多学，成功就一定在不远处等你！”

资料来源：钟宇，朱勇刚，蔡向阳．《创新创业实践能力训练》．镇江：江苏大学出版社，2016．

【案例分析】

有人创业是为了生存，有人创业是为了谋求发展，而有人创业则是为了成就事业。案例中的丁某就是为了成就事业而创业。她为了梦想放弃了稳定的工作，并且坚持不懈，克服各种困难，最终取得创业成功。

探索活动

创业者访谈

活动目的：

通过访谈，了解不同创业者的创业动机，感受创业动机在创业过程中的重要作用。

活动内容：

以小组为单位开展访谈活动。具体活动流程如下：

（1）3～5 人为一组，每组选出一个负责人。

（2）各组自行确定访谈对象 2～3 人。

（3）拟定访谈提纲，内容包括创业者的教育背景、成长环境、创业动机、创业历程、创业心得等。

（4）访谈结束后，每组撰写一份访谈报告，分析访谈对象的创业动机、创业成功的因素及从他们身上获得的启发。

（5）将报告内容制作成 PPT，在课堂上以小组为单位进行交流汇报。

活动检测：

活动结束后，教师可根据表 3-1 进行评分。

表 3-1　探索活动评价表

评分标准	满分	实际得分	备注
积极参与访谈活动	20		
按要求实施了访谈	20		
访谈报告内容详尽，分析正确	20		
PPT 制作精美	20		
其他	20		
总分	100		

能力训练

以“大学生毕业后是先就业还是先创业”为辩题，开展辩论会。

将全班同学分为两组，分别代表正方和反方，对上述辩题展开辩论，各方要说出自己的观点及理由。每组可选 4～5 人作为代表进行发言。

正方观点：大学生毕业后应先就业，积累创业经验。

反方观点：大学生毕业后应直接创业。

第二节 创业素质有哪些

创业思考

创业者能够创业成功绝非偶然，他们本身所具备的素质和能力，使得他们在机会来临时能够及时把握，在面对风险时能够冷静处理。在进行下面的学习之前，请同学们先思考以下问题：

（1）什么样的人适合创业？他们具备什么样的素质？

（2）你具备哪些创业素质呢？

扫一扫

创业者的素质与能力

创业课堂

创业是一项极具挑战性的活动，是对创业者自身智慧、能力、气魄、胆识的全方位考验。一个人要想获得创业成功，必须具备以下几个方面的基本素质。

一、心理素质

（一）坚定信心

坚定信心是指创业者要对自身所从事的事业坚信不疑。创业是艰难的，在创业的过程中难免会遇到这样或那样的困难，甚至经历失败。如果创业者缺乏坚定的信心，一遭遇困难或失败就怀疑自己决策的正确性，那么创业就无法顺利地进行下去。因此，创业者必须树立这样一个理念：困难、挫折乃至失败都是暂时的，我一定能够成功。

名人名言

成功实际上是相对的。创业过程实际上就是恒心和毅力坚持不懈的发展过程，这其中并没有什么秘密。

——李嘉诚

（二）冒险精神

在市场经济大潮中，机会与风险共存。创业过程中，必然有一定的风险伴随。如果创业者缺乏冒险精神，没有敢于决断的胆识与魄力，就可能错失发展机遇。因此，创业者要善于从他人的创业活动中得到启发，勇于突破常规，大胆尝试，以使自己的企业别具特色，在市场同业中脱颖而出。

（三）毅力

苏轼曾说："古之立大事者，不惟有超世之才，亦必有坚忍不拔之志。"创业过程中充满了未知的挑战和困难，创业者必须具有百折不挠、坚持不懈的毅力，才能在创业的道路上竞争进取、顽强拼搏，才能从小到大、从无到有闯出属于自己的一番事业。

案例阅读

"牛仔大王"李维·施特劳斯

李维·施特劳斯是世界著名服饰品牌"Levi's"的创始人，他出生于德国的一个小职员家庭，从小就很聪明。20 多岁时，他深入美国西部，投身于美国当时的淘金热潮中。在前往西部的途中，一条大河拦住了人们的去路，与他同行的许多人感到愤怒，但李维·施特劳斯却说"棒极了！"。他设法租了一条船给想过河的人摆渡，结果赚了不少钱。但不久后，摆渡的生意就被人抢走了。

于是，李维·施特劳斯继续前往西部淘金。到达西部后，他发现淘金的人很多，卖水的人却很少，于是他又开始向淘金者卖水，赚了不少钱。后来，卖水的生意又被抢走了，李维·施特劳斯不得不再次寻找新的商机。

经过一段时间的观察，他发现由于采矿时工人需要跪在地上，裤子的膝盖部分特别容易磨破，于是就想"能不能做一款耐磨的裤子呢？"。他看到矿区里有许多被人丢弃的帆布帐篷，于是就把这些旧帐篷收集起来洗干净，做成了裤子。就这样，他做出了世界上第一条牛仔裤，并最终成为举世闻名的"牛仔大王"。

资料来源：http://www.010zaixian.com/wenxue/gushihui/720885_2.htm

二、道德素质

（一）诚信为本

诚信就是"诚实无欺，信守诺言，言行相符，表里如一"。诚信不仅是为人处世的基本准则，更是经商之魂。在创业过程中，诚信是第一品质，是创业者的"金质名片"，也是创业者参与各种商业活动的最佳竞争手段。

（二）责任心强

责任心是指一个人具有的对自己、家庭、组织及社会等主动担负责任的意识，是创业成功的基础。一个人一旦有责任心，就会在日常生活中表现出成熟的举动和行为，如尊老爱幼、爱岗敬业、尽职尽责等。创业者在开创事业的时候，需要对企业员工担负责任，也需要对社会担负责任。

（三）守法律己

守法是指创业者要严格依据法律法规创办和经营企业，不从事违法活动，不做与法律相对抗的行为。律己是指身为创业者，应时刻严格要求自己，规范自己的言行举止，提升自己的综合素养和道德水平，做到遵纪守法。这样，企业才能得到长久发展。

（四）勤劳节俭

俗话说：“勤劳致富。”很多创业成功的人，特别是白手起家的创业者，都有勤劳节俭的品质。大学生要想创业成功，没有勤劳节俭的精神和习惯是不行的，必须从生活小事做起，培养自己勤劳节俭的习惯。

三、专业素质

（一）专业能力

创业者在工作中不需要面面俱到，但是熟练的专业知识、精湛的专业技能却是保证自己在业内游刃有余的必备条件，尤其对从零开始的创业者来说更加重要。创业者需具备的专业能力主要包括：① 创办企业中主要岗位的必备从业能力；② 接受和理解与所办企业经营方向有关的新技术的能力；③ 把关于环保、能源、质量、安全、劳动等的知识和法律法规运用于本行业实际的能力。

（二）社交能力

创业者在从事创业活动的过程中，免不了有各种社会交往，良好的社交能力对做好生产与经营工作、加强与各方面的沟通联系、扩大影响、减少负面效应、提高经济效益都有着不可估量的作用。因此，创业者必须具有较强的人际交往能力。

（三）管理能力

管理能力是一种较高层次的综合能力，在一定程度上决定着创业活动的成败。它涉及人员的选择、使用、组合和优化，也涉及资金的聚集、核算、分配、使用和流动。作为创业者，只有学会经营、学会管理、知人善用，合理地整合资源，才能争取市场竞争优势，促进创业活动的成功。

（四）创新能力

创新是知识经济时代的主旋律。在竞争激烈的市场中，缺乏创新的企业很难站稳脚跟。创新能力包括两个方面的内容：一是大脑活动的能力，即创造性思维、创造性想象、独立性思维和捕捉灵感的能力；二是创新实践的能力，即人在创新活动中完成创新任务的具体工作的能力。创业是一项充满创新的事业，创业者必须具备创新能力，能够根据客观情况的变化，及时提出新目标、新方案，不断开拓新局面。

课堂互动

结合自己身边的创业案例，谈谈创业素质对创业成功的重要作用。想一想，你自身具备哪些创业素质，还存在哪些不足。

【创业素质测评】

许多人都希望拥有一份属于自己的事业，但不是所有人都适合创业。下面的测试可以帮助你了解自己是否适合创业。

【试题】

请根据下列题目要求，选择最符合自己实际情况的答案（“是”或“否”）。在选择时，一定要根据第一印象回答，不要做过多的思考。

（1）你是否为了某个理想而制订了 2 年以上的行动计划，并且准备按计划进行直到完成？

（2）在学习、工作中，如果没有别人的督促，你可以自主地完成分派的工作吗？

（3）你是否喜欢独自完成自己的工作，并且做得让自己满意？

（4）你的朋友们是否经常征求你的建议和请求你的指导？

（5）你有没有兼职的经历？

（6）你是否能够连续 10 小时以上专注地投入自己感兴趣的事情？

（7）你是否习惯保存重要资料，以备需要时可以随时提取查询？

（8）在平时生活中，你是否经常关心别人，并热衷于为他人服务？

（9）即便不是十分擅长，你是否也喜欢艺术、体育等类型的课外活动？

（10）你是否曾经带动集体完成了某些集体活动并得到好评？

（11）你是否喜欢参与竞赛，并且希望自己表现良好？

（12）当你为别人工作时，发现其管理方式不当，是否会提出适当的管理方式改进建议？

（13）当你的工作需要他人协助时，你是否总能说服别人来帮助你？

（14）当储蓄达到一定数额时，你是否能制订出较好的理财计划？

（15）当你要完成一项重要的工作时，是否总是给自己足够的时间，绝不草率？

（16）参加重要聚会时，你是否从不迟到？你是否能充分利用时间？

（17）你是否能妥善安排工作中的各项任务，更有效率地工作？

（18）你交往的朋友中是否有较多有成就、有智慧、有远见的人物？

（19）你在平常的生活中，是否被认为是受欢迎的人？

（20）当你需要经济支援时，是否能说服别人借钱给你？在募款时，你是否充满自信而不害羞？

（21）你是否可以为了赚钱而牺牲个人娱乐时间？

（22）你对自己要完成的工作有足够的责任感吗？

（23）你在工作时，是否有足够的耐心？

（24）你是否能在很短的时间内结交许多新朋友，而且能使新朋友对你留下深刻的印象？

【分析】

以上问题回答“是”得1分，回答“否”不计分，请统计你所得的分数。

A型，打工型：得分在0～5分。你目前暂时不太适合自己创业，可先以员工的身份培养相关的专业能力。

B型，提升型：得分在6～10分。你具有一些基本的创业素质，但创业失败的可能性较大。如果迫切希望创业，则要寻求一些有经验人士的指导，以减少创业风险，增加创业成功的可能性。

C型，补充型：得分在11～15分。你比较适合自己创业，但需要对回答为“否”的问题进行分析，找出自己的不足，并不断完善自身。

D型，积累型：得分在16～20分。你个性中的特质已经完全符合创业的基本要求，需注意选择合适的创业方向，并注意积累管理经验。

E型，行动型：得分在21～24分。你十分适合去创业，要注意把握机会，及时行动。

资料来源：https://max.book118.com/html/2020/0614/8111122122002116.shtm

典型案例分析

洪鹏的创业故事

洪鹏，毕业于某高职院校信息工程专业，在校就读期间成绩优秀。刚踏入校门时，他就对自己的职业生涯进行了详细规划，想在毕业后创业。在校期间，他根据自己的职业规划有针对性地对专业课程进行了系统学习，并在掌握基本理论知识后积极参与专业实践。同时，他还积极参加学校的各项活动，以提高自己的管理、沟通、组织和协调能力。

毕业后，洪鹏回到家乡，做起了鸡蛋的批发营销生意，并成立了公司，注册了商标。面对传统行业的烦琐劳苦，他没有退缩，而是一步一个脚印地坚持着，不断地积累经验。

做鸡蛋批发营销生意，首先需要解决的问题就是货源和销售渠道问题。经过两个多月的奔波和沟通，他与乡镇的一些养鸡户，以及当地的几个大中型超市和面包店签订了合同，使公司得到了固定的供货渠道和销售渠道。有了一定的市场之后，洪鹏又通过线上沟通和实地走访，在较短的时间内与外省的一些公司取得联系，将家乡的土鸡蛋销往了苏浙沪等地。

2013年，全国大范围地出现了禽流感疫情，这对于洪鹏来说是一个巨大的困难。面对困难，洪鹏没有选择放弃，而是认真思考解决办法。他组织与公司合作的养鸡户召开了一次小型会议，决定所有同仁拧成一股绳共渡难关。之后的两个月里，洪鹏本着一颗帮助养鸡户的心，不断地在各地奔波。功夫不负有心人，最终洪鹏以零利润的条件与外地商户达成协议，把养鸡户的鸡蛋销售出去了。这使得其公司形象再次得到提高，收获了大批的合作者。

资料来源：杨文超，王超，雷刚跃.《驾驭未来——创新创业基础与实践教程》.镇江：江苏大学出版社，2019.

【案例分析】

要想成为一名成功的创业者，首先要有梦想，同时还要不断地、有意识地培养自我的创业意识和创业素质，勇于克服各种困难。案例中，洪鹏之所以能够成功，正是因为其不仅在大学期间就确立了职业目标，并努力锻炼自己各方面的能力，而且在遇到困难时积极解决，不放弃。

探索活动

自知之明活动

活动目的：

一个成功的创业者要具备很强的心理素质、道德素质和专业素质，你是否具备这样的素质？通过下面的活动，对自己的素质做一个基本了解。

活动内容：

（1）表 3-2 至表 3-12 是有关创业者素质的测评表，各表中的 A 栏和 B 栏中各有一些表述，看看哪一个更符合你的情况。如果 A 栏里的表述更符合你的情况，请在 A 栏左侧的空格中填写“2”；如果 B 栏里的表述更符合你的情况，请在 B 栏右侧的空格中填写“2”。

表 3-2　独立自主素质测评

	A	B	
	我不惧怕问题，因为问题是生活的组成部分，我会想办法解决每一个问题	我发现解决问题很难，我害怕遇到问题，或者干脆不想它们	
	我不会等待事情的发生，而是努力促使事情发生	我喜欢随波逐流并等待好事降临	
	我总是尝试做一些与众不同的事情	我只喜欢做我擅长做的事情	
	我在行动上很少受他人影响和支配，能把自己的主张决策贯彻到底	我在行动上会受他人影响，觉得他人意见好，就会按照他人的想法去做	
	当我遇到困难时，我会尽全力去克服困难	如果我遇到困难，我会试图忘掉它们，或等待其自行消失	
	总计	总计	

表 3-3 冒险素质测评

A		B	
	我坚信，要在生活中前进必须冒险	我不喜欢冒险，即便有机会得到很大的回报也是这样	
	我认为风险中也蕴含机会	如果可以选择，我愿意以最稳妥的方式做事	
	我只有在权衡利弊之后才会冒险	如果我喜欢一个想法，我会不计利弊地去冒险	
	即使投资于自己企业的资金亏掉了，我也愿意接受这样的现实	我难以接受“投资于自己企业的资金可能会亏掉”这样的现实	
	不论做任何事，就算我对这件事有足够的控制权，我也不会总是期待完全控制局面	我喜欢完全控制自己所做的事情	
	总计	总计	

表 3-4 顽强执着、坚定信心素质测评

A		B	
	即使面对极大的困难，我也不会轻易放弃	如果存在很多困难，真的不值得为某些事去奋斗	
	我不会为挫折和失败沮丧太久	挫折和失败对我的影响很大	
	我相信自己有能力扭转局势	一个人能力有限，运气起很大的作用	
	如果有人对我说不，我会泰然处之，并会尽最大的努力改变他们的看法	如果有人对我说不，我会感觉很糟并会放弃这件事	
	在危急情况下，我能保持冷静并找出最佳的应对办法	当危机升级时，我会感到慌乱和紧张	
	总计	总计	

表 3-5 诚信品质测评

A		B	
	我言行相符，所做的即是我心里所想的	我所想的和我表现出来的行为往往不相符	
	我在路上拾到钱包后会主动归还给失主	我在路上拾到钱包后据为己有	
	我乘坐公共汽车或地铁时从不逃票	我常常为逃票而沾沾自喜	
	我对别人承诺的事情一定会做到	我会经常因为某些原因而未能履行对他人的承诺	
	我会认真完成老师布置的每一次作业	我觉得作业完成得差不多就行，没必要追求精益求精	
	总计	总计	

表 3-6　责任心品质测评

A		B	
	在公交车上，见到老人上车，我会主动让座	在公交车上，见到老人上车，我会选择视而不见	
	外出时，找不到垃圾桶，我会把垃圾带回家	外出时，找不到垃圾桶，我会随便找个隐蔽的地方将垃圾扔掉	
	我会节省开销，尽力为父母、为家庭减轻负担	只要是自己喜欢的就会购买，我从不考虑自身的经济实力	
	我经常帮助有困难的同学和朋友	我很少帮助有困难的同学和朋友	
	我发奋学习专业知识，学习各种技能	我认为学习不是首要的事，经常和同学逛街、上网、唱歌	
	总计	总计	

表 3-7　守法律己品质测评

A		B	
	我有令必行，敢于担当	做错事时，我会找借口，推卸责任	
	在生活中、学习中，我一直严格要求自己	我觉得差不多就行，从不严格要求自己	
	我严格遵守校规校纪	我经常违反校规校纪	
	我熟悉法律，会依法办事	我不了解法律，即使触犯法律自己也不知情	
	我能控制自己的情绪和行为	我不能控制自己的情绪和行为	
	总计	总计	

表 3-8　勤劳节俭品质测评

A		B	
	我花钱有计划，会合理分配每月的生活费	我每月的生活费都不够花	
	我很爱惜粮食，生活中不挑食、不剩饭	我经常将吃不完的饭菜扔掉	
	我出门时会及时关灯、关水	我出门时经常忘记关灯、关水	
	我会节省开销	只要是我喜欢的，我就会购买	
	我从不与别人比吃穿	别人有的，我也要有	
	总计	总计	

表 3-9　专业能力测评

A		B	
	我热爱自己所学的专业	我对自己所学的专业毫无兴趣	
	我努力学习专业知识，学习各种技能	我认为学习不是首要的事，经常和同学逛街、上网、唱歌	
	除学习课本知识，我还经常参加课外实践活动	我很少参加课外实践活动	
	我每次都能顺利通过各科考试，没有“挂科”的现象	我偶尔会有“挂科”的现象	
	我对自己所学的专业非常精通	我对专业知识一知半解	
	总计	总计	

表 3-10　社交能力测评

A		B	
	我与别人沟通得很好	我与别人沟通有困难	
	我很喜欢当众演讲	我为自己的演讲水平不佳而苦恼	
	我喜欢结交朋友，参加社交活动	我的朋友很少，我也很少参加社交活动	
	我愿意做会议主持人	我想到要做主持人就发怵	
	我喜欢在宴会上致祝酒词	我不喜欢在宴会上致祝酒词	
	总计	总计	

表 3-11　管理能力测评

A		B	
	我喜欢做大型活动的组织者	我不擅长组织大型活动	
	我做事情有计划，无论何时何地，都能有目的地行动	我做事情没有计划，想到什么就做什么	
	一旦需要做出决定，我常常能尽快地决定做什么	我尽可能长地推迟做决定的时间	
	我能经常思考对策，扫除实现目标的障碍	我很少进行思考、总结	
	我能严格约束自己的行为	我不能严格约束自己的行为	
	总计	总计	

表 3-12　创新能力测评

	A	B	
	我擅长讲笑话、说趣事	我不擅长讲笑话、说趣事	
	我有想法，喜欢尝试新事物	我从来不做那些自寻烦恼的事	
	遇到问题时，我能从多方面探索它的可能性，而不是拘泥于一个方面	我认为按部就班、循序渐进才是解决问题的方法	
	我不拘泥于一成不变的生活	我喜欢传统的、稳定的生活方式	
	我总是想办法说服别人接受自己的观点	我喜欢接受别人的观点，而不是说服他人接受自己的观点	
	总计	总计	

资料来源：詹一览，杨宇，李强．大学生创新创业教育教程——实训课程．上海：上海交通大学出版社，2017．

（2）将每项素质的得分相加后，分别填入表 3-13 中 A 栏和 B 栏对应的框里，然后在相应的位置打“√”。如果 A 栏得分为 6～10 分，说明这些方面的能力或素质是你的强项，请在“强”下面画“√”。如果 A 栏得分为 0～4 分，说明你在这些方面的能力或素质不太强，请在“不太强”下面画“√”。如果 B 栏得分为 0～4 分，说明你在这些方面的素质或能力有点弱，请在“有点弱”下面画“×”。如果 B 栏得分为 6～10 分，说明这些方面的素质或能力是你的弱项，请在“弱”下面画“×”。

表 3-13　创业素质评价表

素质	A	强（6～10 分）	不太强（0～4 分）	B	有点弱（0～4 分）	弱（6～10 分）
独立自主						
敢于冒险						
顽强执着、坚定信心						
诚实守信						
有责任心						
守法律己						
勤劳节俭						
专业能力						
社交能力						
管理能力						
创新能力						

如果你 A 栏的总分为 60 分或更高，说明你具备较高的创业素质。

如果你 B 栏的总分为 60 分或更高，说明你需要对自己的弱项加以改进，将弱项转变为强项。

（3）自我测试后，请你的同学或朋友利用上面的表格再对你进行一次测评，比较两次测评的结果，以便更加客观、准确地评价自身的创业素质。

（4）以“我所具备的创业素质”为题写一份报告。要求：约 800 字，并针对自身不具备的创业素质要写出具体的改进措施。

活动检测：

活动结束后，教师可根据表 3-14 进行评分。

表 3-14　探索活动评价表

评分标准	满分	实际得分	备注
能客观准确地描述自己	20		
能针对自身问题提出有效的解决方案	20		
报告撰写认真、符合要求	20		
能积极参与活动	20		
其他	20		
总分	100		

能力训练

请同学们根据以下步骤，进行模拟创业活动，思考创业者的创业素质对创业的重要性，以及自己是否适合创业。

（1）将全班学生分为若干小组，6～8 人为一组，每组选出一个负责人。

（2）各小组通过抽签来选择主题。创业主题包括啤酒厂、大学生旅游交友社区、跳蚤集市、物流点。

（3）各小组根据所选择的主题来讨论以下问题：① 创业目标是什么？② 开展此项创业项目的创业者需要具备哪些素质和能力？③ 本小组成员具备此项创业项目所需的哪些素质和能力，还存在哪些不足？

第三节　创业素质可培养

创业思考

一个创业者只有具备良好的创业素质，才能提高创业成功率。因此，在平时的学习和生活中能够有意识地提升自身的创业素质，对于准备创业的同学来说至关重要。在进行下面的学习之前，请同学们先思考以下问题：

（1）你知道哪些提升创业素质的方法？

（2）在日常学习和生活中，你是否会有意识地提升自己的创业素质？

创业课堂

一、提升心理素质的方法

（一）自信心的培养

成就事业需要有自信，有了自信才能产生勇气、力量和毅力，才能战胜困难，实现目标。但要注意，自信绝非自负。大学生提升自信心的方法主要有以下几种：

（1）积极自我暗示。相信自己能行，其他人能做到的事，相信自己也能做到。可以在课桌上、床沿边等处贴上激励语，如“我行，我能行，我一定行”“我是最好的，我是最棒的”等。每天默念几次，久而久之，就能够通过积极的自我暗示，鼓舞自己的斗志，使自己逐渐树立自信心。

（2）丰富知识仓库。这是建立自尊、提升自信心的基础。拥有一技之长的人，任何时候都不容易露怯。因此，大学生必须要勤奋学习，完善自己的知识结构，拓宽自己的知识面，不仅要具备必要的专业知识，而且要广泛涉猎其他相关领域的知识。

（3）注意仪表。整洁得体的仪表更容易得到别人的夸奖，从而增强自己的自信心。所以，大学生要注重仪表细节，做到整洁大方。

（4）做足事前功夫。做事没有自信，是因为对事情不了解，害怕出错，害怕失败。如果充分了解要做的事，了解它的每一个步骤，了解出现问题时相应的处理方法，那么，还有什么害怕的？因此，大学生做任何事情之前都要做足事前功夫，深入细致地调查要做的事，详细询问过来人的经验，有不懂的地方立刻请教他人。

（5）敢于表现自己。自卑的人，喜欢把自己“藏”在人群中，恨不得所有人都不要注意自己。大学生想要变得自信，就要想办法让所有人都注意你。例如，在公共活动场合，尽量坐到前排；在讨论问题的时候，积极发表自己的观点；等等。大学生要尽量留给他人这样一个印象：也许我做得还不够，但我敢于尝试，我在不断进步。

（二）冒险精神的培养

创业者是创业活动的主导者，是创业团队的灵魂。在创业过程中，创业者需要做出各种各样的决策，而创业者的每一项决策都左右着创业活动的发展走向和兴衰。因此，创业者在做出决策时，一定要深思熟虑，慎之又慎。但同时，创业者也要有一定的冒险精神，以免因太过优柔寡断而错失机会。大学生培养冒险精神的方法主要有以下几种：

（1）多实践、多行动，即敢于做自己想做的事。在实践和行动中磨炼自己，培养自己临危不惧的精神及处理各种突发事件的能力。

（2）尝试自己一直不敢做的事。在道德和法律允许的范围内，在保证生命安全的前提下，尝试自己一直不敢做的事。之后，你会发现原来很多事情并没有想象中的那么困难。

（3）多和有胆量、敢于冒险的人接触，学习他们的勇敢精神是增强胆量、培养冒险精神的有效途径。

（三）毅力的培养

《孟子》有云："天将降大任于斯人也，必先苦其心志，劳其筋骨，饿其体肤，空乏其身，行拂乱其所为，所以动心忍性，曾益其所不能。"这段话生动地说明了毅力的重要性。要想取得创业成功就必须有坚强的毅力，这样才能克服创业过程中的各种困难。大学生培养坚强毅力的方法主要有以下几种：

（1）将积极行为转变成习惯。在生活中，一旦通过有规律的行为营造了某种重复，习惯就建立起来了。大学生要善于将生活中的积极行为，如健身、阅读等，转变为习惯。在逐渐克服惰性、养成良好习惯的过程中，培养毅力。

（2）由易入难。有些人很想善始善终地完成某件事，但往往因为难度太大半途而弃。因此，大学生在确定奋斗目标时，一定要坚持"从实际出发、由易入难"的原则，从小事做起，一步步实现最终目标。在坚持的过程中，培养自己的毅力。

二、提升道德素质的方法

（一）诚信的培养

人无信不立，商无信不誉。作为创业者，必须具备诚信的良好品质。大学生培养诚信品质的方法主要有以下几种：

（1）以诚待人。从创业角度来看，诚信主要表现为以诚待客、货真价实、公平买卖、信守合同等。只有做到这些，方能赢得顾客盈门。例如，徽州商人吴南坡宣示："人宁贸诈，吾宁贸信，终不以五尺童子而饰价为欺。"他出售的"南坡布"货真价实，深受顾客信任。久而久之，人们去买布，只要看见是吴南坡的铺面，不管精恶长短，买了就走。

（2）言出必行。创业活动是人与人之间的社会活动，在合作、洽谈等事宜中，一定要遵循事先约定，努力做到言行一致，切忌以次充好。大学生在日常学习生活中，要努力做到言出必行，严格要求自己。

（二）责任心的培养

让自己成为一个富有责任心的人，需要从以下几个方面努力：

（1）从身边事做起。对于大学生来说，珍惜现有的学习环境，努力学习专业知识，积极参与各类校园活动，提升各方面技能，就是对自己负责任的表现；勤俭节约，不过分追求物质享受，珍惜父母给予的每一分钱，增强对家庭的责任感，就是对家庭负责任的表现；多帮助身边有困难的同学和朋友，不乱扔垃圾，不随地吐痰，遵守公共秩序和交通规则，就是对社会负责任的表现。

（2）多关注社会时政要闻。在日常生活中，除了完成自身学习任务外，大学生还应广泛关注国家、社会的时政要闻，增强家国意识，培养民族自豪感和爱国情怀。

（三）法律意识的培养

创业者要树立正确的法制观念，并熟知所处行业的各项法律规定，这样才能确保自己的创业活动不触碰法律红线。大学生可以通过书籍、新闻等深入了解目前我国在相关领域的法律法规，逐渐提高自身的法律素养。

（四）勤俭习惯的培养

勤俭节约是中华民族的传统美德，是创业者必备的道德素质之一。大学生可以从以下几个方面培养自己的勤俭节约习惯：

（1）树立崇尚节俭的意识，从自我做起，从身边小事做起。

（2）花钱要有计划。定期做一个预算，并将日常消费记录下来，定期查看自己所花的钱与预算是否吻合。遇到想买的东西时，先想一想自己是否真的需要，做到理性消费。

（3）不盲目攀比。不要片面追求物质享受，不和他人攀比，在自己能够承受的范围内合理消费。

三、提升专业素质的方法

（一）专业能力的培养

（1）爱上所学专业。每一个专业领域都有自身的独特趣味，大学生要在学习中克服自身惰性，发掘所学专业的独特魅力，努力学习专业课程，为创业打好理论基础。

（2）在实践中不断提高专业技能。通过参与实习及各类专业赛事，提升自己的专业技能，加强对专业领域的认识和了解。

此外，有时创业领域所需知识与所学专业不一定有必然联系，如果锁定了创业方向，大学生就要利用自身的空闲时间加强相关专业知识的学习。

（二）社交能力的培养

在创业过程中，创业者需要与不同行业、不同性格的人沟通，良好的社交能力对创业者来说十分重要。

（1）学会聆听。聆听在创业过程中具有重要的作用。例如，通过聆听客户的反馈，可以了解客户的真实体验，了解产品或服务存在哪些不足，需要从哪些方面来提升和改进；通过聆听合作伙伴的意见，可以了解公司目前存在的问题。大学生想要提高社交能力，必须先学会聆听，能够通过聆听领会他人话里的深层含义，获得自己所需的信息。

（2）主动交往。大学生要提高自己的自信心，勇敢地与别人交流。遇到比自己能力强的同学、朋友，不要自卑，而是要学习他人的优点。

（3）勇于承认错误。大学生在日常交往过程中，如果因自己的行为举止不当而使别人遭遇尴尬，一定要及时承认自己的错误，真诚地向对方表示歉意。

（4）掌握社交心理和社交技巧。大学生要多读一些待人接物方面的书籍，学习人际交往技巧。

（三）管理能力的培养

（1）时间管理。大学生要养成制订时间计划的习惯，并督促自己严格落实，消除浪费时间的活动，将有效时间用来处理重要的事情。

（2）学会用人所长。金无足赤，人无完人，每个人都有缺点。真正优秀的管理者会先考察一个人最擅长做什么事，然后再根据他的长处来安排工作。

（3）学会要事优先。在创业过程中，创业者每天需要处理的事务非常繁杂。因此，大学生必须学会权衡主次轻重，优先处理紧急的事情。

（四）创新能力的培养

创业者的创新能力是决定创业能否成功的重要因素之一。大学生要通过保持好奇心和求知欲，勇于突破前人、突破书本、突破难题，自觉培养科学精神，训练创新思维，提高创新能力。

典型案例分析

李毅的创业初体验

李毅是某师范学院的毕业生，毕业后在学校斜对面开了一家餐馆。

毕业后就打算自主创业

李毅的餐馆打扫得很干净，桌椅也摆放得十分整齐。对于开餐馆一事，李毅说，他毕业后，觉得就业竞争激烈，于是就想到了自主创业，自己开餐馆做起了老板。据他介绍，他的餐馆共三层，经营面积300多平方米。从目前的经营情况来看，一般周五到周日生意爆满，而平时前来消费的顾客不是很多，支出略大于收入，因此目前餐馆还面临着许多困难。对此，李毅表示，创业之初总是伴随着艰辛的，关键是要摆正自己的心态，具有迎难而上的精神。

两人撑起一间餐馆

据李毅介绍，目前餐馆就只有两个员工——李毅和李毅的堂姐。李毅说，目前餐馆很多方面都需要人手，但由于资金困难，自己只好一手包办。“现在我是既当老板又当员工。堂姐原来是在外地工作的，后来见我开了餐馆，就把原来的工作辞掉了，前来帮忙。”

目前，李毅每天的工作包括采购、收银、传菜、管理账目等，忙碌着餐馆大大小小的事情。虽然十分辛苦，但他依然坚信付出就有收获。

李毅眼中的自主创业

李毅说，他选择自主创业有三大理由：一是大学生自主创业本身就是一条就业途径。在今后的社会中，自主创业的人会越来越多。创业甚至会成为就业的主流，成为大学生毕业后就业的首选。二是选择自主创业一方面会让自己更有工作激情，工作时更投入，从而更容易获得成功；另一方面是即使失败也不会感到遗憾。三是选择自主创业能够有一个空间来发挥自己的才能，实现自我价值，得到社会的认可。

李毅说，通过自主创业，他深刻认识到大学生在学习知识的同时，也应积极地思考问题，更加关注科技发展和社会需求，寻找知识的转化点。

资料来源：https://www.yjbys.com/qiuzhizhinan/show-7497.html

【案例分析】

从上述案例中，我们可以得到以下启示：创业前，要选准适合自己的创业领域。一旦开始创业，就要坚持，即使出现一些挫折也不能轻易放弃。

探索活动

创业素质调查活动

活动目的：

了解大学生创业素质的现状。

活动内容：

以小组为单位，开展一次创业素质调查活动，了解大学生创业素质的现状。具体活动流程如下：

（1）4～5 人一组，每组选出一个小组负责人，负责整个活动的策划和安排。

（2）各小组按照要求设计调查问卷，问卷内容要涵盖创业素质的有关问题，所提问题要包括封闭性问题和开放性问题两类。

（3）选择调查时间和调查对象，利用课外时间进行调查。

（4）调查结束后，每小组撰写一份调查报告。报告的内容包括调查目的、调查对象、调查方法、调查结果及分析、创业素质提升建议等。

活动检测：

活动结束后，教师可根据表 3-15 进行评分。

表 3-15　探索活动评价表

评分标准	满分	实际得分	备注
积极参与活动	20		
调查问卷设计合理，符合要求	35		
调查报告分析正确，并提出了有效建议	35		
其他	10		
总分	100		

能力训练

自信心训练

（1）仔细回想一下从小到大让你感到自豪和有成就感的事情，并写下来，写得越多越好。写完后，按照你的自豪程度对这些事情进行排序，把你觉得最自豪的事情排在前面，然后逐个分析一下这些事情，问自己以下几个问题：① 在这件事里，我做了什么？② 在这件事里，我发现了什么？③ 做完这个练习，我对自身的能力有何发现？

（2）举行演讲比赛。演讲主题不限，演讲时间为 5 分钟。个人演讲完后，其他同学可根据演讲内容进行提问，最后由教师和同学共同选出最优秀的演讲者。

毅力训练

（1）坚持每天在固定的时间跑步，或进行其他身体锻炼活动。

（2）每周定期整理自己的衣物，养成勤劳的习惯。

（3）制订作息时间表，生活一定要有规律。

专业能力训练

（1）意识到专业学习的重要性，努力学好自己的专业知识。

（2）多看一些与专业相关的书籍，以拓宽自己的视野。

（3）多参与实践活动，在实践的基础上，不断地理解并掌握相关理论知识。

社交能力训练

（1）记住他人。了解并记住他人是社交中的一项基本技能。在第一次见面后，就能记住他人的姓名及爱好等，是对他人的尊重。在第二次见面时，若能直接叫出对方的姓名，会让对方对你产生好感。

具体活动步骤如下：① 分小组，10 人一组。② 小组成员围成一个圈。先由一位同学说出自己的姓名及爱好。然后，第二位同学要先说出第一位同学的姓名及爱好，再说出自己的姓名及爱好，如“××喜欢××、××。我是××，我喜欢××”。第三位同学要分别说出前两位同学的姓名及爱好，然后介绍自己。以此类推，最后介绍的同学要将前面所有同学的姓名和爱好复述一遍。

（2）欣赏并赞美他人。人不是完美的，只有学会欣赏别人的优点，在人际交往中才会受欢迎。

具体活动步骤如下：① 分小组，10 人一组。② 先请一位同学站在前面或中间，其他同学轮流赞美他（她）。③ 由一位同学将大家的赞美写在他（她）事先准备好的本子上，并签上每个同学的姓名。

管理能力训练

（1）组织同寝室的室友进行一次座谈，并制定本寝室的规章制度。

（2）向学院学生会提出倡议，组织一次学习方法、就业或创业研讨会，并邀请有关人士做指导、报告。

（3）参加学院学生干部的竞聘。如果受聘担任学生干部，就要热心为同学服务，争取各种锻炼机会。如果没担任学生干部，也可以向班长或团支书提议，或向全班同学发出号召、倡议，组织大家举行一次春游、会餐或舞会等。

创新能力训练

将全班学生分成若干小组，每组 4～6 人。各小组从以下题目中选择一个题目，进行讨论。

（1）在美国的一个城市里，地铁里的灯泡经常被偷，这可能会导致安全问题。为此，有关部门要求工程师想出一个好的解决方案。接手此事的工程师不能改变灯泡的位置，也没有足够的预算可以使用，但他提出了一个非常好的解决方案。请问，他提出的是什么方案呢？

（2）在一个小镇里有四家鞋店，它们销售同一系列、同一型号的鞋子，然而，其中一家鞋店丢失的鞋子是其他三家平均每家的 3 倍。请问，为什么会出现这种情况，又该如何解决这个问题呢？

（3）一个人以一打 5 美元的价格购进椰子，然后以一打 3 美元的价格售出，凭借这种做法他成了百万富翁。你知道这是怎么回事吗？

创业实践

在校园里摆地摊，卖文具、生活用品、旧书等，最好不要卖学校超市里已有的产品。而且，不仅要把产品卖出去，还要从中赚钱。具体实施步骤如下：

（1）每 4～6 人为一组，确定要卖的产品、价格、进货渠道、团队分工等事项。

（2）选择时间段进行销售。

（3）小组成员撰写实践报告，内容包括活动实施效果、实践心得及体会等。

模块四

寻找机会费思量

自我思考

创业是发现市场需求，寻找市场机会，并通过投资经营企业满足市场需求的活动。由此可见，创业需要机会。在我们身边其实隐藏着很多创业机会，要想发现并把握创业机会，需要掌握一定的方法。

请同学们想一想，你有从生活中发现适合你的创业机会吗？你是如何抉择的呢？你是否把握住了创业机会？

开篇故事

施乐与 914 复印机

切斯特·卡尔森大学毕业时正好赶上美国经济大萧条时期，当时的就业形势非常严峻，他投了很多简历都被拒绝了，最后只找到了一份在律师事务所抄写资料的工作。他每天都要抄写大量的资料，极其枯燥，他想：要是有一种能够复印资料的机器就好了。有了这个想法之后，他很快就开始了相关的研究工作。

1938 年 10 月，他终于复印出了第一份资料，掌握了静电复印技术。但是，将复印技术商业化的道路却是艰难的。卡尔森先后找了 20 多家大公司谈合作，均未获成功。这些公司要么认为他的技术不成熟，要么认为复印技术的市场不大。但卡尔森并没有放弃，依然坚持改进复印技术。

直到遇到施乐公司的第二代传人约瑟夫·威尔逊，卡尔森和复印技术的命运才得到改变。威尔逊对卡尔森的发明非常感兴趣，他认为复印机将具有广阔的市场前景。1947 年到 1960 年，施乐公司先后投入 7 500 万美元在复印机的研究上。功夫不负有心人，1962 年，施乐公司推出了第一台具有商业价值的复印机——914 复印机。

但是，这款复印机成本高昂，与当时的竞争性产品（复写纸等）相比，没有任何价格优势，想要进入市场相当困难。于是，威尔逊决定放弃之前决定的 10 000 美元的定价，改为出租，租金每年 100 美元。这样一来，914 复印机三年内的租用量就达到了 200 000 台。

资料来源：

http://www.360doc.com/content/18/0125/01/52030528_724864823.shtml

第一节 机会来源千百种

创业思考

我们经常会听到这样的话：“到处都是红海（即红海市场，指现有的竞争激烈的市场），不知道做什么”“这个项目我之前就想过，要是我做了多好啊”“我怎么就没有想到这个点子呢”。很多人想要创业，但却总是在抱怨没有机会，其实创业机会就在我们身边，需要我们留心观察，及时把握。在进行下面的学习之前，请同学们先思考以下问题：

（1）什么是创业机会？

（2）如何才能发现创业机会？

创业课堂

一、创业机会的概念与特征

创业机会是指在社会经济活动过程中产生的一种带有偶然性并能被经营者认识和利用的契机。

创业机会一般具有以下特征：

（1）普遍性。凡是有市场、有经营活动的地方，客观上就存在着创业机会。创业机会普遍存在于各种经营活动过程之中。

（2）偶然性。对于一个创业者来说，创业机会的发现和捕捉带有很大的不确定性，因为任何创业机会的产生都有意外性。

（3）消逝性。创业机会存在于一定的时空范围之内，随着产生创业机会的客观条件的变化，创业机会可能会转瞬即逝。

> **名人名言**
>
> 要永远相信：当所有人都冲进去的时候赶紧出来，所有人都不玩了再冲进去。
>
> ——李嘉诚

二、创业机会的来源

“创业机会从何而来？”这个问题很重要，但难以阐述清楚。在众多观点中，我们认为美国凯斯西储大学斯科特·沙恩教授的观点比较有代表性。沙恩教授提出了产生创业机会的四种变革，即技术变革、政治和制度变革、社会和人口结构变革、产业结构变革。

（一）技术变革

技术变革可以使人们去做以前不可能做到的事情，或者更有效地去做以前只能用不太有效的方法去做的事情。新技术的出现也会改变企业之间的竞争模式，使得创办新企业的机会大大增加。例如，互联网的出现，不仅改变了人们的生活，也创造了众多创业机会。

（二）政治和制度变革

政治和制度变革革除了过去的禁区和障碍，或者将价值从经济因素的一部分转移到另一部分，或者创造了更大的新价值，从而产生创业机会。例如，环境保护和治理政策出台，会将那些污染严重、对环境破坏大的企业的资源，转移到推进生态文明建设的创业机会上来；专利保护制度的严格执行，通过收取专利使用费用将价值转移到拥有专利的大公司，使得那些缺乏核心技术的企业从品牌企业沦为加工厂，甚至走向破产倒闭。

（三）社会和人口结构变革

社会和人口结构变革主要通过改变人们的偏好和创造以前并不存在的需求来创造机会。例如，随着社会的发展，人们的旅游观念也在不断改变，经历了一个从无到有，从不合理到合理的演变过程，也为旅游及相关行业带了许多新的创业机会。

（四）产业结构变革

产业结构变革是指因其他企业或为主体顾客提供产品或服务的企业消亡，或者企业吞并或互相合并等原因而使行业结构发生变化，进而改变行业中的竞争状态，从而产生创业机会。

典型案例分析

青年学生毕业后开农产品网上超市

某信息技术学校学生张某毕业后没几年就开了一家农产品店，继而又开办了相关的电子商务网站，该网站称得上是首批农产品“网上超市”之一。

张某在学校学的是计算机专业。毕业那年，他集结同学中的“电脑高手”组建了学校第一间“设计工作室”，当时接洽了几宗“大生意”。毕业后，他开了家 IT 公司，从事广告设计。

之后，张某和朋友商讨后，想在“网上超市”方面进行尝试。通过市场调查，张某发现当时在淘宝等电子商务网站上，农产品还是个空白点，因为它的网上购物人群还未形成。一般家庭中买菜的多以老人为主，他们不是网络购物的主力消费者。于是，张某把创业范围缩小到“有机蔬菜”领域，定位于白领家庭。张某投资 30 万元，开了间 180 平方米的农产品店，并开办了相应的电子商务网站。

在一次市场考察中，江西农业局一位负责人向他介绍：“我们那儿的鸡蛋是绿色的壳，更有营养。民间有这样一种说法，土鸡中极少有产绿壳蛋的，绿壳蛋都会留给孩子和老人食用，因为它能提高孩子的免疫力，治疗老人头晕、目眩等疾病。”张某听后顿受启发——现在卖东西都是卖商品，我能不能“卖故事”？

回上海后，张某将店里的几十种商品一一归类，从网上搜集了商品从产地到用途等的各种信息，编成一个个“产品故事”，教消费者怎样从颜色、大小、形状等细节分辨农产品的好坏。在张某的店里，商品旁边不再是单一的价格标签，还有五颜六色的“故事牌”，方便消费者挑选适合自己的种类。赋予商品故事和文化后，消费者的认可度马上提高了不少。两个月后，张某农产品店和“网上超市”的销售额就大幅增长。

资料来源：http://www.docin.com/p-1581643434.html

【案例分析】

创业，有时是“创新”，有时也是“创心”，心境决定眼界和未来。从案例中不难发现，其实生活中存在着很多创业机会，只要我们留心观察生活中被人忽略的细节，勤于思考，就能发现身边的创业机会。

探索活动

创业机会探寻活动

活动目的：

培养发现创业机会的能力。

活动内容：

通过找“痛点”的方法寻找身边可能的创业机会：回顾生活中的各种不方便、不完善、不安全、不环保、不简洁、不牢靠、不便宜、不必要等情况，从中寻找可能的创业机会。

具体活动流程如下：3～5人一组，各小组通过头脑风暴法想出尽可能多的创业机会，并以书面形式一一列出。

创业机会来源可考虑以下几个方面：① 个人生活中经历过的各种“不”；② 学习过程中经历过的各种“不”；③ 偶然发现的各种“不”；④ 个人的家庭环境、家庭成员从事的职业及相关的行业中的各种“不”。

活动检测：

活动结束后，教师可根据表4-1进行评分。

表4-1　探索活动评价表

评分标准	满分	实际得分	备注
积极参与活动	20		
列出创业机会（1个5分）	40		
创业机会有创意	20		
创业机会可操作	20		
总分	100		

能力训练

（1）关注个人生活中经历过的各种不方便，并根据表4-2列出各种不方便可能带来的创业机会。

表4-2　生活中的不方便带来的商机

类型	不方便点及商机（一）	不方便点及商机（二）	不方便点及商机（三）	不方便点及商机（四）
交通				
就餐				

（续表）

类型	不方便点及商机（一）	不方便点及商机（二）	不方便点及商机（三）	不方便点及商机（四）
娱乐				
学习				
休息				
通信				

（2）通过对文化教育、儿童用品、女性用品和老年人用品等市场进行分析，寻找创业机会。

第二节 识别机会方法多

创业思考

作为创业者，最难能可贵的地方在于能够发现其他人所看不到的创业机会，并采取行动来把握创业机会，实现创业梦想。在进行下面的学习之前，请同学们先思考以下问题：

（1）如何才能更敏锐地识别出创业机会？

（2）面对众多的创业机会，如何判断其是否具有商业价值呢？

创业课堂

一、影响创业机会识别的因素

现实中，许多人都有创业的想法，但能否发现真正的创业机会，并成功地抓住和利用它，最终成为一个成功的创业者，这受到许多因素的影响。其中，主要的影响因素有以下几个。

（一）先前经验

在特定的产业中，先前经验有助于创业者识别机会。一个投身于某产业的创业者，往往比那些产业外的人更容易识别产业内的新机会。

（二）认知因素

在某个领域拥有更多知识的人比其他人更容易察觉该领域内的机会。例如，计算机工程师比律师更容易察觉计算机产业内

> **名人名言**
>
> 我极少能看到机会，往往在我看到机会的时候，它已经不再是机会了。
>
> ——马克·吐温

的机会。

（三）社会关系网络

个人社会关系网络的深度和广度影响着个人对创业机会的识别。社会关系网络较广的人比那些社会关系网络较窄的人更容易得到好的商业创意和创业机会。一项针对 65 家创业企业的调查发现，半数创业者是通过社会关系得到他们的创业机会的。

（四）创造性

从某种程度上讲，机会识别是一个创造过程，是不断进行创造性思维过程。具有创造性思维的人更容易发现创业机会。

扫一扫

创业机会识别

二、识别创业机会的方法

创业者可以通过多种方法识别创业机会，这里主要归纳几种较为常用的方法。

（一）通过系统分析发现创业机会

多数创业机会可以由创业者通过系统分析来识别。创业者可以从企业的宏观环境（政治、经济、法律、技术变革等方面）和微观环境（顾客、竞争对手、供应商等）的变化中识别创业机会。借助于市场调研，从环境变化中挖掘机会，是机会识别的一般规律。

案例阅读

小米识别并把握插线板市场机会

北京小米科技有限责任公司（以下简称“小米”）在做插线板产业分析时发现了这样一个现象：当时在插线板产业中，位于第一名的企业是公牛集团有限公司，它在中国的市场占有率是 30%；第二名是北京突破电气有限公司（以下简称“突破电气”），但当时它的市场占有率还不到 3%。市场占有率第一名和第二名之间的差距确实令人惊讶，但更让人惊讶的是，整个插线板市场没有第三名。也就是说，剩余的市场份额都被数以万计的小公司、小品牌，甚至可能是小作坊瓜分了。在这种产业模式下，行业门槛低，同质化竞争激烈，廉价产品泛滥，而优质产品由于市场份额小，为了盈利只能定高价。如此一来，就导致市场中的产品要么质量差，要么价格贵，没有物美价廉的产品。

小米抓住了这一机会，与突破电气合作，优化了插线板的结构设计、材料、工艺等。产品上市后，很快就得到了市场的认可，一年就卖出了几百万个。

资料来源：http://www.woshipm.com/it/1769437.html

（二）通过问题分析和顾客建议发现创业机会

对创业者来说，通过分析现存问题，往往能发现一些创业机会。另外，很多创业机会都是由消费者识别出来的，因为他们知道自己需要什么。也就是说，消费者的建议可为创业者提供创业机会。因此，创业者应多关注还未解决的问题和消费者建议，以便从中识别创业机会。

案例阅读

MIUI 的 10 万人互联网开发团队

小米刚开始做 MIUI 时，团队只有 20 多人，但他们有一个建立 10 万人的互联网开发团队的想法。

为了让用户深入参与到产品研发过程中，他们设计了“橙色星期五”的互联网开发模式，核心是 MIUI 团队在论坛和用户互动，每周更新系统。在确保基本功能稳定的基础上，把好的或者还不够好的想法，成熟的或者还不成熟的功能，都坦诚地放在用户面前，由用户进行评判。团队内部还设置了“爆米花奖”，根据用户对新功能的投票给员工奖励。

这种模式一开始就能收到上万个反馈，后来发展到每期都有十多万个用户参与。每个周五，用户就开始等待 MIUI 更新，体验新系统、新功能。也许“橙色星期五”所发布的某个新功能就是用户设计的，或者某一个被修复的 bug 就是用户发现的。许多 MIUI 的功能设计都通过论坛交由用户讨论或投票决定，这让每一个参与其中的用户都非常兴奋。

资料来源：https://www.docin.com/p-2151133567.html

（三）通过创造获得创业机会

这种方法在新技术行业中最为常见。例如，在满足现有的市场需求后，创业者积极探索新技术及其商业价值，在探索过程中也可能发现新的创业机会。通过创造获得创业机会的方法比其他方法的难度都大，风险也更高，但通过这种方法获得的创业机会所带来的回报也更大。

三、创业机会评估

扫一扫

创业机会评价

不是每个创业机会都会给创业者带来利益，每个创业机会都存在一定的风险，因此，创业者在利用创业机会之前要对创业机会进行科学的分析与评价，然后做出选择。

（一）有价值的创业机会的特征

（1）符合社会发展趋势。选择符合社会发展趋势的创业机会，更容易获得创业成功。例如，开办健身房符合人们追求健康生活的趋势。

（2）能够解决某一问题。例如，健身房能够帮助人们解决没有运动场地、不了解正确的运动方法等问题。

（3）具有一定的持久性。创业机会客观存在于一定的市场环境之中，具有一定的持久性，不是今天存在，明天就消失的。仍以健身房为例，健康生活是人们长期追求的目标，不可能在短期之内改变。

（4）具有较大的市场潜力。即未来市场有很多人需要它，有较大的需求量。例如，城市里很多白领长时间在办公室工作，缺少锻炼，据此可判断健身房有较大的需求人群。

（5）具有真实需求。即产品或服务推出后，目标消费者肯定会购买，而不是可能购买或肯定不买。

（二）创业机会的评价标准

（1）盈利时间。除非有其他方面的重大利好，否则创业机会能让企业获得盈利的时间越短越好。一般来说，企业需要在 2 年以内实现盈亏平衡，如果实现盈亏平衡的时间超过 3 年，那么这样的创业机会价值不大，对投资人的吸引力也较低。

（2）资金需求量。绝大多数的创业机会都需要相当数量的资金来启动，但如果资金需求量过多，则会降低对投资人的吸引力，同时具有较大风险。通常有着较少或中等程度的资金需求量的创业机会是比较有价值的。创业者应该根据自身的资金实力和可以动用的资源来评价创业机会，超出能力范围太多的不应考虑。

（3）投资收益。创业的目的就是要获得收益，这要求创业机会必须具有合理的盈利能力。如果每年的投资收益率能够维持在 25%以上，那么这样的创业机会是很有价值的；如果每年的投资收益率低于 15%，那么这样的创业机会是没有价值的。

（4）成本结构。企业竞争优势的来源之一就是成本，较低的成本能够给企业带来较大的竞争优势。低成本的优势大多来自技术和工艺的改进及管理的优化，所选创业机会如果有这方面的特质，对于创业者来说是非常有利的。

（5）进入障碍。如果某个创业机会面临着较大的市场进入障碍，如存在资源的限制、政策的限制、市场的准入控制等，那么这就不是一个好的创业机会。此外，如果某个创业机会虽然进入障碍小，但创业者进入以后，不能够阻止其他企业进入市场，那么这也不是一个好的创业机会。

（6）退出机制。有价值的创业机会应该有比较理想的获利机制和退出机制，便于创业者和投资人获取资金及实现收益。

（7）控制程度。在渠道、成本或价格等方面有较强控制力的创业机会是比较有价值的。如果竞争对手已有较强的控制能力，如掌握了原材料来源、独占了销售渠道、取得了较大的市场份额、对于价格有较大的决定权等，那么新创企业的发展空间就会很小，这种创业机会价值不大。

（8）致命缺陷。一个有价值的创业机会不应该有致命的缺陷，如果有一个或多个致命的缺陷，那么这个创业机会将变得毫无价值。

典型案例分析

纸堆里觅得商机　成功开办二手书店

李某是某职业院校的一名学生，她喜欢阅读各类书籍，经常去二手书店淘书。她发现学校附近的二手书店通常是将别人卖不出去的书籍收来放在店里销售，从中总是很难找到自己想要的书。而且，随着网络书店的迅速崛起，图书市场格局不断发生改变，二手书店越来越少，无法满足市场的需求。同时，随着物价上涨，包装精美的图书价格不菲，二手书市场的利润空间正在扩大。她还发现一些好书在出版后不久就在全国各大书店下架了，甚至有不少成了绝版书。

经过一番细致分析，李某决定用自己兼职积攒的钱开一家二手书店。她把二手书店的受众群体确定为她所在学校的学生和老师，经过调查后确定经营的二手书主要是经管、社科和人文类的书籍，收购的二手书主要是知名作者和优秀出版社的书，以及老师推荐的书。

随后，她还在淘宝网上开设了自己的店铺，既在网上销售二手书，也在网上收购二手书。目前，网上的交易量已占到了业务总量的15%。此外，她还销售一些基本不盈利的书籍，用于维系老顾客和吸引新顾客。不久，她增加了“寄售”业务，为老顾客代销二手书，只收一点代销费。经营半年之后，李某的二手书店每个月都有4 000多元的净利润。

资料来源：钟宇，朱勇刚，蔡向阳．创新创业实践能力训练．镇江：江苏大学出版社，2016．

【案例分析】

李某开店经营二手书的案例看似平凡，并不是什么轰轰烈烈、精彩动人的创业故事，但却是比较典型的大学生创业活动。她通过发掘自己身边的资源找到了创业机会，然后整合各种资源（淘宝网等），在满足客户需要的同时获得了利润。

探索活动

评估创业机会

活动目的：

培养评估创业机会的能力。

活动内容：

（1）全班学生分成若干小组，每组6～8人，设组长、副组长各1名。

（2）各小组成员搜集自己不打算继续使用的旧物品（如日常用品、服装、书籍等），并由各组的副组长做好物品的统计工作。

（3）在组长的带领下，各小组成员讨论商定每件物品的销售价格，副组长将销售价格记录下来。

（4）以小组为单位，各小组成员每天利用中午与下午各 1 小时的课余时间在校园内自行选择人流密集的地方进行物品销售。销售活动须在连续的三天时间内进行，组长负责销售秩序和过程控制，副组长负责记录销售情况。

（5）三天后，各小组公布自己的销售成果（销售金额、销售件数及具体类别）。

（6）活动结束后，以小组为单位分析该机会能否成为创业机会，并说明原因。

活动检测：

活动结束后，教师根据表 4-3 进行评分。

表 4-3　探索活动评价表

评分标准	满分	实际得分	备注
准备充分，所选地点合适	20		
小组成员团结协作，吃苦耐劳，能够共同克服困难	20		
能够实现有效销售	20		
创业机会分析准确	40		
总分	100		

能力训练

（1）生活中确实存在着大量的创业机会，但为什么有的人能够发现，有的人却视而不见呢？请同学们 3～5 人一组，结合影响创业机会识别的因素进行讨论分析。讨论结束后，每组选一位代表讲述讨论的过程及内容。

（2）请同学们利用所学知识评估下面的创业机会是否可行。

① 王林想组建一个公司，经营健康生活。他想带动社区的老人进行锻炼，提升老年人的身体素质。

② 李梅想在小区附近开一个宠物美容店，专门提供宠物用品零售、宠物美容、宠物寄养、宠物销售等服务。

（3）通过实地调查，对身边的创业人物进行一次访谈（访谈的对象可以是创业成功者，也可以是创业失败者）。访谈结束后，根据访谈记录分析他们选择的创业机会，总结他们的创业历程及对自身的启发，最后写一份总结。

第三节 把握机会勿迟疑

创业思考

创业机会无处不在，无时不在。优秀的人不会坐等机会，而会主动寻找并把握机会；而软弱的人总是在找借口说没有机会，他们总是在喊：请给我机会。其实，生活中充满了机会，需要我们去发现、去把握。在进行下面的学习之前，请同学们先思考以下问题：

（1）把握创业机会的原则和方法有哪些？

（2）若有一个创业机会摆在你面前，你会怎样做？

创业课堂

一、把握创业机会的原则

（一）抢占先机

机会总是眷顾那些积极主动的人。创业者必须学会主动抓住并利用创业机会。

（二）避免从众

很多人在做同一件事的时候，便会产生竞争而不是机会。所以，创业者要抛弃从众心理，选择与众不同的创业机会。

（三）量力而行

在选择创业项目时，创业者应尽可能地选择与自己经济能力相匹配的创业项目。

（四）智勇双全

10 个创业机会中可能有 9 个是不容易带来成功的，创业者一定要利用自己的智慧谨慎抉择，且一旦决定，就不要害怕失败。如果因害怕失败而不去尝试，就可能错失好的创业机会。

二、把握创业机会的方法

（一）慎重考虑

任何创业都有风险。所以，创业者在创业之前要慎重考虑，客观评估创业机会，在全面了解外部环境和自身条件的情况下，选择最适合自己的创业机会，以最大限度地降低创业失败的风险。

（二）果断决策

当创业机会出现的时候，创业者必须当机立断，尽最大努力抓住这个机会，以免错失良机。

（三）意志坚定

意志坚定是指做事执着，坚持不懈。并非所有创业机会都能被轻易地抓住和利用，也并非所有的创业机会都能让创业者获得成功。创业者应当积极把握和充分利用自己所选择的创业机会，用坚定的信念和坚强的意志克服困难。即使失败了，也不要退缩，而应从失败中吸取教训，总结经验，然后寻找下一个创业机会，直到创业成功。

（四）敢于拼搏

有些人喜欢稳定的工作，不愿承受创业的艰辛，即便有好的创业机会出现，也会因为种种理由，如缺乏资金、缺少技术、没有人脉等放弃创业，使机会悄悄从身边溜走。因此，当机会摆在面前时，创业者应不怕困难、敢于拼搏，牢牢把握它。

（五）诚信经营

诚信是产生信赖、达成合作的基础，同时也是人与人、组织与组织、商家与消费者之间保持友好关系、互相推动发展、获得长期共荣的基础。在复杂多变、竞争激烈的社会中，只有诚信经营，才能使创立的企业持久发展下去。

典型案例分析

微软和个人计算机时代

志同道合的创业小伙伴

比尔·盖茨在高中时认识了好朋友保罗·艾伦，两人都很喜欢计算机和编程。1973 年，盖茨进入哈佛大学，艾伦进入华盛顿大学。当时的创业领域中，计算机的热度很高，盖茨和艾伦认为随着技术的发展，计算机将在家庭中得到普及。

1975 年，他们开发了当时最为先进的计算机语言——BASIC，并得到了计算机爱好者的广泛认可。随后，他们创建了微软公司。1976 年，他们注册了“微软”商标（Microsoft，意思是小型软件）。

后来，微软公司搬到西雅图，以销售 BASIC 解译器为主，年销售额达到 800 万美元。

行业巨头找上门，机会降临

当时计算机领域的主流是大型计算机，但在 20 世纪 70 年代中期，已经有人在开发为家庭服务的微型计算机。其中，第一个成功者是乔布斯，他于 1976 年推出苹果计算机。

当时的行业老大 IBM 公司看到了来自微型计算机的冲击，于是决定进入微型计算机领域。1980 年，IBM 公司选中微软公司为其新开发的个人计算机编写关键的操作系统软件，这是公司发展中的一个重大转折点。

由于时间紧迫，程序复杂，微软公司以 5 万美元的价格从西雅图的一位程序编制者手中买下了一个操作系统 QDOS 的使用权，在进行部分改写后提供给了 IBM 公司，并将其命名为 Microsoft DOS（disk operating system，磁盘操作系统）。

不走寻常路，创新盈利方式

与 IBM 公司合作时，盖茨提出了以下要求：① 与 IBM 合作，微软全力投入为 IBM 开发操作系统；② 将与 IBM 合作的收费从 100 万美元降到 40 万美元，但对每一台安装了微软提供的软件的 IBM 计算机，微软都将收取 1 美元的软件使用费用；③ IBM 不能限制微软将这些软件卖给第三方。IBM 公司虽然感到惊讶，但也同意了盖茨的要求。

基于与微软的合作，IBM 公司于 1981 年推出了个人计算机，广受市场欢迎。微软也随之在个人计算机市场获得了巨大的成功。越来越多的厂商找到微软，要求购买操作系统，仅 1982 年就有 50 多家。

就这样，IBM 公司奠定了自己在个人计算机市场的地位，而微软则通过抓住与 IBM 公司的合作机会，成了软件行业里当之无愧的翘楚。

资料来源：https://baike.so.com/doc/2130745-2254356.html

【案例分析】

通过以上案例，可以看出创业机会主要源于以下几点：

（1）创业机会源于对大趋势的把握。盖茨和艾伦在大学时期就看到了个人计算机的发展前景。

（2）创业机会是奋斗出来的。如果盖茨和艾伦不奋斗，他们就不会有 BASIC 语言，当时的小公司微软在业界也不会有名气，那么 IBM 公司也不会与他们合作。

（3）创业机会只青睐有准备的头脑。微软公司做出降价与 IBM 公司合作、买断 QDOS 系统这两个重要决定，说明微软公司的初衷并非只是与 IBM 公司合作开发个人计算机，而是想通过合作把握住更大的商业机会。

探索活动

寻找和把握创业机会

活动目的：

培养识别创业机会、把握创业机会的能力。

活动内容：

请同学们选择附近商店里的 2～3 种产品，采访至少 5 位购买这种产品的顾客，了解他们使用产品过程中遇到的问题（或他们不喜欢的方面），然后让他们描述他们认为理想的产品。访问 5 家生产这种产品的企业，了解这些企业认为消费者在使用中会遇到的问题。

根据以上了解提出解决方案。从这些问题中，你能发现创业机会吗？你会如何把握这个创业机会呢？请写出具体的实施方案。

具体活动流程如下：

（1）3～5 人一组，选出一个小组负责人。

（2）每组选择 2～3 种产品，对购买产品的顾客进行采访。

（3）采访完后，各小组填写表 4-4。

表 4-4　工作任务表

产品	产品的问题	解决的方案	发现的商机

活动检测：

活动结束后，教师可根据表 4-5 进行评分。

表 4-5　探索活动评价表

评分标准	满分	实际得分	备注
能够发现商机	20		
商机具有创新性	20		
针对商机提出实施措施	20		
措施具有可操作性	20		
其他	20		
总分	100		

能力训练

假如你所在的社区存在以下问题，你能从这些问题中识别出哪些创业机会？

（1）附近没有令人感到舒适且适合与朋友会面的休闲咖啡厅。

（2）附近的餐厅较多，但菜品、服务相似，没有特色。

（3）社区服务不健全，在离家近的菜场里，蔬菜种类少，价格高。离家远的地方虽有一个综合性的蔬菜零售市场，且市场里的蔬菜种类多、价格低，但坐车需要花费大约 20 分钟。

（4）在附近的玩具店里，玩具品种比较少，顾客选择的余地不大。

创业实践

很多创业成功的实例说明，利用自身知识、专业优势或兴趣爱好进行创业是取得创业成功的有效途径之一。请同学们结合所学的专业知识，运用创新思维在相关行业寻找一个合适的创业机会。具体实施步骤如下：

（1）采用头脑风暴法寻找潜在的创业机会（越多越好），然后进行分析判断，从中选出一个合适的创业机会，并讨论出具体的实施方案。例如，电子商务专业的学生可尝试“互联网+”创业，机械类专业的学生可利用自己的发明创造进行创业，爱好餐饮的同学可创办创意餐厅，等等。

（2）选取实验组，每4～6人为一组，按照方案进行创业实践。

（3）撰写实践总结，内容包括创业的实施效果、实践心得及体会。

模块五

警钟长鸣控风险

自我思考

古代兵法有云："兵马未动，粮草先行。"做任何一件事情，前期的准备工作都是必不可少的。"凡事预则立，不预则废"，创业更是如此。创业应是一场有准备的战争，知己知彼方能百战百胜。

想一想，作为创业者，在创业之前应做哪些准备？面对创业中不可避免的风险，如何加以识别和防范？创业者如何才能写好创业计划书，以吸引人才、获得融资？

开篇故事

三株公司的大起大落

三株福尔制药有限公司(以下简称“三株公司”)是一个靠30万元起家的民营企业。创始人吴炳新和吴思伟父子研制的保健品——三株口服液，是公司的主营产品。从1994年到1996年，敢于冒险的吴家父子看准保健品未来的市场趋势，在央视等媒体上大量投放广告，使三株口服液在全国获得了超高人气。三株公司的年营业额一度达到80亿元，在全国各地级市共有600多个子公司、15余万名销售人员，创造了中国保健品发展史上的“三株神话”。然而，超速发展的三株公司由于缺乏对各种风险的识别和应对准备，遭遇了巨大挫折。

1996年6月，湖南一位患有冠心病等多种病症的77岁老人陈伯顺，在医生的推荐下开始服用三株口服液。同年9月，陈伯顺治疗无效后病故；12月，陈伯顺的儿子到常德市中级人民法院起诉三株公司。法院做出一审判决：陈伯顺因服用了三株口服液导致死亡，判三株公司向死者家属赔偿29.8万元，并罚款1 000万元。

“一石激起千层浪”，全国媒体围绕这一突发事件对三株公司展开了轰炸性报道。一向敢于冒险、敢打硬仗的三株公司对这一意外事件，竟然束手无策。1998年4月，三株口服液的销售额从月均6亿元下降至600多万元，导致15万人的销售队伍裁员至不到2万人。三株公司生产经营陷入空前困境。

然而，1999年3月，湖南省高级人民法院做出二审(终审)判决：陈伯顺之死与服用三株口服液没有关系，三株口服液是有益于身体健康的合格保健品。终审判决为三株口服液讨回了公道。但对三株公司来说，赢了官司，却输了市场。三株公司和吴炳新也一度淡出了大众视野。

后来有报道称，这场官司让三株公司直接损失了40亿元，间接损失更是高达上百亿元。回首这段过往，吴炳新说：“我登上过巅峰，也跌到过谷底，但我从来没有失败过!”

最困难的时候，不少人劝吴炳新放弃“三株”这个牌子，另起炉灶重新再来。但他认为，其他的都能放弃，唯独“三株”这个牌子不能丢。时隔多年再回首，吴炳新仍然认为自己当初的坚持是对的。

这场意外并没有完全打垮三株公司。公司管理层将这场意外命名为“常德事件”，以此警醒全体员工痛定思痛，同时开始从风险源头上认真梳理公司的管理流程。时至今日，三株公司已经发展成为集保健品、药品、化妆品研发生产和销售，医院、度假村运营，消费经济研究等于一体的集团公司，未来发展一片光明。

一个企业如果不能识别风险并规避风险，总有一天会被吞噬。吴炳新坦言，重建“三株帝国”并不容易，也非一夕之功。“常德事件”之后，公司对风险的防控为三株的重生筑牢了安全屏障。

资料来源：http://www.dsbaike.com/article/view/id/18089.html

第一节　市场调研要做好

创业思考

识别和评估创业机会后，下一步即选择创业项目，将机会转化为市场所需的产品。在选择创业项目前，必须经过充分的市场调研与分析，以确定项目的可行性，提高创业的成功率。在进行下面的学习之前，请同学们先思考以下问题：

（1）市场调研的内容包括哪些？

（2）市场调研的方法有哪些？其优缺点分别是什么？

（3）调研后，如何进行市场分析？

创业课堂

一、市场调研的内容

所谓市场调研，就是运用科学的方法，有目的、有计划、系统地搜集、记录、整理有关市场的信息资料，并客观地分析与评价，从而了解市场发展变化的现状和趋势，为市场预测及各项经营决策提供科学依据的过程。

市场调研的内容包括市场需求调研（如商品需求结构、购买力、消费者购买动机等）、竞争者情况调研、市场营销策略调研（如产品的价格、销售渠道、广告等方面的情况，产品的商标及外包装情况，产品存在的问题及改进情况等）、政策法规情况调研等。

二、市场调研的方法

（一）文案调研法

文案调研法又称“间接资料调研法”“二手资料调研法”，即市场调研人员通过对间接资料的搜集，迅速了解有关市场信息的一种调研方法。文案调研法可以使创业者对需要了解的市场情况有初步的认识，为进一步的直接市场调研奠定基础。

文案调研法具有费用相对较少、不受时空限制、不受主观因素影响等优点，同时也具有时效性不足、对调研人员要求较高、资料较难获取等局限性。

文案调研法的资料来源主要分为内部资料和外部资料。内部资料包括被调研企业的业务资料、统计资料、财务资料等，如企业所生产和经营产品的供应情况、消费者的需求变化情况、消费者对产品的反映等。外部资料种类众多，但以政府机关的统计资料、专业机构提供的市场信息和有关行业情报，以及从新闻、杂志上所获取的即时信息为主。

（二）访问法

访问法又称“采访法”“询问法”，是搜集一手资料的常用方法。它是调研人员通过口头、书面或电话等方式，向被调研者了解情况、取得资料的一种调研方法。访问法包括面谈访问法、邮寄访问法、电话访问法、留置问卷访问法和互联网调查法等。

（三）观察法

观察法是指调研人员亲自或借助相关仪器，在调研现场对被调研者的情况进行直接观察和记录，以获得更加真实可靠的一手资料的调研方法。需注意的是，调研行为不要被经营者和被调研者发现。观察法的类型主要有以下几种。

1．顾客观察法

顾客观察法是指调研人员在商店中秘密观察、跟踪、记录顾客的行为和举止，并将观察记录的结果汇总，总结出顾客的消费行为、偏好、心理特征等的一种观察法。采用顾客观察法一般可获得以下七个方面的信息：① 商店的客流量及顾客平均滞留时间；② 顾客对产品推销方式的反应；③ 顾客购物的偏好；④ 顾客对价格的敏感程度；⑤ 顾客驻足留意每种商品时间的长短；⑥ 顾客产生购物冲动的次数及原因；⑦ 顾客对产品广告内容的反应。

2．环境观察法

环境观察法又称伪装购物法，是指调研人员装扮成普通顾客介入活动之中，搜集有关商店、雇员与顾客的信息、资料的一种观察法。

3．仪器观察法

由于很多场合不适合调研人员亲临现场，因此，需要通过录音机、照相机、摄像机、红外线探测器、IC卡智能机及其他监听、监视设备对顾客进行观察。仪器观察法通常不会被被调研者所察觉，是较安全、隐蔽的一种观察法。

（四）试销法

试销法是指向市场投放部分产品进行销售，观察消费者的反应，以检验产品的品种、规格、款式、包装等是否迎合大众、价格是否合适等。

小知识

大学生创业者如何选取调研方法

在对相关市场信息进行调研时，由于大学生创业者受资金状况的限制，一般以间接资料（二手资料）为主、直接资料（一手资料）为辅。但对一些特别重要的市场信息，可以通过观察法或访问法获得一手资料。当然，由于时间、精力、资金等方面的原因，可能会对调研结果的精确性产生一定的影响。如果大学生创业者希望获得风险投资的支持，最好委托专门的调研公司进行市场调研，这样，调研结果的精确性可以得到保障，而精确的数据更容易打动风险投资人。

资料来源：钟宇，朱勇刚，蔡向阳. 创新创业实践能力训练. 镇江：江苏大学出版社，2016.

三、市场调研分析

市场调研分析是指对调研的内容进行分析，具体包括以下几个方面。

（一）市场需求分析

市场需求分析主要包括商品需求结构分析、消费人口结构分析、购买力分析、消费者购买动机分析和消费者购买行为分析。具体的分析内容见表 5-1。

表 5-1　市场需求分析表

分析方面	具体分析的内容
商品需求结构分析	属于日常消费需求还是住宅等资产消费需求
	属于生产资料需求还是消费资料需求
	为满足高收入人群还是为满足中低收入人群
消费人口结构分析	现有消费者和潜在消费者的数量及地区分布情况
	消费者的年龄、性别、职业、民族、文化程度等
购买力分析	消费者的个人收入水平和家庭平均收入水平
	消费者各类消费支出额占其消费支出总额的比重
	消费者储蓄和信贷情况的变化
消费者购买动机分析	消费者购买该产品是为满足其生理需要、安全需要、社交需要、尊重需要还是自我实现的需要
	消费者购买该产品是出于情绪动机（如攀比、冲动）、情感动机（如爱美），还是理智动机、惠顾动机（对该产品或品牌有特殊情感，习惯反复购买）
消费者购买行为分析	消费者对产品的品牌、性能、质量、款式和规格等的要求
	消费者购买的时间、地点、方式等
	谁负责购买

（二）产品分析

产品分析主要是对拟生产的产品从特色、包装、服务、市场容量、价格等方面进行分析。通过产品分析，需了解清楚以下几个主要问题：

（1）市场上有无同类产品？

（2）与市场上同类产品相比，本产品的特色是什么？

（3）产品的市场容量有多大？

（4）产品价格与同类产品相比，有无优势？

（5）产品的需求是否有持续性？

（6）产品进入市场的门槛是高还是低？是否容易被其他产品替代？

（三）销售渠道分析

销售渠道是指某种产品从生产者向消费者转移过程中所经过的通道或路径，主要包括以下三种：一是直接销售给消费者；二是通过产品经销商（如批发商、零售商）销售给消费者；三是委托代理商进行推销。上述三种销售渠道中哪一种最能有效地销售产品，则需要进行以下几个方面的调研分析：

（1）同类产品的销售渠道有哪些？创业企业建立的销售渠道能否满足产品销售的需要？

（2）市场上是否存在销售同类产品的权威性机构？如果存在，他们经销的产品在市场上所占份额是多少？

（3）产品的经销商经销此种产品的要求和条件是什么？经销商除了经销产品外，是否还承担其他促销业务，如广告宣传、售后服务等？

（4）同类产品的经销商竞争情况如何？产品在每一环节的折扣是多少？

（四）竞争对手分析

通过调研竞争对手的情况，了解其优势和劣势，可以更有针对性地制定企业的竞争策略。一般来说，调研分析的内容主要包括以下几个方面：

（1）在全国或某一地区有哪些同类型企业，企业实力如何？最主要的竞争者是谁？潜在的竞争者有哪些？

（2）主要竞争者的产品市场分布如何？市场占有率有多大？它对本企业的产品销售有何影响？

（3）主要竞争者采取了哪些市场营销组合策略？这些营销组合策略给企业带来了多少收益？

（五）社会环境分析

（1）政治环境。分析国家出台的各种政策，如信贷政策、税收政策、财政补贴政策、技术创新政策等。

（2）经济环境。分析当地的经济增长速度及趋势、产业发展状况、国民生产总值、通货膨胀率及失业率等。

（3）文化环境。分析当地的风俗习惯，当地居民的受教育程度和文化水平、宗教信仰、价值观念等。文化环境在很大程度上影响着消费者购买产品的动机和行为。

（4）自然环境。分析地理位置、气候条件、自然资源和能源状况、交通运输条件等。

典型案例分析

卖不出去的女装

小李想开一家服装店，正好她的一个亲戚经营了一家服装厂，可以为她提供货源。解决了货源，小李便借了 10 万元准备开店。开店之前，她考虑最多的是店面的位置、店内的装修，而对产品特色、顾客定位等考虑得很少。一个月后，小李在女装街最好的地段租了一间 100 平方米的门面，精心地装修了一番，然后从亲戚的服装厂批发了几百件女装，就开始营业了。但开业不久，她就遇到了难题：同样款式的女装卖了两三件就再也卖不出去了；由于店内的服装款式较普通，前来购买的顾客越来越少，有时一个星期也卖不出几件，还不如别人十几平方米的外贸服装店生意好。面对冷清的生意，小李呆坐在店里不知如何是好。

资料来源：https://www.sohu.com/a/209791546_100070858

【案例分析】

服装行业是当前比较热门的行业，竞争相对较大。小李的服装店因服装款式过于大众化，难以吸引顾客，销量自然不好，利润也不会可观。目前在服装行业，服装个性化是有效竞争手段，小李应该在开店前先明确顾客定位，然后进行市场调研，了解顾客对服装的个性化需求，寻找可做的卖点。

“水土不服”的饭店

小胡来自山东，毕业后在山东济南一家 4S 店做汽车销售。由于头脑灵活、执行力强，工作的第一年他就拿到了全年销售冠军，并且蝉联三年，他也因此被提升为销售经理。去北京创业的念头始于一次旅游。当时他站在长安街上，看到西单、天安门、王府井人山人海，他想，北京这么多人，要是开一家餐馆，生意得多火爆啊。

回到山东后，小胡认真地做了自我分析，觉得自己工作三年就能被提升为销售经理，是有一定实力的，到北京创业对自己来说不是什么难事。于是，他辞掉了工作，独自来到了北京。到北京后，小胡还没有熟悉北京的环境，就开始找门店。他是一个执行力非常强的人，很快就找到了合适的店面并盘了下来。随后他便开始办营业执照、装修、招聘厨师和服务员。两个多月后，他的餐馆开业了。

小胡的餐馆做的是自己家乡的特色菜——光棍鸡，地方风味十足，他自己非常喜欢吃，在京的同乡也喜欢吃，所以小胡并没有进行市场调研，没有验证光棍鸡的消费群体有多大，就开始做了。显然，小胡忽视了一个重要问题，这个菜品他和同乡喜欢吃，但不代表其他人也喜欢吃。结果，开店仅半年，生意就变得很冷清。

资料来源：https://www.shengyilu.com/article/4884.html

【案例分析】

小胡没有经过充分的市场调研，错把自己和家乡人的需求当成了全体客户的需求，仓促行动，完全偏离了消费群体和用户需求，导致生意失败。

探索活动

市场需求调研活动

活动目的：

通过活动，掌握市场调研的方法，培养分析调研内容的能力。

活动背景：

王梅是一名大学生，她的好朋友李萌即将过生日，她想送给李萌一份特别的礼物。她到学校附近的礼品店逛了一圈，尽管商品很多，但大同小异，难以体现出送礼者的心意。王梅表示，希望买到有个性，且能够充分体现自己心意的礼品。

活动内容：

假设你要开一家礼品店，你会通过什么方式满足那些有特别需求的消费者？你的礼品店的经营特色是什么？请对本校学生、学校附近的居民、在学校附近购物的顾客进行调研，了解他们的购买行为、购买动机等。具体活动流程如下：

（1）全班学生分成若干小组，每组4～5人，选出一个小组负责人，明确成员分工和具体责任。

（2）各小组成员就上述背景资料进行分析讨论，提出一个经营方案。

（3）进行市场调研。调研步骤见表5-2。

表5-2 调研步骤分解表

步骤	具体内容
第一阶段：设计	确定调研的目标和内容
	选择调研的方法
	调研问卷的设计（通过网络查阅相关资料，然后进行设计）
第二阶段：实施调研	选择时间、地点，并组织人员进行调研
	控制好调研的时间和质量
第三阶段：数据整理分析	对调研的数据进行整理
	对调研的数据进行分析
第四阶段：撰写报告	书面报告的撰写（每组出一份报告）

（4）将调研报告制作成PPT，由小组负责人上台进行成果展示，教师进行点评。

活动检测：

活动结束后，教师可根据表 5-3 进行评分。

表 5-3　探索活动评价表

评价项目	评分标准	满分	实际得分	点评
准备工作	积极参与讨论	10		
	提出的创业方案具有创意	10		
市场调研	分工明确、合理	10		
	设计的调研问卷内容全面	15		
	对调研的内容分析准确，对方案的完善有较大的参考价值	15		
成果展示	调研报告结构完整，条理清楚	15		
	PPT 制作精美	10		
	讲解者表达流利，有独到见解	15		
总分		100		

能力训练

（1）以小组为单位，从下列题目中任选一个，收集相关的二手资料，并设计互联网调研问卷，对收集的数据进行分析。

① 大学生恋爱消费调查。

② 大学生课外学习情况调查。

③ 大学生线上线下购物习惯调查。

（2）搜集 2～4 个创业项目，开展市场调研，从市场需求、产品分析、销售渠道、竞争对手、社会环境等方面进行初步分析，寻找适合自己的创业项目。

第二节　风险防控要牢记

创业思考

创业过程中必然伴随着一定的风险，但风险是可以规避和防范的。风险规避和防范的第一步就是要正确、全面地识别可能面临的各种风险。在进行下面的学习之前，请同学们先思考以下问题：

（1）创业有哪些风险？

（2）如何才能识别创业风险？

（3）创业者该如何防范创业风险？

扫一扫

创业风险

创业课堂

一、创业风险的概念

创业风险是指在创业过程中，由于创业环境的不确定性，创业机会与企业经营的复杂性，以及创业者、创业团队能力的有限性，导致创业活动偏离预期目标的可能性及后果。

二、创业风险的特征

（一）客观性

创业风险存在于创业活动的整个过程中，伴随着创业活动的始终，不因人的意志而转移，也没有办法完全消除。

（二）损害性

创业风险与创业者的切身利益密切相关。风险一旦发生，必然会给创业者带来一定的损害。

（三）不确定性

创业风险与时间、空间、损失程度密切相关。由于时间、空间、损失程度是不确定的、不断变化的，所以造成了创业风险的不确定性。

（四）可预测性

在一定时期内，某种风险发生的概率和损失率，是能够根据当下的客观环境预测出来的。因此，创业者只有留心观察和分析客观环境，才可能对创业风险进行正确的预测。

（五）可控性

风险是由一定的客观条件造成的，当客观条件发生变化时，风险及其带来的损失也会发生变化。因此，控制引发风险的客观条件，在一定程度上可以控制风险的发生，或将风险带来的损失降到最低。

三、创业风险的来源

（一）资金风险

资金风险是指由于各种难以预料或无法控制的因素，创业企业的资金实际收益小于预期收益的可能性及后果。对创业所需资金估计不足、创业资金筹措不及时、财务结构不合理、融资不当、现金流管理不力等，都可能导致创业企业预期收益下降，引发一定的资金风险。一旦流动资金不足，企业就会遇到运营困难，甚至会破产倒闭。

（二）竞争风险

创业前，创业者应对参与何种程度的竞争有一个深入思考。一旦确定了创业领域，创业者就应做好参与竞争的准备。如果创业者选择的是一个竞争非常激烈的领域，那么创业企业极有可能受到同行的强烈排挤。例如，一些大企业为了吞并或挤垮小企业，通常会采用低价销售的手段展开竞争。对大企业来说，由于规模较大、实力雄厚，短时间的降价并不会对自己造成致命的伤害；而对创业企业而言，竞争对手的低价销售策略可能是灭顶之灾。

（三）技术风险

技术风险是指由技术方面的因素及其变化的不确定性所导致的创业失败。技术研发、技术前景、技术寿命、技术效果和技术成果转化的不确定性等，都可能带来技术风险。

（四）市场风险

市场风险是指由市场情况的不确定性所导致的创业失败的可能性。市场供给和需求的变化、市场对产品的接受度和接受时间的不确定性、市场价格变化、市场利率变动、市场战略失误等，都可能给创业活动带来一定的市场风险。

（五）团队风险

现代企业越来越重视团队的力量。创业团队能通过协同合作使创业企业发展壮大，但是，一旦创业团队的核心成员在决策问题和协作问题上产生分歧，企业发展就可能受到强烈的冲击。此外，创业团队在股权、利润分配等相关问题上不能达成一致时，企业发展也容易受到冲击。

课堂互动

“创业有风险，青年大学生应不应该创业呢？”请同学们就此问题展开讨论。

四、创业风险的管理

（一）风险识别

风险识别是指在风险事件发生之前，风险管理人员在搜集资料和调查研究的基础上，运用各种方法对尚未发生的潜在风险进行系统归类和全面识别。其任务是查明各种不确定性因素和风险来源，预估各种风险事件的可能后果，确定哪些因素可能对创业构成威胁，哪些因素可能带来机会，从而为风险管理做好准备。

风险识别的具体方法主要有以下几种：

（1）业务流程法。将创业企业经营过程中的所有业务制成流程图，针对流程中的关键环节和薄弱环节进行调查分析，找出可能存在的风险，并分析该风险存在的原因和可能造成的损失。

（2）咨询法。委托咨询公司或保险代理人对创业企业进行风险调查和识别，并提出风险管理方案，供创业者参考。

（3）现场观察法。通过直接观察创业企业的各种生产经营设施和具体业务活动，了解和分析企业面临的各种风险。

（4）财务报表法。通过分析资产负债表、损益表和现金流量表等报表中的会计科目，确定创业企业在何种情况下会有什么样的损失及其成因。由于每个企业的经营活动都涉及商品和资金，而财务报表可集中反映商品和资金的流转情况，所以用财务报表法分析企业风险比较客观、准确。

（二）风险评估

风险评估是指在风险识别的基础上，对可能发生的某类风险进行预计、度量等。在这一阶段，创业者可先按照相关风险的发生概率，评估出大概率风险、一般风险和小概率风险，同时对风险事件可能带来的损失规模进行分析，以使风险分析科学化。然后，综合考虑风险事件的发生概率、损失程度与其他综合因素，并比较风险管理所需支付的费用，进而决定是否需要采取风险控制措施及控制措施实施到什么程度，从而为风险决策提供可靠的依据。

（三）风险防范

进行风险评估之后，若认为某类风险会给企业带来较大的损失，则可以针对该类风险采取相应的防范措施。

1. 财务风险的防范

创业者可通过以下措施来防范财务风险：① 对创业所需资金进行合理估计，避免筹资问题影响企业的健康成长和后续发展；② 为创业企业建立信用，以提高成功筹集资金的概率；③ 正确权衡企业的长远发展和当前利益，设置合理的财务结构，从恰当的渠道获得资金；④ 妥善管理现金流，避免现金断流，进而造成财务拮据甚至破产清算的局面。

扫一扫

创业风险的规避

案例阅读

中海集团的财务风险控制体系

近年来，中国海运（集团）总公司（以下简称“中海集团”）通过建立财务风险控制体系，有效地规避了中海集团在改革发展决策过程中的企业财务风险。

一是建章立制，抓好制度落实。中海集团根据资金集中管理的实际情况，制定颁布了《资金管理办法》《信贷管理细则》《担保管理细则》《外币结算资金管理细则》等一系列资金管理规章制度，从完善资金管理的制度建设入手，为资金风险控制提供了操作依据和制度保障。通过强有力地贯彻执行资金管理制度，保证了中海集团资金业务所有工作岗位始终都在授权范围内操作。同时，对资金业务实行具体操作和监督审核相分离，从制度建设和具体操作两个层面落实风险控制措施。

二是建立机构，落实资金风险控制责任。为加强资金管理和风险控制，中海集团成立了财经委员会，在财经委员会下设立资金风险控制委员会。资金风险控制委员会由总裁亲自挂帅，专门落实中海集团资金风险控制工作，层层审批中海集团各项贷款、担保等重大资金事项，从业务流程的每个环节对风险进行了预控。资金管理和风险控制纳入到了集体领导、民主决策的制度化轨道。

三是严格审批，规避高风险业务风险。中海集团严格审批对外担保、开立信用证等高风险业务。中海集团对外担保实行一支笔审批，下属单位没有对外担保权。确实需要对外担保时，必须要求被担保单位提供反担保措施。中海集团所属企业开立信用证的原则是必须围绕中海集团主业的需求，用于主业之外开立的信用证按照一事一报的原则，统一上报中海集团审批。因为措施得当，控制严格，中海集团成立至今没有发生一起担保不当、私自开立信用证的事件。

四是确保非生产经营性资金安全，严格控制非生产经营性资金的对外支付。中海集团规定，中海集团各单位的对外支付非生产经营性资金，必须经过中海集团两个主要领导的审批，经银行核对预留的签字笔迹后，才能从中海集团统一开立的非生产经营性资金支付专户中对外支付，确保了中海集团非生产经营性资金的安全。

资料来源：http://www.sbasf.cn/resources/faq/929

2．竞争风险的防范

创业者可通过以下措施防范竞争风险：① 回归产品本身，提高产品质量，丰富产品种类；② 关注竞争对手的动向和用户需求，找到竞争对手的弱点，据此找到市场竞争的突破口，进而为用户提供独一无二的产品。

3．技术风险的防范

创业者可通过以下措施防范技术风险：① 加强技术创新方案的可行性论证，减少技术开发与技术选择的盲目性，建立灵敏的信息预警系统，以便及时预防技术风险；② 通过组建技术联合开发体或建立创新联盟等方式，减少技术风险发生的可能性；③ 高度重视专利申请、技术标准申请等，通过法律手段降低技术风险出现的可能性。

4．市场风险的防范

创业者可通过以下措施防范市场风险：① 以市场为导向，以消费者的需求为出发点，有针对性地组织生产；② 时刻关注市场变化，及时规避市场不利因素的影响；③ 广泛收集市场信息，并加以分析和比较，进而制订有效的市场营销策略；④ 摸清竞争对手的底细，分析其营销思路并找出其弱点，据此调整自己的营销思路，规避市场风险；⑤ 对

名人名言

指出谁是团队里最差的成员并不残忍，真正残忍的是对成员存在的问题视而不见，文过饰非，一味充当好人。

——杰克·韦尔奇

各种成本精打细算，杜绝不必要的开销；⑥ 建立健全符合自身产品特点的销售网络；⑦ 讲究诚信，以良好的售后服务赢得客户的青睐。

5. 团队风险的防范

创业者可通过以下措施防范团队风险：① 严格筛选创业团队成员；② 构建团队的共同价值观和愿景，让所有团队成员就“创业使命”“共同目标”等关键问题达成共识，并用这些共识指导大家的言行；③ 制订团队管理制度，规范团队纪律，用良好的制度和纪律来约束团队成员。

小知识

大学生创业需规避的五大风险

创业存在很多风险，大学生是否具备风险意识和规避风险的能力，将直接影响创业的成败。

风险一：盲目选择项目

很多大学生选择的创业项目多集中在高科技领域和服务领域，如软件开发、网络服务、网页制作、家教中介、设计工作室等。此外，快餐、零售等连锁加盟店也颇受创业大学生的青睐。但大学生并不了解市场，如果缺乏前期的市场调研和论证，只凭自己的兴趣和想象决定创业方向，甚至一时心血来潮就决定干哪一行，一定会碰得头破血流。因此，大学生创业者在创业初期一定要做好市场调研，也可委托专业机构进行可行性研究，在了解市场的基础上选择创业项目。

风险二：缺乏创业技能

很多大学生创业者眼高手低，既不了解创业的相关政策法规，也没有在相关企业的工作实践经历。当把创业计划变为实际行动时，才发现自己根本不具备解决问题的能力。因此，大学生在创业前应先去相关企业工作一段时间，积累行业相关的经验，如营销经验、管理经验、人际交往经验等。同时，大学生创业者应积极参与创业培训，积累创业知识，通过接受专业指导，提高创业成功率。

风险三：融资渠道单一

创业资金难筹几乎是每一个大学生创业者都会遇到的难题。如果没有广阔的融资渠道，创业计划只能是一纸空谈。除了银行贷款、自筹资金、民间借贷等传统方式外，还可以充分利用风险投资、天使投资、创业基金等融资渠道。

风险四：社会资源贫乏

大学生身处校园，掌握的社会资源非常有限，而企业创建、市场开拓、产品推介等工作都需要调动社会资源，大学生创业者会感到非常吃力。因此，大学生平时应多参加各种社会实践活动，扩大自己人际交往的范围。创业前，可以先到相关行业领域工作一段时间，为自己日后的创业积累人脉。

风险五：管理过于随意

一些大学生创业者虽然在技术上出类拔萃，但在财务、营销、沟通、管理等方面的能力普遍不足。要想创业成功，大学生创业者必须技术、经营两手抓，可以与自己能力互补的人合伙创业，也可以聘用职业经理人负责企业的日常运作。

资料来源：http://www.qncye.com/daxuesheng/daxuezhinan/11122192.html

典型案例分析

出师未捷，欠债百万，大学生创业之路怎么走？

还没有毕业就负债近百万？上海市第二中级人民法院对上海某高校学生秦坚民（化名）下达了一纸判决书，判令秦坚民负连带赔偿责任，赔偿原告 95 万元。近百万的债务就这样板上钉钉地摆在他的面前。据悉，这是近年来创业大学生遭遇的最重大的挫折之一。

2003 年，秦坚民还是一名大四学生。他想为就业积累经验，便四处寻找实践机会。当时恰逢中国联通网络通信集团有限公司（以下简称“联通公司”）的 CDMA（无线网络中的一种多路访问模式）扩张时期，联通公司与上海美天通信工程设备有限公司（以下简称“美天公司”）签订了销售代理协议，代理商美天公司将通过直销方式在校园里发展 CDMA 手机套餐业务用户。

代理商经营这一业务时能获得不菲的酬金，且每销售一台手机，能获得 700 元的补贴款。获取这一信息后，秦坚民动心了，他决定尝试一下。根据联通公司的要求，开展这一业务的代理商必须有公司资格。于是，秦坚民找到了上海想云科技咨询有限公司（以下简称“想云科技公司”），并以该公司委托人的名义与美天公司签订了协议，拿下了 CDMA 手机套餐代理业务，在高校师生中发展 CDMA 客户。

为尽快拓展校园市场，秦坚民邀请同学做他的助手，开始了他第一次创业。吸引他成为校园代理商的一个重要因素，就是联通公司提供的优厚条件。根据签订的《CDMA 校园卡集团用户销售协议书》（以下简称《协议书》），秦坚民可以以优惠的价格向大学校园内的客户销售 CDMA 手机，要求客户购买联通公司 UIM 卡（一种智能手机卡），入 CDMA 网，并至少使用两年。秦坚民每发展一个客户，根据不同的业务种类，可以获得手机补贴费、业务酬金等，收入不菲。

高额回报和急于求成的心理让秦坚民忽略了《协议书》中一个重要细节。《协议书》规定，所发展的客户必须凭学生证、教师证的原件和复印件才能购买 CDMA 的手机套餐业务，而外地生源的学生还必须提供学校的担保证明。也就是说，严格的身份认证是开展联通公司代理业务的关键，一旦发现有恶意登记的“黑户”存在，秦坚民就需要负相应的法律责任。

秦坚民和他的助手们似乎不太在意身份认证这个问题，他们在自己的学校里以直销形式发展客户，生意出奇地好。一开始，他们还像模像样地查看、登记业务申请者的学生证和教师证，但后来这道程序就成了摆设。很多社会人员得知校园里有便宜手机出售之后，便趋之若鹜。他们中的一部分人别有居心地用假的身份证件或他人遗失的身份证购买CDMA手机套餐业务，秦坚民和助手们却无暇审查身份。这种做法为其代理业务的开展埋下了祸根。

在仅仅两个月的时间内，秦坚民就发展了4 196个客户，而其中有1 000多个客户是冒牌“校园客户”。在这些客户中，无主户、不良用户和虚假用户有440多个，他们大肆拖欠话费。中国联通上海分公司无法通过身份登记信息寻找到这些客户，遭受损失100万元。因此，美天公司将秦坚民和想云科技公司告上了法庭。随后，上海市第二中级人民法院判令秦坚民连带赔偿95万元。于是，秦坚民还没有踏上工作岗位，便背负了近百万元债务。

《上海商报》的郁先生指出，在市场经济体制下，任何一单生意、任何一项经济活动都隐藏着风险，既可带来成功的希望，也可带来失败的可能。其成功取决于该单生意或该项经济活动责任人精准的事先判断、谨慎周到的运营和灵活应变的决断，同时也会受一些不可预测因素的影响。在公正公平的市场法则下，不论创业结果如何，责任人都要承担后果，这是市场经济所要求的。秦坚民的教训值得大学生吸取。

资料来源：http://news.sohu.com/20060423/n242946400.shtml

【案例分析】

面对诚信缺失、经营行为不规范及存在坑蒙拐骗的市场环境，涉世未深的大学生因缺乏社会经验、工作经验和依法自我保护能力，难免会遭遇各种挫折。这就要求大学生克服浮躁、盲目、急功近利的心态，通过自身的努力增强防范风险、适应社会的能力，防止上当受骗。

探索活动

加盟户外运动品牌的风险探索

活动目的：

通过活动，掌握风险评估和防范的能力，能针对企业存在的风险找出有效的应对方法。

活动内容：

随着户外运动的兴起，新兴户外运动品牌如雨后春笋，许多传统运动服装企业也嗅到了商机，纷纷开发出户外系列服装。选择一个你喜欢的户外运动品牌。如果通过加盟该品牌的方式进行创业，需要注意哪些风险？应采取哪些防范措施（主要对加盟前、加盟过程中和加盟后的风险进行评估）？

具体操作步骤如下：

第一步：全班学生分成若干小组，每组 3～5 人，选出一个小组负责人。

第二步：小组成员就上述资料中提出的问题进行讨论，写一份约 600 字的分析报告。

第三步：小组负责人上台汇报讨论的结果。

活动检测：

活动结束后，教师可根据表 5-4 进行评分。

表 5-4　探索活动评价表

评分标准	满分	实际得分	备注
能识别出不同类别的风险	25		
能针对各种风险提出应对措施	25		
风险识别准确，措施合理有效	25		
积极参与讨论，发表见解	25		
总分	100		

能力训练

（1）假设你和你的合伙人一起创办了一个咨询公司。在经营过程中，你们两人在管理和营销决策方面经常出现分歧，且各自都坚持自己的意见。由于两人意见经常不一致，矛盾越来越尖锐。你的合伙人经常不来公司，独自在外揽项目，且不通过公司的账户收取账款。请根据上述问题找出解决方案（至少 2 个），填写表 5-5，并对每个方案进行分析。

表 5-5　解决方案分析表

解决方案	优势	劣势	是否可行

（2）以小组为单位，选择一位创业者进行访谈，了解他在创业和企业经营过程中遇到过哪些风险，他是如何规避和化解这些风险的。在采访前，一定要做好充分的准备，提前了解受访的创业者；在访问过程中，注意所提的问题一定要有针对性。

第三节 创业计划有讲究

创业思考

对于创业者来说，创业计划书是进行融资的必备文件。近年来，创业融资的程序日益规范，作为投资公司进行项目审批的正式文件之一，创业计划书越来越受到投资者的重视。编写创业计划书已经成为创业者的“必修课程”之一。在进行下面的学习之前，请同学们先思考以下问题：

（1）创业计划书包括哪些内容？

（2）如何才能编写出一份高质量的创业计划书？

（3）如何展示自己的创业计划书？

创业课堂

一、创业计划书的概念

扫一扫

如何写好创业计划书

创业计划书又称商业计划书，是指创业者就某一款具有市场前景的新产品或服务向风险投资者进行介绍，以取得风险投资的商业可行性报告。创业计划书是创业者叩开投资者大门的“敲门砖”，是创业者计划创立的业务的书面摘要，一份优秀的创业计划书往往会使创业取得“开门红”的效果。

二、创业计划书的作用

（一）帮助创业者自我评价，理清思路

在进行创业融资前，创业计划书首先是给创业者自己看的。创业不是“过家家”，创业者应该以认真的态度对自己所有的资源、已知的市场情况和初步的竞争策略做尽可能详尽的分析，并提出一个初步的行动计划，通过编写创业计划书做到心中有数。对于初创企业来说，创业计划书的作用尤为重要。通过编写创业计划书，把项目的优缺点等都写下来，然后再逐条推敲，创业者就能对这一项目有更加清晰的认识。

（二）帮助创业者凝聚人心，吸引人才

创业计划书通过描绘新创企业的发展前景和成长潜力，使管理层和员工对企业及个人的未来充满信心。同时，创业计划书中还会展现企业的组织结构和薪酬福利，有助于凝聚人心。同时，创业计划书还能够帮助创业者吸引企业所需要的人才。

（三）帮助创业者对外宣传，获得融资

作为一份全面分析评估的项目计划，创业计划书既是对即将开展的创业项目进行可行性分析的书面材料，也是企业对外宣传的重要工具，能够帮助创业企业寻求战略性合作伙伴、寻求风险投资、获得银行资助等。此外，好的创业计划书还可能有机会获得政府的支持与扶持。

三、创业计划书的撰写原则

（一）目标明确，优势突出

优秀的创业计划书一定要有一个明确的目标，且能够呈现出项目的具体优势。创业计划书切忌面面俱到，一定要抓住核心。以下几点能够使创业计划书的目标更明确，项目优势更突出。

（1）突出产品或服务的核心价值，在阐述中让投资者相信产品或服务的发展空间。

（2）写明目标市场规模，让投资者看到预期市场前景。

（3）分析竞争对手，阐明自己在竞争中的有利地位，让投资者相信你的企业会是同行中的有力竞争者，并且能成为某领域中的领先者。

（4）介绍企业运营模式和盈利途径，让投资者对风险的担心降到最低。

（5）描述整个创业团队和管理团队的职责与目标，让投资者透过创业团队看到企业的大好未来。

（二）内容真实，体现诚意

创业计划书要体现项目的真实情况，包括企业可能面临的风险。成功与风险并存，优势与不足同在，任何一家企业都是如此。因此，在编写创业计划书时，一定要明确指出企业的市场机会、竞争威胁、潜在风险，并尽量以具体资料为依据。同时，还要分析可行的解决方法，绝不能含糊交代。

（三）要素齐全，内容充实

创业计划书的内容和格式不是千篇一律的，但无论哪种项目的创业计划书都要涉及封面、目录、摘要、企业概况、市场分析、人员及组织结构、营销策略、生产计划、财务规划、风险分析、结论和附录等内容。

（四）结构严谨，格式统一

受创业者精力、能力等因素的影响，一份创业计划书通常由创业团队的所有成员合作完成。这就难免存在结构松散、风格迥异、格式不一等问题。为了使创业计划书看起来干净整洁，最后应由创业团队中的一个人理顺结构、统一格式。

（五）详略得当，篇幅适当

一份创业计划书，不能因为创业者熟悉哪些方面就详细叙述哪些方面，也不能因为哪些内容容易编写就将其作为整篇的重点。编写创业计划书一定要把握适度原则。在一般情况下，要着重强调企业的优势和持续盈利的原因，如市场分析、营销策略、财务规划、风

险分析与应对策略等。

四、创业计划书的基本结构及撰写技巧

（一）封面

封面又称标题页，总体风格要简洁大方，可以放一张企业项目或产品彩图，也可以放企业 Logo，但需留出足够的版面排列以下内容：创业计划书编号、标题、企业名称、项目名称、联系人及联系方式、公司主页、日期等。其中，标题明确了创业项目的名称，体现了创业企业的经营范围，一般在封面以醒目的字体标示出来，如《××创业计划书》。

（二）目录

目录是正文的索引，需要按照章节顺序逐一排列每章大标题、每节小标题，以及各章节对应的页码。初步写完创业计划书后，要注意确认目录页码与内容的一致性。

（三）摘要

摘要是整个计划书的精华和亮点，是企业的基本情况、竞争能力、市场地位、营销战略、管理策略，以及创业项目的投资前景及风险预测等方面的综合概述。

摘要是对整个创业计划书做出的精华式总结，所以通常在计划书的主体完成后编写。一份出色的摘要应简短而精练，富有感染力，1～2 页纸即可。

小知识

摘要的关键问题

一般来讲，写摘要时可围绕以下三组关键问题进行展开。

第一组问题：

你的创意来自哪里？

你的理念是什么？

你能准确客观地描述你的目标市场吗？你了解它们吗？

你能给你的目标客户带来什么？他们为什么接受？

你预计的市场占有份额和增长率是多少？

你最大的竞争者是谁？你会如何应对？

第二组问题：

你预计需要多少资金？怎么安排资金？

你会使用哪种分销渠道？

你的核心能力是什么？

你预计盈亏平衡点的时间是什么时候？

你有专利吗？如何保护它？

第三组问题：

你的团队能胜任吗？为什么？

你将如何分工？

你有行动时间安排表吗？列举行动计划。

为什么你是创业带头人？你能胜任吗？

资料来源：钟宇，朱勇刚，蔡向阳．创新创业实践能力训练．镇江：江苏大学出版社，2016.

（四）企业概况

企业概况如同自我介绍，目的就是让投资者认识该企业。企业概况部分涉及企业的基本概况（名称、组织形式、注册地址、联系方式等）、所提供的产品或服务的竞争力、未来的发展规划和目标等内容。其中，企业目标指明了企业发展的方向，也是创业计划书的亮点所在。

（五）市场分析

市场分析就是运用科学的方法，对影响市场供求变化的诸多因素进行调查研究，分析其发展趋势，掌握市场供求变化的规律，为经营决策提供可靠的依据。市场分析在整个创业计划书中起着举足轻重的作用，主要包括市场需求分析、产品分析、竞争对手分析等内容。

1．市场需求分析

详细的市场需求分析能够促进投资者判断企业目标的合理程度及他们承担的风险的大小。在市场需求分析中，创业者需要阐明这样的观点：企业面对的是足够大、发展前景非常广阔的市场需求，并有足够的能力应对来自各方面的竞争。

2．产品分析

在进行投资项目评估时，投资人最关心的问题之一就是“企业的产品能在多大程度上解决现实生活中的问题，或者企业的产品能否帮助顾客节约开支？”因此，产品介绍是创业计划书中必不可少的一项内容。

在产品介绍部分，通常要回答以下问题：

（1）顾客希望通过企业的产品或服务得到什么？

（2）与竞争对手相比，企业提供的产品或服务有哪些优势与劣势？企业采取何种办法取长补短？

（3）企业拥有哪些专利与许可？企业对自己的产品采取了哪些保护措施？

（4）企业对新产品或服务有何规划？

（5）企业的产品或服务定价为何能给企业带来长效收益？

（6）该产品或服务如何拥有稳定的顾客群？顾客群一旦流失，企业该如何应对？

需要注意的是，任何一个创业者在创业之初都会对自己提供的产品或服务充满信心，因此在创业计划书的写作中难免会用许多赞美之词。但是，企业的种种承诺都是应该兑现的，因此，对产品或服务进行介绍时，一定要实事求是，不能夸夸其谈。

3．竞争对手分析

竞争对手是这样一类企业：它们在市场上和你的企业提供着相同或类似的产品或服务，并且在配置和使用市场资源过程中与你的企业具有一定的竞争性。如何打败竞争对手，如何在竞争中胜出是每个创业者都需要考虑的问题。

进行竞争对手分析时，应该从以下几个方面入手：

（1）你的竞争对手有哪些？你最大的竞争对手是谁？

（2）你的竞争对手的优势在哪里？它有什么新动向？

（3）你具备哪些优势和劣势？优势如何发扬，劣势如何消除？

（4）你能否承受竞争所带来的压力？

（5）你将采取什么策略战胜竞争对手？

（六）人员及组织结构

企业管理的好坏直接决定了企业经营风险的大小，而高素质的管理人员和良好的组织结构则是管理好企业的重要保证。因此，投资者会特别注重对企业管理人员及组织结构的评估。

1．主要管理人员介绍

介绍他们的详细经历和背景，以及他们的职责和能力。具体来讲，主要管理人员介绍包括个人基本信息（姓名、年龄、政治面貌等）、工作履历、受教育程度、主要经历、道德素养和综合素质等。

2．组织结构介绍

组织结构即企业管理架构。组织结构的合理性取决于是否分工明确，各司其职。此部分内容具体包括企业的组织结构图、各部门的功能与责任、各部门的负责人及主要成员、企业的薪酬体系、企业的股东名单（包括认股权、比例和特权）、企业的董事会成员及各位董事的背景资料等。

（七）营销策略

在创业计划书中，营销策略应包括市场机构和营销渠道的选择、营销队伍建设和管理、促销计划和广告策略、价格决策等。

处于不同发展阶段的企业适用的营销策略是不同的。对于创业企业来说，由于产品和企业的知名度低，很难进入其他企业已经控制的销售渠道。因此，企业不得不暂时采用高成本、低效益的营销战略，如上门推销、大力投放商品广告、向批发商和零售商让利，或者交给任何愿意经销产品的企业销售等。而对于发展中的企业来说，一方面可以利用原来的销售渠道，另一方面也可以开发新的销售渠道以适应企业的发展。

小知识

营销计划的关键问题

第一组问题：

你的产品出厂价格是多少？

你希望最终的销售价格是多少？

你能控制最终价格吗？

定价的依据是什么？

预计销售额是多少？利润是多少？

你的定价合理吗？为什么？

你的定价和营销战略是一致的吗？

如何应对市场价格混乱？

第二组问题：

目标客户中，哪些是最容易挖掘的？

你有多少条渠道？评价渠道的优劣情况。

在哪里可以买到你的产品？

你会通过哪些分销渠道来挖掘哪些目标客户？

你将如何让你的目标客户注意到你的产品？

你将如何与你的目标客户进行沟通？

你有一个能够聆听客户心声的渠道吗？

你将如何争取第一批客户？

如何在竞争对手之前迅速占领市场？

如何控制渠道？

如何管理一线推销员？

你有广告计划吗？

第三组问题：

如何通过一线推销员树立企业形象？

你的广告和企业理念是一致的吗？

你的产品设计迎合了客户需求吗？

资料来源：钟宇，朱勇刚，蔡向阳．创新创业实践能力训练．镇江：江苏大学出版社，2016.

（八）生产计划

生产计划作为创业计划书的重要组成部分，其作用在于使投资者了解企业的研发进度和资金使用情况。在这一部分，创业者不仅要说明业务流程的关键环节，写明企业的基本运营周期及间隔时间，还要将季节性生产任务和生产中会遇到的问题及解决方案阐述清楚。

具体来说，创业计划书中的生产计划说明应包括厂房基本情况（包括地址、基础设施和基本配置情况）、生产现状、生产流程及关键环节介绍、新产品投产计划、生产经营成本分析、质量控制和改进计划及能力等。

（九）财务规划

一份好的财务规划可以帮助企业降低经营风险，提高企业的评估价值，增加企业获取资金的可能性。财务规划一般要写未来财务整体规划。

未来的财务规划是建立在生产计划和营销计划基础之上的。严格来说，创业计划书中的前述内容都可作为企业制订未来财务规划的依据。有理有据，有适当的假设，是做好财务规划的前提。创业者要做的工作是：论述未来 3～5 年内的生产运营费用和收入状况，将具体财务状况以财务报表的形式展示出来。

要写好财务规划，创业者必须回答以下问题：

（1）单件产品的生产成本是多少？利润是多少？

（2）产品定价是多少？在固定时间段内产品的销售量有多少？

（3）雇佣哪些人生产、加工、销售产品？工资预算是多少？

小知识

撰写财务规划需要具备财会方面的专业知识，要做到规划精细、账款明晰。最好由这方面的专业人员来撰写，这样能够避免财务报表漏洞百出，也能增强投资者的信任感。

（十）风险分析

创业本身就带有一定的冒险性，创业过程中的风险通常让人始料不及。风险分析不仅能减轻投资者的疑虑，让他们对企业有全方位的了解，还能体现管理团队对市场的洞察力和解决问题的能力。在这一部分，创业者可以从以下几个方面进行阐述。

（1）市场风险。市场风险包括生产中可能遇到的问题、销售中未知的因素、竞争中难以预料的方面、顾客的不同需求与反馈等。

（2）技术风险。技术风险主要涉及技术研发中的困境，如技术力量不够强大、研发不到位、员工熟练程度不高、经验不足、研发资金短缺等。

（3）资金风险。创业者需要阐明可能出现的资金周转不畅和资金断流等问题，也要讲明万一企业遭遇清算，有无偿还资金的能力。

（4）管理风险。创业者要实事求是，不能刻意隐瞒管理方面的缺陷和漏洞，一定要如实反映情况，诸如人手不足、经验欠缺、资源匮乏等。

（5）其他风险。企业面临的其他风险有很多，如政策的不确定性、经营中的突发状况、财务上的不确定因素等，都可以归入此类。

创业者的任务是在对市场、技术、资金、管理等各方面风险进行分析之后，将这些风险及相应的解决方案用清晰的表述在创业计划书中反映出来。风险并不可怕，可怕的是没有应对风险的能力与对策。主动识别和讨论风险会极大地提高企业的信誉，使投资者更有信心。

（十一）结论

结论是对整个创业计划书内容的总结式概括。它和摘要首尾呼应，体现了创业计划书的完整性。

（十二）附录

附录是对主体部分的补充。受篇幅限制，不宜在主体部分过多描述的，不能在一个层面详细展示的，或需要提供的参考资料、数据等内容，一般放在附录部分，以供参考。

创业计划书的附录一般包括以下内容：企业营业执照、审计报告、相关数据统计、财务报表、新产品鉴定、商业信函、商业合同及相关荣誉证书等。

创业计划书的写作有一定的原则可依，也有一定的技巧可用，但并不意味着所有的创业计划书都千篇一律。创业计划书是个性的体现，并没有通用的模版。

小知识

编写创业计划书的六个 C（六要素）

第一个 C 是 Concept，概念、设想。即通过你的计划书，要让别人可以很快地知道你卖的是什么。

第二个 C 是 Customers，顾客。有了卖的东西以后，接下来要考虑卖给谁，要明确顾客的范围。例如，假定女性都是顾客，那 50 岁以上的女性和 5 岁以下的小女孩是否都是顾客，这一点需要界定清楚，即要明确适合的年龄层。

第三个 C 是 Competitions，竞争者。东西有没有人卖过？如果有人卖过，你的产品是否可以取代它？与竞争者的关系是直接的还是间接的？

第四个 C 是 Capabilities，能力。对于要卖的东西自己懂不懂？例如，开餐馆，如果厨师辞职了且暂时招不到人，你自己能不能顶上？如果自己没有这个能力，要考虑合伙人有没有相关能力。

第五个 C 是 Capital，资本。资本可以是现金，也可以是资产，是可以换成现金的东西。那么资本在哪里？有多少？自有的部分有多少？可以借贷的有多少？这些都要写清楚。

第六个 C 是 Continuation，永续经营。假如事业做得不错，后续的计划是什么？

资料来源：https://www.docin.com/p-2135345820.html

创业计划书的测评

由于创业计划书所选择的创业项目、创业环境、创业人员等各方面都存在差异，所以要想对一个创业计划书的优劣进行准确评价并非易事。目前，投资者和创业大赛的评审多采用量化打分制来评定创业计划书的优劣。参考比赛及专家的经验，提供表5-6所示的创业计划书评价体系，供创业者对自己的创业计划书进行自评。

表5-6　创业计划书评价体系

评价指标	评价标准
执行概要	简明扼要、具有特色
产品（服务）	能够满足关键顾客需求，适应市场
竞争	分析行业内现有及潜在竞争者，有应对策略
市场	了解市场变化趋势及潜力，预估市场份额和销售额
营销	构建合理的促销渠道，保持和提高市场占有率
经营	材料的供应、设备的运行、人力的安排等要准确、合理、可行
组织	团队成员管理分工明确，能够做到优势互补
财务	资金流量、变动情况及持久性发展
总体评估	条理清楚、重点突出、数据准确

五、项目路演

项目路演是指创业者在正式场合（如专场投资对接会）向投资方讲解项目属性、发展计划和融资计划的活动。项目路演的参与者主要是项目方和投资方。创业者在路演活动中应重点介绍公司业务、市场分析、竞争分析、营销策略、管理团队、财务现状、融资诉求等内容。

项目路演通常以PPT演讲的形式进行，PPT要简短、清晰、准确，切忌出现计划书上没有的内容；路演时间不宜过长，以5～8分钟为宜。表5-7是路演项目PPT的范例，仅供参考。创业者可以根据自己创业计划书的内容和要达成的目的进行调整。

表5-7　路演项目PPT范例

页码	主要内容
第1页　背景页	公司名称/标志；创始人姓名；联系方式；日期
第2页　项目简介	产品或服务的简介；简述项目的重要性和意义
第3页　市场痛点	当前市场存在什么问题；可证实该问题的调研数据

（续表）

页码	主要内容
第 4 页　解决方案	已存在的解决方案有哪些；这些解决方案为何没有产生作用；你的解决方案是什么；你的解决方案会产生什么样的效果
第 5 页　市场分析	市场需求情况；目标市场的具体定位；展示目标市场规模、预期销售额和预期市场份额；说明你将怎样实现预期销售额
第 6 页　竞争分析	说明公司直接、间接的竞争者及潜在的竞争者；展示竞争方略；说明竞争优势
第 7 页　市场营销	说明总体市场营销策略；描述定价策略；说明销售渠道
第 8 页　管理团队	介绍现有的核心团队成员（个人背景、专长、分工协作）；团队的优劣势分析，并说明将如何弥补劣势
第 9 页　财务规划	介绍未来 3～5 年总体的收入规划和现金流规划；按照行业规范给出计划销售利润率
第 10 页　融资诉求	公司目前为止所取得的主要进展；说明资金的使用情况；说明融资诉求、准备融资的数目及未来资金使用情况
第 11 页　总结	概括公司的最大优势；概括创业团队的最大优势

典型案例分析

小伙重庆创业，凭一纸计划书成功获得 500 万元投资

29 岁的孙德才，在重庆打拼 9 年，创业几经挫折，在涉足裸眼 3D 领域后，凭着成功的创业计划书引来 500 万元风投资金。

曾创业失败血本无归

“我在 2005 年市长峰会时来到重庆创业。”孙德才说。他的老家在山东，从海口经济学院摄影专业毕业后，有过不错的工作和收入。“我在新闻上看到重庆要举办市长峰会，当时就觉得重庆的发展前景非常好，肯定有许多创业的机会，于是毫不犹豫地来到这里。”

孙德才来到重庆后，做过推销员，当过电视编导。在上海举办世博会前，他到上海帮朋友负责一个世博会项目，偶然发现布放在街头的打折机（自助打印优惠券的机器）是一个商机，便于 2010 年在重庆做打折机项目。2010 年年底，打折机正式在重庆主城商圈内亮相，市民可在自助打折机上打印出自己需要的商家优惠券。“2011 年，我们最多拥有 200 多台打折机，常常给消费者带来 20%～40%的优惠。”孙德才说。

但打折机项目没运作多久便举步维艰，终端机器租金每月达数十万，再加上员工的开销，从项目面世就没有盈利过。这个项目最终失败，孙德才和伙伴们的所有投入血本无归。

对于这次失败的创业经历，孙德才总结了两大原因：一是合作伙伴的信任问题，当时一个团队负责场地开发，另一个团队负责商户拓展，出了问题双方互相指责；二是合作伙伴的信心问题，项目不能赚钱，大家逐渐失去了信心，导致内部不断出现问题。

一纸计划书成功引资

退出打折机项目后，孙德才并没有气馁。“我在重新考虑了 20 个创业项目以后，发现 3D 行业充满了商机。”一次，孙德才和朋友到电影院看 3D 电影，他感觉戴着眼镜看很不方便，当时他就想，能不能不戴眼镜裸眼看 3D？能不能把裸眼 3D 屏幕安装在主城区商圈内做户外节目呢？

有了这个创业想法后，他立即着手技术方面的调研，发现完全可以实现。于是，他写出了 5 份详细的创业计划书。“缺资金怎么办呢？”孙德才说，“我当时就想通过引进风险投资来实现再次创业。”

“后来我找到了天使投资。”孙与天使投资的董事长见面后，向对方详细介绍了自己的创业计划。“我当时告诉他最终完成投资需要 300 万元资金，而前期需要 100 万元资金。”

这个创业项目引起了天使投资方的兴趣。虽然当时项目还停留在创业计划书上，完全没有实际运作，但天使投资方看中了项目前景，很快便决定注入资金帮助项目启动。第一期 100 万元资金很快到位了。

“天使投资已经对这个项目累计投资了 500 万元，超过了当初我们想要的投资额。天使投资不仅给予资金上的帮助，还提供了丰厚的资源，如提供成熟的业态帮助我们迅速增强实力。现在我对项目更加有信心。”

不戴眼镜可看 3D 节目

“我们已经成功推出两个项目，均布放在观音桥商圈内。一个在观音桥雕塑，另一个在阳光城靠茂业百货一侧的外墙，”孙德才称，“我们采用了高科技含量的 3D 投影设备，打造了全新的、具有视觉震撼的裸眼 3D 夜景效果，市民不用戴眼镜就可以在这两个地方看到 3D 节目。”

现在每晚 8 时至 11 时，裸眼 3D 灯光秀就会在观音桥播出。“在这个时段，由灯光合成的屏幕里，一会儿是火锅、脸谱等具有重庆元素的画面；一会儿是大剧院、大礼堂等重庆地标建筑。人们站在大屏幕前，不用戴 3D 眼镜，也能体验到火锅立即“端”到面前的感觉。

孙德才称，与传统的 LED 屏幕相比，裸眼 3D 视屏的耗电量只有 LED 的十二分之一，而且还不用破坏楼面、地面的结构，更不会影响场地环境及总体规划。孙德才透露，在繁华商业地段设置裸眼 3D 视屏，已引起国内多个地区的关注，“我们接下来将在西部地区部分城市布放。我们希望立足重庆，放眼全国。”

创业能否成功取决于纠错的能力

对于自己的创业心得，孙德才说：“失败并不可怕，可怕的是还没做出尝试就自我否定。做一个静下心来深度思考的思想者，对于创业者来说很有必要。”

谈到怎样打动投资方或客户时，孙德才称，在向投资者阐述自己的产品及个人想法时，即使再深奥的东西，也要用最简练、通俗的语言去阐述。“没有人会喜欢拖沓冗长的详尽描述，精准而高效的展现才是制胜的法宝。”孙德才说。

资料来源：http://finance.people.com.cn/money/n/2013/0820/c218900-22633702.html

【案例分析】

风险投资者通常都是在阅读完创业计划书后，觉得有必要进一步了解创业项目时才会与创业者见面。所以，对于很多创业者来说，一份具有可行性的创业计划书是融资最基本的条件。此外，制订创业计划的过程能使创业者及其管理团队对自己的创业项目有一个全面的了解，更明确创业目标、主要工作任务和实现目标的方式，进而更加坚定创业的信心，为创业成功不断奋斗。因此，创业者都应重视创业计划书的撰写。

探索活动

参照模板编制《创业计划书》

活动目的：

通过活动，掌握撰写《创业计划书》的技巧。

活动内容：

确定你的创业项目，编写创业计划书。具体活动流程如下：

（1）将全班学生分成若干小组，每组 4～6 人，设组长一名。

（2）以小组为单位，寻找与自己所学专业相关的创业项目，或者从自己生活的环境中寻找创业项目。通过小组讨论，确定创业项目。

（3）从网上搜索几篇优秀的创业计划书作为参考。

（4）各小组成员讨论创业计划书的基本结构与目录，组长负责最后敲定。

（5）组长对小组成员进行分工，每个成员编写创业计划书的一部分或几部分。最后由组长进行统稿并修改。

（6）创业计划书完成后，同学之间可以交换阅读，指出对方的优点及不足之处，相互学习，相互促进。

创业计划书模板

第一页：封面，主要包括企业名称、创业者姓名、填写日期、通信地址、邮政编码、电话、传真、电子邮箱等。

第二页：目录，列出正文中的大标题。

第三页：正文。

一、企业概况

1．主要经营范围

2．企业类型（在下面表格中勾选一项）

制造业	零售业	批发业	服务业	养殖业	种植业	传统产业	其他

二、创业者的个人情况

1．以往的相关经历（包括时间）

2．教育背景及所学相关课程（包括时间）

三、市场调研

1．销售或服务对象描述

2．预计市场容量或本企业市场占有率

3．市场容量的变化趋势

4．本企业相对于竞争对手的主要优势

5．本企业相对于竞争对手的主要劣势

四、市场营销计划

1．产品或服务

产品或服务	主要特征

2．价格

产品或服务	成本价	销售价	竞争对手的价格

3．地点

1）选址细节

地址	面积（平方米）	租金或建筑成本

2）选择该地址的主要原因

4．销售

1）销售方式（选择一项）

A．最终消费者（　　）　　B．零售商（　　）　　C．批发商（　　）

2）选择该销售方式的原因

5．促销

促销项目		成本预测
人员推销		
广告		
公共关系		
营业推广		

五、企业组织结构

1．企业的组织形式（选择一项）

A．个体工商户　　　　B．有限责任公司

C．个人独资企业　　　D．合伙企业

E．其他

2．企业的人员组成（附企业组织结构图和员工工作职责）

职务	工作职责

3．企业将获得的营业执照、许可证

4．合伙人与协议

项目	合伙人 1	合伙人 2	合伙人 3
出资方式			
出资数额与期限			
利润分配和亏损分摊			
经营分工、权限和责任			
协议变更和终止			
其他条款			

六、固定资产投入

1．工具和设备投入

名称	数量	单价	合计（元）
总费用			

2．固定资产折旧费

名称	价值	使用年限	年折旧费（元）

七、流动资金（月）

1．原材料和包装

项目	数量	单价	合计（元）
总费用			

2．其他经营费用（不包括折旧费和贷款利息）

名称	费用（元）	备注
业主工资		
员工工资		
租金		
维修费用		
保险费用		
登记注册费		
其他		
总费用		

八、销售收入预测（针对生产型企业）

	销售产品或服务	1 月	2 月	……	12 月	合计
产品 1	销售数量					
	平均单价					
	季度销售额					
产品 2	销售数量					
	平均单价					
	季度销售额					
产品 3	销售数量					
	平均单价					
	季度销售额					
合计	销售总量					
	销售总收入					

九、销售和成本计划

	项目	1月	2月	……	12月	合计
销售	销售收入					
	增值税					
	销售净收入					
成本	业主工资					
	员工工资					
	租金					
	营销费用					
	维修费用					
	保险费用					
	登记注册费					
	折旧费用					
	贷款利息					
	原材料 1					
	原材料 2					
	总成本					
利润						
税费	企业所得税					
	个人所得税					
	其他					
净收入（税后）						

活动检测：

活动结束后，教师可根据表 5-8 进行评分。

表 5-8　探索活动评价表

评分标准	满分	实际得分	备注
所选创业项目具有可行性与典型性	20		
所写创业计划书具有可参考性	20		
小组成员分工合理、明确	20		
编写过程中小组成员能团结协作	20		
计划书终稿结构完整，内容丰富，条理清晰	20		
总分	100		

能力训练

（1）假设你要带着你的创业项目去面见投资者，而投资者只给你 5 分钟陈述你的创业计划，你会如何设计 5 分钟内要阐述的内容？如何利用这 5 分钟去打动投资者，并获得融资机会？

（2）将自己所写的创业计划书拿给教师、朋友或专家看，认真倾听他们的意见和建议。

创业实践

选择国内知名的电子商务网站，进行创业演练。目的是使学生取得一系列电子商务实际运作的经验，提高学生的实际工作能力和管理水平。具体实施步骤如下：

（1）选择项目。进行前期调研、风险分析，确定合适的创业项目。

（2）在教师的指导下，选择若干电子商务平台，进行用户注册、身份认证，申请开通网上银行。

（3）由学生自己联系货源、申请网上开店，进行网上商店的装修设计等。

（4）根据所学的知识进行网上商店的管理，包括营销推广、客户沟通、交易洽谈等。

（5）撰写实践总结。内容包括经营成果、出现的问题、实践心得及体会。

模块六

创业资源巧整合

自我思考

创业资源无处不在，但如何发现资源、获取资源、整合资源并不是一件容易的事。创业最基本的内部资源是创业者自身，要通过创业者对自身的充分挖掘来获取；而外部资源则需要用更多、更巧妙的方式去获取。

请同学们想一想，创业需要哪些内部资源和外部资源？如果不具备某类创业资源，该如何去获取？

开篇故事

尤伯罗斯的资源整合

暑假期间，正在纽约读大学的尤伯罗斯回到了位于伊利诺伊州的家，当时他的父亲正在一条交通要道旁建造房子，但因为资金估算不准确，房子建了一半就搁置了。“等攒够了钱再继续施工。”他的父亲无奈地说。尤伯罗斯里里外外仔细看了正在建造的房子，然后说：“虽然我们自己没钱了，但可以用别人的钱来盖这栋房子。”“你是说去借？不行，能借到的在之前都借过了。”父亲很沮丧地说。“不用去借。”

尤伯罗斯说完就到镇上的影楼里找来一位摄影师，让他为自己家没盖好的房子拍几张照片。然后尤伯罗斯拿着这些照片到城里找到一些企业主，并对那些企业主说：“这幢房子是一个非常好的广告位置，我准备用来出租!”

因为房子地处交通要道旁边，企业主们都认为房顶和墙壁是广告宣传的理想位置，于是大家纷纷出高价竞争。几天后，出价最高的两家企业分别获得尤伯罗斯家房顶和墙壁商品广告宣传的使用权。一年一万美元的广告费，不仅让尤伯罗斯家的房子顺利盖成，而且还使他家每年都有一笔稳定的收入。

随着经济的发展，旅游成了人们生活中不可或缺的一部分，于是尤伯罗斯毕业后想创办一家旅游公司，但他没有足够的资金配备车辆和游艇。经过仔细调查研究后，他终于想到一个办法。他在报纸上发布消息称他准备把他的汽车和某旅游点的游艇外壳及座位套都对外出售商品广告位。

这是一个受众人数多、可以近距离接触目标人群的广告资源，消息一经发布，商家们竞相抬价，最后有五家企业成功获得广告使用权。这笔广告费用让尤伯罗斯顺利地经营起了自己的公司。因为经营得法，业务不断扩大，几年后尤伯罗斯的公司发展成为北美第二大旅游公司。

尤伯罗斯能用别人的钱盖自家的房子、经营自己的公司，关键在于他成功发现并合理利用了自己所拥有的资源，其成功之处在于他不仅有“勇”，而且有“谋”——资源整合的意识。当今，不少创业者总是抱着自己的优势资源说没资金、筹资难，那为何不打开思路，学学尤伯罗斯用别人的钱盖自家的房子，来解决自己的经营难题呢？

资料来源：http://www.docin.com/p-1042237363.html

第一节　创业资源知多少

创业思考

创业就是把创业机会与创业资源的获取及整合相结合的活动，创业资源的获取和整合伴随着整个创业过程。对于大多数创业企业来说，创业资源在未整合之前，是难以发挥其最大作用的，因此，创业者需要整合各种创业资源，以使它发挥最大的价值。在进行下面的学习之前，请同学们先思考以下问题：

（1）创业资源包括哪些？

（2）怎样合理有效地整合人力、财务、物质、技术等资源？

（3）在进行人力资源管理时，如何设计员工薪酬制度？

创业课堂

扫一扫

创业资源概述

一、创业资源的概念

创业资源是指企业创立及成长过程中所需要的各种生产要素和支撑条件，包括有形的资源和无形的资源。

对于创业者来说，只要是对其创业项目和创业企业的发展有所帮助的要素，都可以归入创业资源的范畴。创业者们争取用最少的资源来推进企业的发展，他们既要积累个人资源，也要创造性地整合社会资源，才能为企业发展打下基础。

二、创业资源的种类

按性质分，创业资源可分为人力资源、财务资源、物质资源和技术资源。

（一）人力资源

人力资源不仅包括创业者及创业团队的知识、技能和经验等，也包括他们的判断力、视野和愿景，乃至其人际关系网络。人是创业活动的主体，在创业活动中起着决定性的作用。因此，高素质人才的获取和开发便成为创业企业可持续发展的关键因素。

小知识

基于人际关系网络形成的社会资本，是人力资源的重要组成部分。社会资本能使创业者有机会接触大量的外部资源，有力的人际关系能够帮助创业者降低企业潜在的风险，还有助于加强合作者之间的信任，即“社会联系较多者创业的个人成本较低”。

根据斯坦福大学研究中心的一份调查显示：一个人赚的钱，12.5%来自知识，87.5%来自其基于正常社会经历建立的人际关系。

而来自中国的调查数据也显示，社会交往面广，交往对象趋于多样化，与高社会地位个体之间关系密切的创业者，更容易发现创新性更强的创业机会。

资料来源：

https://wenku.baidu.com/view/9e84484980c758f5f61fb7360b4c2e3f572725a5.html

（二）财务资源

财务资源包括资金、资产、股票等，通常由创业者向债权人、权益投资人筹集。一般来说，创业初期及时筹集到足够的资金，是企业成功创办和顺利经营的前提条件。

（三）物质资源

物质资源是指创业企业经营所需要的有形资源，如厂房、土地、机器和办公设备、原材料等。一些自然资源如矿山、森林等有时也会成为创业企业的物质资源。

（四）技术资源

技术资源包括关键技术、制造流程、作业系统、专用生产设备等。技术资源大多与物质资源相结合，可以通过法律手段予以保护，部分技术资源会形成组织的无形资产。

三、创业资源的获取

创业资源的获取是指在确认并识别资源的基础上，得到所需资源并使之为创业服务的过程。获取创业资源的途径有市场途径和非市场途径两大类。

（一）通过市场途径获取创业资源

（1）购买。即通过市场购入的方式获取创业资源，如购买厂房、设备等物质资源，购买专利和技术，聘请有经验的员工及通过外部融资获取资金等。

（2）联盟。即联合其他组织，对一些难以或无法自己开发的资源实行共同开发。联盟的前提是联盟双方的资源和能力互补且有共同的利益，并且能够对资源的价值及其使用达成共识。

（二）通过非市场途径获取创业资源

（1）资源吸引。即发挥无形资源的杠杆作用，利用创业企业的商业计划、创业团队的声誉或对创业前景的描述来获得或吸引物质资源、技术资源、人力资源和资金等。

（2）资源积累。即在企业内部通过培育现有资源来形成所需的资源，主要包括自建厂房、设备，开发新技术，通过培训来增加员工的技能和知识，通过企业的自我积累获取资金等。

（三）获取创业资源的注意事项

为了及时并以较低成本获取创业所需要的资源，创业者需注意以下几点：

（1）充分重视人力资源的获取。人力资源是组织一切活动的实践者，是企业资源增值的决定性因素，也是起创造性作用的因素。因此，创业者必须充分重视人力资源的获取。创业者一方面应努力提升自身能力，另一方面应充分重视创业团队的建设。一支知己知彼、才华各异、能力互补、目标一致和彼此信任的团队是创业资源中最为重要的资源，也是创业成功的保证。

（2）以能用和够用为原则。不是所有的资源都是创业需要的资源，创业者在获取资源时应坚持能用为第一原则，只有满足自己的需求、自己可以支配并能使其充分发挥作用的资源，才是需要获取的资源。另外，资源的使用是有代价的，因此，在创业初期获取创业资源时够用即可，而不是多多益善。

（3）尽可能获取多用途资源和杠杆资源。资源自身的特性决定了其用途的不同，有的资源可能在不同场合具有不同的用途，获取具有多用途的资源可以帮助创业者应付创业过程中出现的意外。成功的创业者善于利用关键资源的杠杆效应来完成自己的创业目的：用一种资源补足另一种资源，产生更高的复合价值；利用一种资源撬动和获得其他资源。

四、创业资源的整合

创业资源的整合是一个复杂的过程，是创业企业对不同来源、不同结构、不同内容的资源进行选择、有机融合、激活和配置的过程。这一过程对原有的资源体系进行筛选、重构，摒弃无价值的资源，使资源体系具有更强的条理性、系统性和价值性，以形成新的核心资源体系。创业资源的整合过程可以分为资源扫描、资源控制、资源利用和资源拓展 4 个步骤。

（一）资源扫描

资源整合的第一步是资源扫描。首先，创业者要先将已有资源识别出来，包括己方所有有价值的有形资产和无形资产，如人才、技术、设备、品牌等；其次，辨别哪些属于战略性资源，哪些属于一般性资源；最后，确定资源的数量、质量、使用时间及使用顺序。通过资源扫描，可以帮助创业者发现自己的资源优势和不足。

在扫描自身已有资源的同时，创业者也要对外部环境进行扫描，以及时发现创业企业所需的资源。首先，了解自己所缺少的创业资源可以从哪些渠道获得，谁拥有这些重要资源，并对各种渠道的资源获得难易程度进行排序；其次，寻找利益交集，对资源所有者的利益需求进行深度分析，并与自己所拥有的资源进行比较，找到利益契合点；最后，成功获取资源。上述过程通常需要创业者具有行业知识和一定的社会关系网络。

（二）资源控制

资源控制是指对资源进行掌握、调节，以优化其配置，使各种资源能够相互匹配、相互补充、相互融合的过程。资源控制的范围包括创业者自身拥有的资源、通过交易等形式可获得的资源，以及通过社会网络等形式可以控制的资源。

企业资源在未整合之前大多是零碎的、低效的，要发挥这些资源的最大使用价值、产生最佳效益，就必须运用科学方法对各种类型的资源进行细化、匹配和激活，将有价值的资源有机地融合起来。

（三）资源利用

资源利用即在对所获取的大量资源进行梳理和融合的基础上，将它们合理有效地运用到最能发挥其使用效益的地方去，以充分体现出这些资源的价值。

（四）资源拓展

资源拓展即开发新资源的过程。这一过程可以是将以前没有建立起联系的资源建立联系，以形成新资源；也可以是将新获取的资源与已有的资源加以联结融合；还可以是进一步开发潜在的资源为企业所用。资源拓展是企业持续竞争优势的根本来源，资源开拓创造的过程能为创业企业带来活力，使其开发出新的能力，进而更充分地发现和掌握新的机遇。

案例阅读

蒙牛借力

牛根生和他的创业团队把一个一无奶源、二无工厂、三无市场的“三无企业”发展成为中国乳制品企业巨头，其成功的核心因素之一就是借力，主要表现在以下几个方面：

1．逆向经营

创业初期的蒙牛拿着 1 000 多万元的资本犹豫不定。按照一般企业的思路，应该先建厂房，再进设备，然后生产、营销，待产品有了知名度，才能有市场。但对于投资巨大的乳品加工行业来说，这笔钱远远不够。在这种情况下，牛根生提出了“先建市场，再建工厂”的新思路。

牛根生的计划是把有限的资金用于市场的推广中，然后把全国的工厂都变成自己的加工车间。因为，他注意到乳品企业不景气的原因不在于厂房和生产设备，而是因为缺少先进的营销和管理理念，而这些正是自己的优势。他采取的方式是只与工厂合作，使用和支配其设备及人员，但不购买对方资产。他把节余的资金放在市场上，“好钢要用在刀刃上”。用这种方式，数个月之后，蒙牛就完成了一般企业几年才能完成的扩张。

2．双赢合作

蒙牛与当地政府协商，让他们组织建设奶站，与蒙牛签订常年供应合同。蒙牛品牌的影响力和从不拖欠资金的信誉使当地政府十分放心，而奶站是当地人自己出钱建的，自然尽心尽力，奶的质量、数量都有保证，这样就实现了双赢。

3．统一战线

蒙牛产品一开始就很有策略地和伊利绑在一起。他们的第一块广告牌子上写的是“做内蒙古第二品牌”。在其冰淇淋产品的包装上，他们直接打出了“为民族工业争气，向伊利学习”的口号。将蒙牛与伊利捆绑在一辆战车上，既利用伊利的知名度提升蒙牛的品牌，又提高了伊利的美誉度，使双方品牌共赢利益共享。在与伊利竞争的同时，蒙牛还一直宣扬和伊利是兄弟，认为两家企业应相互促进，共建“中国乳都”的形象概念。

4. 迈向国际化

2002 年，蒙牛在呼和浩特市与摩根士丹利、鼎晖投资、英联投资有限公司举行了投资入股签字仪式，摩根士丹利等 3 家银行一次性向蒙牛投资 2 600 多万美元（折合人民币 2.16 亿元）。这样，蒙牛借助资本走向国际化。

牛根生就是这样用别人的钱干自己的事，通过智慧，用灵活的战略、战术创造了奶制品世界的神话。

资料来源：http://www.doc88.com/p-8991732623153.html

典型案例分析

“石油女孩”的创业故事

“个性化的定制方式及高性价比，使很多人开始选择定制珠宝。”陆玲玲说。陆玲玲是一家珠宝定制店的店主，虽然她在成都盐市口的第一个店面才刚开始运营没多久，但她早就有了自己的一套生意经。

谈门槛　需要专业知识及相关的人脉资源

珠宝是奢侈品，而珠宝定制更需要专业的知识。想要在这一行创业，除了必备的专业知识以外，还要具备相关的资源，如渠道、人脉、客户资源等。显然，陆玲玲在这方面有着自己的优势，“之前在北京做过这样的工作，了解了不少渠道，也积累了一定的人脉和资源。现在，很多客户就是以前积累起来的，而新客户也多数是通过老客户介绍而来的”。

算投入　店铺成本 300 万元，原料花销占大头

图 6-1　定制钻石饰品

有了客户之后，资金也是一个重要因素。陆玲玲的店面虽小，但成本也要 300 万元左右。其中，货物原料花费 200 多万元，店面装修 50 多万元，其他的就是店铺租金、人员聘用等费用。陆玲玲笑称：“虽然看起来费用较多，但风险较小，即使经营失败，宝石还可以转卖，损失的无非是租金、水电等费用，而这些相对较少。”“现在每月的支出五六万元，营业收入基本上能够保证日常的开支；如果在旺季，收入是现在的 2～3 倍，一年平均下来收入有近 100 万元。现在钻石的销售占了 90% 左右，大概一年半的时间就能收回成本。”相对于钻石来说，陆玲玲更看好宝石的销售市场，

"宝石价格要低于钻石，而且种类也较多，顾客有更多的选择"。

看市场　北京竞争激烈，成都才是蓝海

对珠宝定制市场来说，北京市场就是竞争激烈的红海，成都市场则是潜力无限的蓝海，发展空间很大。"珠宝定制在成都刚起步，市场还没有被充分地开发。"虽然前景很好，但陆玲玲目前并没有开分店的打算，"我们打算打造成优质的精品会所，同时，为方便外地客户，我们的网站也正在建设，不久后就能够开通"。

生意经　比商场便宜30%，面向特定群体

陆玲玲认为自己是靠个性化定制和高性价比取得对知名珠宝品牌的非对称优势的，"我们提供的是个性化的珠宝定制，根据客户的需求进行设计，而且，因为提供的是裸钻的设计加工，比商场要便宜30%，性价比更高"。

小店商品的款式都是自己设计的，独特的设计、繁多的款式与及时的更新频率，是小店的取胜之道，"我考察过本地其他的珠宝定制店，可以说，我们的款式设计是最丰富的，有300多种，而且宝石的品类也非常丰富"。

珠宝定制需要有准确的定位，特定的客户群体使小店在各个方面更有针对性。小店面向的是高端客户群体，主要是25～40岁这一年龄段及结婚的人群，"成都是一个时尚城市，经济发展好，人们的消费能力高。而且，现在的年轻人喜欢这样的个性化消费，成功人士也喜欢享受生活"。拥有明确的客户群体，也需要有针对性的营销策略。小店通过与婚庆影楼、电影院及美容院等机构合作，既提高了知名度，同时也使销售更有针对性。

人物背景　珠宝店主曾经是"石油工人"

30岁的陆玲玲进入珠宝定制这一行业也已经有四年多时间了。"我以前是做石油的，因为当时将妈妈的戒指弄丢了，经一个姐姐介绍，接触到珠宝定制这一个新鲜的行业，认识了在北京开珠宝定制店的李姐。"对于自己这样机缘巧合地进入珠宝定制行业，陆玲玲现在仍旧忍不住笑。

转行之后，陆玲玲开始深入地了解这个行业，也通过在北京的工作积累了客源、人脉、渠道、专业知识等资源，这为她后来在成都开店打下了良好的基础。"我喜欢这件事，也喜欢这样的发展模式。之后在与成都的朋友聊天的时候，我们都感觉成都的市场前景很好，于是合作在成都开了这家店。"

资料来源：http://www.docin.com/p-2029440697.html

【案例分析】

通过陆玲玲创业成功的案例，我们可以了解到，任何创业都需要一定的资源作保证。珠宝定制是较为专业的行业，要进入这个行业，不仅需要专业的知识，同时，固定的客源及人脉也是必不可少的因素。

探索活动

资源整合

创业是一个评估自身资源并整合外部资源的过程，如何创造性地整合外部资源是优秀创业者所具备的关键性技能之一。

活动目的：

通过活动，评估自身拥有的资源，发现外部资源并能有效整合外部资源。

活动内容：

（1）请同学们利用表 6-1 对自身条件进行评估。

表 6-1　自身条件评估

评估内容	具体要求	自我描述
你想做什么	根据你的兴趣、爱好确定你想做的事情	
你拥有什么	你的优势、强项是什么（如技术优势、人脉优势、知识优势等）	
你缺少什么	你的劣势、缺点是什么（如技术劣势、人脉劣势、知识劣势等）	

请认真盘点你自己拥有的资源，如果要进行创业，你还需要哪些资源？

（2）评估你的同学是否具有你需要的资源？如果有，你将如何说服他和你一起创业或将资源借给你使用？如果没有，你认为何处会有你需要的资源？你将如何获取这些资源？

（3）除了同学外，你还有什么渠道获取创业资源？

（4）获得创业资源后，你将如何有效整合这些资源？

活动检测：

活动结束后，教师可根据表 6-2 进行评分。

表 6-2　探索活动评价表

评分标准	满分	实际得分	备注
能准确评估自身资源	20		
能找出自己缺少的创业资源	20		
能准确评估外部资源	20		
能多渠道获取外部资源	20		
能有效整合外部资源	20		
总分	100		

能力训练

（1）假设你是一名即将毕业的学生，准备毕业后自主创业。请根据你选择的创业机会，写出以下问题的答案。

① 创业需要哪些资源？哪些是你已有的资源？你还需要继续获取哪些资源？

② 获取资源的途径和方法有哪些？

（2）在网上寻找 2～3 个创业失败的案例，分析创业者失败的原因，重点分析在创业资源方面导致其失败的因素。

第二节 团队建设是关键

创业思考

企业的创建者可以是个人，也可以是团队。一些有着共同愿景和价值观的人，怀着对梦想的渴望走到一起，就形成了最初的创业团队。他们通过对资源和生产要素的重新组合，来开发自己的产品或服务，满足市场的某种需求，这时，企业就诞生了。在进行下面的学习之前，请同学们先思考以下问题：

（1）为什么投资人特别重视团队建设？

（2）组建团队只是为了找到志同道合的人吗？

（3）组建团队应注意什么？

创业课堂

一、创业团队的概念

团队就是具有共同的目标的共同体，团队成员都愿意贡献自己的知识和技能来协同工作、解决问题。而创业团队就是由才能互补、责任共担、愿为共同的创业目标奋斗的人所组成的共同体。

二、创业团队的组成要素

创业团队需具备目标（Purpose）、人（People）、定位（Place）、权限（Power）和计划（Plan）五个重要的组成要素，简称“5P”。

（一）目标

创业团队是因为共同的目标而创建的，没有目标，创业团队就没有存在的价值。目标往往以创业企业的远景、战略等形式体现，为团队指明方向，使团队成员知道该去往何处。

（二）人

人是构成创业团队最核心的力量。创业团队的目标需要通过不同的人分工合作来完成。因此，挑选合适的人，将其放在合适的位置上做正确的事是非常重要的。正如企业家马云所说：“创业要找最合适的人，不一定要找最成功的人。”

（三）定位

创业团队的定位包含以下三层意思：

（1）创业团队在企业中处于什么位置，创业团队最终应对谁负责，创业团队采取什么方式激励下属。

（2）由谁选择和决定团队的成员，成员在创业团队中扮演什么角色，是提出方案还是制订计划？是具体执行还是协调人员？是监督工作进展，还是评定最终贡献？

（3）创业企业的组织形式是什么，即企业是合伙企业还是公司制企业。也就是说，是大家共同出资，委派某个人管理；还是大家共同出资，共同参与管理；或是共同出资，聘请第三方（职业经理人）管理？

（四）权限

创业团队中领导人的权力大小与其团队的发展阶段和创业企业所在行业相关。一般来说，创业团队越成熟，领导者所拥有的权力相应越小；在创业团队发展的初期，权力相对比较集中。

（五）计划

创业团队的计划包含两层意思：

（1）由于目标的最终实现需要一系列具体的行动方案，因此，可以把计划理解成达到目标的具体工作程序。

（2）只有在有计划的行动下，创业团队才会一步一步地贴近目标，从而最终实现目标。

三、组建优秀创业团队的要点

一般而言，要组建一个优秀的创业团队，应特别注意以下几点。

（一）彼此了解

创业团队的所有成员都应该相互非常了解，知根知底。这样可以很好地避免团队成员之间因为相互不熟悉而造成的各种矛盾、纠纷，从而强化团队的向心力和凝聚力。

需要注意的是，团队成员不仅要了解他人，知道他人的特长，他人的优势和劣势，更要清楚地认识自己，明确自己的优缺点，并尽可能坦诚地将其展示出来，这样方能更好地发挥团队成员间才能互补的作用。创业团队的成员应该经常问自己：是否真正了解自己的创业伙伴，是否误把熟悉当作了解。许多大学生创业失败的根本原因在于：虽然他们选择的合作伙伴都是同学、朋友、亲戚等“熟人”，但他们

图 6-2　团队

并没有真正了解这些“熟人”的长处、能力、缺点等。

扫一扫

组建创业团队

（二）相互信任

信任是解决分歧、达成一致的唯一途径。创业团队成员不仅要志同道合、彼此了解，更需彼此信任。信任的基础是公开、透明。因此，团队创业之初就要把最基本的责、权、利说得明白透彻，尤其是股权和利益分配，包括增资、扩股、融资、撤资、人事安排及解散等都要做出明确规定。这样在企业发展壮大后，才不会因利益、股权等的分配产生矛盾，避免产生创业团队解体的局面。

案例阅读

同舟共济，才能成就梦想

上海某学校学生王楠，攻克了某种高级观赏鱼的人工养殖技术。王楠在毕业时，用这个颇有技术含量和难度的项目开始了自己的创业之旅。

王楠找到了一个与他性格不同但优势互补的搭档张玉和他一起创办公司。王楠是技术型的，可以负责公司的技术问题；而张玉是营销型的，可以负责公司的销售和外联工作。

由于产品填补了市场空白，一时间生意兴隆，王楠和张玉都很开心。但好景不长，渐渐地王楠发现公司的业务虽然好，可就是不盈利。经过细心观察和打探之后，他发现张玉已经在外边新开了自己的公司。原来，张玉因担心王楠在公司壮大后挤走自己，而提前找好了出路。

或许是沟通不够，或许是利益分配不均，这个因为彼此优势互补而结合的团队，最终因为彼此之间的信任问题导致了创业的失败。

资料来源：张钱，李强，詹一览. 大学生创新创业教育教程.
上海：上海交通大学出版社，2018.

（三）理念一致，目标相同

首先，所有团队成员都必须认同大家共同确定的创业目标、分配制度、管理制度、企业发展战略、经营理念、企业文化等，都必须树立对企业长期经营的信心。

图 6-3　团队理念一致

其次，所有团队成员都必须认识到团队是一体的，所有成败都是整体的而非个人的。大家必须能够同甘共苦，将团队利益置于个人利益之上，愿意牺牲短期利益来换取长期的成功果实。团队中没有个人英雄主义，每位成员的价值表现为其对团队的贡献。

再次，所有团队成员都必须对工作满怀激情，必须要有每天长时间工作的准备。只有高超的专业水平而没有激情，是无法适应艰苦的创业生活的。

最后，所有团队成员均应了解企业在成功之前将会面临的挑战，并承诺当企业面临困难时，大家必须齐心协力，共同面对，一起解决，而不会因为一时困难而退出。如确有特殊原因需提前退出团队，必须将股权优先转让给团队成员。

（四）取长补短，相得益彰

从人力资源管理的角度来看，建立优势互补的创业团队是维持创业团队稳定性的关键。研究表明，大多数创业团队组建时，并未充分考虑到成员专业能力的多样性，大多只是因为成员有相同的技术能力或兴趣，而较为缺乏管理、营销、财务等方面人才。

因此，要使创业团队发挥最大的能量，在创建团队时不仅要考虑成员的专业技能，还要考虑成员之间的关系，更重要的是要考虑成员的互补性，如彼此之间性格、经验、专长、技术等方面的互补，以此来达到团队的平衡。

一般来说，一个优秀的创业团队必须包括以下几种人：

（1）一个很好的“领袖”。此人必须能够高瞻远瞩，能够为企业制定明确的战略、战术；必须有很好的人品，处事公正，能够服众，能够团结整个团队；还必须具有很好的协调能力，能够及时化解团队成员之间的矛盾。

课堂互动

> 以中国古典文学名著《西游记》中的唐僧师徒为例，阐述创业中领导者的重要性，以及领导者的魅力所在。

（2）一个很好的“管家”。此人主要负责企业的日常运营及各项规章制度的制定。由于企业日常事务非常琐碎，因此，此人必须心思缜密、工作细致。

（3）一个很好的“财务总管”。资金是企业的生命线，因此，创业团队中最好有一个专业的“财务总管”，以合理地安排企业收支，帮助企业融资。

（4）一个很好的“营销总监”。我们经常说，产品是基础，营销是龙头。如果营销不行，产品就不能变成钱，企业只能关门大吉。

此外，如果创业企业是一个技术型企业，可能还需要一个“技术专家”，以帮助企业不断地将技术或产品推陈出新，使企业的技术或产品始终处在行业的前沿。

四、企业薪酬的设计

（一）薪酬的构成

薪酬是指企业根据成员所做的贡献（包括实现的绩效，付出的努力、时间、学识、技能等）所付给的相应的回报，大体可分为工资、奖金、津贴和福利等几个方面。

（1）工资。工资是以货币形式直接支付给员工的劳动薪酬。狭义的工资指基本工资或标准工资；广义的工资包括基本工资、奖金、津贴、补贴、劳动分红等。这里所说的工资作狭义理解。职务级别工资制度是通常采用的工资制度，在这一制度中，工资由以下四部分构成：① 职务工资；② 级别工资；③ 基础工资；④ 工龄工资。

（2）奖金。奖金又称奖励工资，是为员工超额完成任务或取得优秀工作成绩而支付的额外薪酬。其目的在于对员工进行激励，促使其继续保持良好的工作势头。奖金可根据个人的工作业绩评定，也可根据部门和企业的效益来评定。

（3）津贴。津贴是为了补偿职工在特殊劳动条件下所付出的额外劳动消耗和生活费用而支付给职工的劳动报酬。其特点是将艰苦或特殊的环境作为衡量的唯一标准，而与员工的工作能力和工作业绩无关。根据不同的实施目的，津贴可分为以下三类：① 地域性津贴，是指由于员工在艰苦的自然地理环境中工作而得到的补偿，如林区津贴、艰苦生活津贴、高寒地区津贴等。② 生活性津贴，是指为了保障员工的实际生活水平而给予的补偿。③ 劳动性津贴，是指从事特殊性工作而得到的补偿，如夜班津贴、高温津贴等。

（4）福利。福利是指单位提供的福利设施（如员工食堂、幼儿园、俱乐部、图书室等）和个人福利（如职工上下班交通补贴、伙食补贴、法定福利等）。

（二）薪酬的设计

要设计出科学合理的薪酬体系和薪酬制度，一般要经历以下几个步骤：

（1）职位分析。职位分析是确定薪酬的基础。首先，企业管理层应结合企业经营目标，在业务分析和人员分析的基础上，明确部门职能和职位关系。然后，由人力资源部和各部门主管合作编写职位说明书。

（2）职位评价。即通过比较各个职位的重要程度得出工资级别。建立统一的职位评价标准，使不同职位之间具有可比性，是确保工资公平性的基础。

（3）薪酬调查。企业在确定工资水平时，需要参考劳动力市场的工资水平。企业可以委托比较专业的咨询公司进行这方面的调查。调查对象最好选择与自己有竞争关系的企业或同行业的类似企业，还可重点考虑员工的流失去向和招聘来源。

（4）薪酬结构设计。许多企业在确定人员工资时，往往要综合考虑三个方面的因素：一是其职位等级，二是个人的技能和资历，三是个人绩效。在工资结构上与其相对应的分别是职位工资、技能工资和绩效工资。也有的将前两者合并考虑，作为确定一个人基本工资的基础。

小知识

职位工资

职位工资由职位等级决定，是一个人工资高低的主要决定因素。职位工资通常是一个区间。企业可以从薪酬调查中选择合适的数据作为这个区间的中点，然后根据这个中点确定每一职位等级的上限和下限。例如，在某一职位等级中，上限可以高于中点20%，下限可以低于中点20%。

技能工资

技能工资就是根据员工所掌握的知识、技术和所具备的能力来支付的薪酬。技能工资的采用增强了工资变动的灵活性，使员工在不变动职位的情况下，随着技能的提升、经验的增加而在同一职位等级内逐步提升工资等级。

绩效工资

绩效工资是对员工完成业务目标而给予的奖励。绩效工资可以是短期性的，如销售奖金、项目浮动奖金、年度奖金，也可以是长期性的，如股份期权等。此部分薪酬的确定与企业的绩效评估制度密切相关。

资料来源：https://baike.so.com/doc/5394653-5631778.html

典型案例分析

长春版“中国合伙人”

在电影《中国合伙人》中，“土鳖”黄晓明、“海龟”邓超和“愤青”佟大为，因为拥有同样的梦想而一起打拼事业，他们共同创办英语培训学校，最后三人功成名就实现梦想。在长春，有三个“90后”也上演着“中国合伙人”式的故事，他们合伙开了一家科技公司，目前正在研发一种智能激光清雪设备，还梦想有一天公司能上市。

创业梦　仨“90后”组成“中国合伙人”

郑某，女，1991年生；小宿，男，1993年生；刘某，男，1991年生。据介绍，郑某有过在世界500强企业工作的经历，而另外两名男孩则有过海外求学经历。郑某跟小宿是多年的好朋友，而小宿和刘某则是同学，创业前他们经常小聚。郑某坦言：“跟他们俩接触，我思想转变挺大的。我以前做事情，总是先考虑赚钱。但小宿和刘某聊的都是‘回馈社会’‘改变世界’这些让人激情澎湃的话题。”

三个人有着共同的创业梦，于是合伙成立了一家科技有限公司，成为“中国合伙人”。

创业初　生意陷困境一起喝酒三天

创业之初，他们有着共同的想法：把国外较为先进的技术带回来，再创新变成真正有意义和有价值的产品。他们研发的第一个产品是车载健康枕。资金是创业中遇到的最大难题，三个人倾囊而出，凑了近40万元，作为公司的启动资金。没想到，在第一批产品投入生产之前，资金链就断了。三个人只得再凑钱，两个男孩跟朋友借了钱，郑某则把房子抵押到银行去贷款。他们想的是：产品生产出来后，两三个月资金就能回笼，借的钱就可以还上了。

但由于对市场了解不够，健康枕生产出来之后，销量跟他们想象中差很远，价格也达不到预期。产品销不出去，资金全押在里面，生意一下子陷入困境。“我们三个真想坐在地上哭啊！”郑某说，“我们在一起喝了三天的酒，把我爸的一桶10斤的酒全喝光了。”发泄完之后，三个人又重新上路。“从没动摇过，我们在一起聊的，只是总结经验，研究怎么把东西卖出去。”郑某说。

创业帮　生意不错感情仍然很好

公司刚成立时，股东只有郑某和小宿，刘某只是来帮忙。哥们儿式合伙，仇人式散伙，是许多企业最常见的聚散模式，这也是三个人最为担心的。“生意没做成，朋友还掰了，这是我们最不愿看到的结果。”郑某说。

现在，他们共同创业已有三年时间了，生意不错，感情仍然很好。郑某性格大大咧咧，比较直，有什么说什么；小宿性格平和，有耐心，能包容人；刘某虽然性格比较急躁，但一般不发火，也比较严谨。“我们经常一起工作到很晚，但总能说说笑笑的，很开心，感觉像在一个宿舍生活一样。”郑某说。

创业路　正在研发激光清雪设备

目前，刘某正在北京开展业务。小宿是技术负责人，他介绍了目前研发的智能激光清雪新技术。小宿说，长春这两年冬天雪很大，机械除雪对路面会造成破坏，而融雪剂对路面及树木也有伤害。他们研发的智能激光清雪设备，激光束离地50厘米即可清雪。它的优势是：第一，能耗小，只相当于一个电吹风；第二，不需要融雪剂，对路面不造成任何破坏；第三，能解决机械清雪解决不了的问题，可以清除冰雪混合物；第四，可以清除电线杆上的纸质小广告及墙上的涂鸦等。目前这项技术已经通过认证，样机很快就会出来。这项技术在全世界都是很新的，现今能将激光清洁产业化的国家只有法国、德国和美国三个。

创业经　想创业要跟着政策走

创业半年后，公司进入创业园，这时他们才发现以前走了不少的弯路。“我们刚开始回国的时候，只知道埋头苦干，没有去看政府的政策，后来才知道这样反而事倍功半。”他们进驻创业园之后，享受到了较低的房租价格，后来甚至直接减免了房租。另外，政府有关部门还帮助他们申请一些创业贷款，并提供了业务指导，这些都是之前他们不了解的。

资料来源：http://news.ifeng.com/gundong/detail_2013_07/08/27235203_0.shtml

【案例分析】

案例中，三个合伙人创业三年，感情依然很好。他们的团队合作精神非常值得称道。此外，三人遇到挫折后能够很快调整心态，重新振作；敢冒风险，敢于引进最新技术；善用政策，跟着政策走；等等。这些都是他们创业成功的经验，值得我们借鉴。

探索活动

企业薪酬设计

活动目的：

通过活动，掌握企业薪酬设计的方法和技巧。

活动背景：

A 公司成立于 2014 年，主营业务是销售建筑装饰材料。公司成立几年来，老板一直觉得员工总体素质不高，骨干员工留不下，好的员工招不来，员工流动率长期居高不下，在职员工的工作积极性也普遍下降。2015 年，销售部的几名骨干员工集体辞职，给公司的经营造成了很大的冲击，公司不得不招募新兵。公司领导意识到公司存在严重的危机，决定请管理顾问公司重新梳理公司薪酬体系。管理顾问公司经过调查发现以下问题：

（1）员工工资水平普遍低于同行业水平。

（2）员工工资的确定由公司领导说了算，没有一定的体系，随意性很强。

（3）员工工资几年没变化，公司发展了，但员工工资却没有怎么涨，销售人员尤其如此。

活动内容：

请你为 A 公司设计一套合理的薪酬体系。

提示：

（1）员工的工资分为两个部分：基本固定工资和绩效工资。

（2）基本固定工资考核员工出勤情况、纪律情况等基本工作因素。

（3）绩效工资分为个人绩效和公司绩效。个人绩效只与员工本人的工作绩效相联系，考核其工作量、工作成绩、基本表现、基本技能。公司绩效考核的是整个公司的经营业绩。

（4）工资级别。根据员工的职务级别与技术级别划分工资级别。

活动检测：

活动结束后，教师可根据表 6-3 进行评分。

表 6-3 探索活动评价表

评分标准	满分	实际得分	备注
薪酬分基本工资和绩效工资	25		
薪酬根据不同的岗位划分不同等级	25		
各级别的工资差异合理	25		
其他	25		
总分	100		

能力训练

（1）假设你自己创办了一个小公司，雇了 4 名员工（2 名全职、2 名兼职）。你的这些员工都很可靠，只是有一名全职员工虽然工作做得不错，但经常迟到，还总是请假。这种情况影响了其他员工，并且影响到了整个公司的士气和规范管理。请你找出上述问题的解决方法。

（2）如果你是一个团队领导者，你将如何组建一个优秀的创业团队。请以小组为单位进行讨论，并做出以下说明：

① 确定创建企业的类型、经营范围和消费群。

② 对团队中每个人的工作和职责进行描述。

③ 每个成员在创业过程中将如何做到相互配合。

第三节 创业资金哪里来

创业思考

一个胸怀大志并拥有先进技术或很好创意的创业者，若没有创业资金的支持就无法实现自己的梦想。因此，如何有效获取资金是每一位创业者都极为关注的问题之一。在进行下面的学习之前，请同学们先思考以下问题：

（1）创办企业的第一桶金从何而来？

（2）如何估算创业所需要的资金量？

创业课堂

一、创业资金的来源渠道

创业资金一般来源于私人资本融资、机构融资、风险投资、天使投资和政府扶持基金。

（一）私人资本融资

（1）个人积蓄。创业者的个人积蓄是创业资金最基本的来源。几乎所有的创业者都向他们新创办的企业投入了个人积蓄。但是，一般来说，创业者的个人积蓄对于创业企业的资金需求而言是十分有限的，特别是对于新创办的大规模企业或资本密集型企业来说，几乎是杯水车薪。

（2）向亲友融资。向亲友融资也是筹集创业资金的重要渠道。特别是在中国，以家庭为中心形成的亲缘、地缘、商缘等社会网络关系，对包括创业融资在内的许多创业活动都有重要影响。家庭成员和亲朋好友由于与创业者个人的关系而愿意投入资金，是创业企业十分常见的融资方式。

（二）机构融资

（1）向银行借款。比较适合创业者的银行借款形式主要有抵押贷款和担保贷款两种。抵押贷款是指借款人以其所拥有的财产作抵押，来获得银行贷款的贷款方式。在抵押期间，借款人可以继续使用其用于抵押的财产。担保贷款是指以第三方保证人为借款人提供相应的担保为条件发放贷款的贷款方式。当借款方不能履约还款时，银行有权按照约定要求保证人履行或承担清偿贷款连带责任。

扫一扫

大学生创业贷款那点事

（2）向非银行金融机构借款。非银行金融机构是指以发行股票和债券、接受信用委托、提供保险等形式筹集资金，并将所筹资金用于长期性投资的金融机构。根据法律规定，非银行金融机构包括信托公司、境外非银行金融机构驻华代表处、农村和城市信用合作社、典当行、保险公司、小额贷款公司等机构。

（3）交易信贷。交易信贷又称商业信用，是指企业在正常的经营活动和商品交易中，由于延期付款或预收货款所形成的企业间常见的信贷关系。企业在筹办期及生产经营过程中，均可以通过交易信贷筹集部分资金。例如，企业在购置设备或原材料的过程中，可以通过延期付款的方式，在一定时期内无偿占用供应商提供的部分资金。

（4）融资租赁。融资租赁是指出租人根据承租人的要求，出资向第三方购买承租人指定的物件，租给承租人使用，并向承租人收取一定的租金，在租赁期内租赁物件的所有权属于出租人所有，承租人拥有租赁物件的使用权。租期届满，租金支付完毕并且承租人根据融资租赁合同的规定履行完全部义务后，租赁物件所有权即转归承租人所有。

善用融资租赁可以解决创业初期资金紧张的局面，节约创业初期的资金支出，使企业顺利开始生产经营活动。

课堂互动

尝试从不同角度对中小企业或新创建企业进行分类，看看哪一类企业最渴望融资且难以融到资金，然后结合实例讨论其融资难的原因。

（三）风险投资

风险投资又称创业投资，是由专业机构提供的、向初创企业提供资金支持并取得该企业股份的一种融资方式。风险投资的投资对象多为处于创业期的中小企业，而且多为高新技术企业或现代服务业；投资期限通常为三到五年；投资方式为股权投资，一般会要求企业一定的股权，而不要求控股权，也不需要任何担保或抵押，但可能对被投资企业以后各阶段的融资提出一定的权利。

风险投资人一般会积极参与被投资企业的经营管理，提供增值服务。由于风险投资的目的是追求超额回报，当被投资企业增值后，风险投资人会通过上市、收购兼并或其他股权转让方式撤出资本，实现增值后的回收。

（四）天使投资

天使投资是指自由投资人（个人）或非正式风险投资机构（团体）对有发展前景的原创项目或初创期小企业进行早期权益性资本投资，以帮助这些企业迅速启动的一种民间投资方式。目前我国天使投资的规模还非常有限，相应的制度也不够健全。

天使投资的主要特征如下：

（1）天使投资通常是个体行为或小型的商业行为，金额一般较小，而且是一次性投入。它对创业企业的审查也并不严格，更多的是基于投资人的主观判断或凭个人的好恶。

（2）很多天使投资人本身是企业家，了解创业者的难处。

（3）天使投资人不但可以给创业企业带来资金，同时也能为其提供一定的资源网络。如果他们是知名人士，还可以提高被投资公司的信誉和影响力。

（五）政府扶持基金

创业者还可以利用政府扶持政策，从政府方面获得融资支持。随着我国经济的发展，政府对创业的支持力度无论从产业的覆盖面，还是从对创业者的支持额度等方面都有了很大发展，由政府提供的扶持基金也在逐步增加。

二、创业资金估算

合理地筹集创业所需资金是对创业者最为基本的素质要求，也是其创办企业的前提。筹集不到足额资金会使企业出现资金断流，甚至被迫清算；筹集的资金过多，又会导致资金的闲置，产生机会成本，导致企业经营效益低下。因此，创业者一定要能够对创业所需资金进行科学估算。

大学生创业普遍会选择小本投资项目，一般需从以下几方面进行创业资金的估算，见表 6-4。

表 6-4　投资资金估算表

行次	项目	数量	金额	行次	项目	数量	金额
1	房屋、建筑物			10	广告费		
2	设备			11	水电费		
3	办公家具			12	电话费		
4	办公用品			13	保险费		
5	员工工资			14	设备维护费		
6	创业者工资			15	营业税费		
7	业务开拓费			16	开办费		
8	房屋租金			17	……		
9	存货的购置支出				合计		

典型案例分析

靠个人积蓄创业的青年学生彭某

彭某是江苏某职业学校安防技术专业的学生。上学期间，他利用周末或节假日到上海市徐汇区的“百脑汇”里打工，为客户组装电脑。在装机过程中，他学会了组装电脑的流程并找到了销售电脑的渠道，同时也掌握了一些营销技巧。他打工期间，率先在电脑城里打出了“整体装机只挣 100 元”“元部件价格全透明”的广告，消费者看到后纷纷去他所在的店铺装机。一时间，生意好到一个人都忙不过来。

彭某不甘心一直给别人打工，想开创自己的事业。于是，他用打工的积蓄租了一个摊位，请了几个员工，开启了自己的电脑维修、装机服务。到毕业那年，他的资产已经超过了 20 万元人民币。他把这些资金作为启动资金，利用自己在学校所学的安防技术专业知识，注册了公司。截至 2016 年，彭某企业的注册资本已有 1 000 万元人民币。

资料来源：钟宇，朱勇刚，蔡向阳．创新创业实践能力训练．镇江：江苏大学出版社，2016．

【案例分析】

创业资金对于创办企业尤为重要。很多成功的创业者，在创业初期都是通过个人积蓄或向亲友借款以筹得创业资金的。正如案例中的彭某，通过努力工作，积累了一些积蓄，并将其作为启动资金，创办了自己的公司，取得了创业成功。

探索活动

制订融资计划

活动目的：

通过活动，学会估算创业资金、编写融资计划书。

活动内容：

假设你想成立一个培训学校，请根据公司实际业务情况，确定公司需要多少启动资金。具体活动流程如下：

（1）对学生进行分组，每组4～6人，选出一个小组负责人。

（2）各小组上网查找创业项目所属行业的资金运作特点。

（3）各小组讨论以下问题：① 创业需要多少资金？具体包括哪些支出？（填写表6-5）② 通过什么渠道获得这笔资金？③ 该融资方案是否符合企业发展战略和发展阶段？④ 在融资前，应做好哪些准备工作？

表6-5　资金估算表

行次	项目	数量	金额	行次	项目	数量	金额
1				9			
2				10			
3				11			
4				12			
5				13			
6				14			
7				……	……		
8					合计		

（4）拟定融资计划。

（5）将融资计划制作成PPT，由小组负责人上台演讲。

（6）教师对活动进行点评。

活动检测：

活动结束后，教师可根据表6-6进行评分。

表 6-6　探索活动评价表

评分标准	满分	实际得分	备注
掌握行业资金运作特点	20		
创业资金估算合理	20		
明确各融资渠道的优缺点	20		
能提出有效的融资方案	20		
融资计划内容完整、具有可操作性	20		
总分	100		

能力训练

（1）以小组为单位，选择当地一家大型银行的中小企业部、一家城市或农村信用合作社、一家开展贷款业务的典当公司或财务公司、一家风险投资公司，联系其负责人或相应工作人员进行访谈，比较这些机构在创业融资方面的规划和具体做法。

（2）通常我们可以通过哪几种方式获得创业资金？尝试用头脑风暴法想出更多获得创业资金的方法。

创业实践

整合校内外资源、组建创业团队开展创业活动或参加创业竞赛。请同学们在下列项目中选择一个参加：

（1）校内创业。

（2）校外创业。

（3）参加“挑战杯”创业大赛。

（4）参与各级“创新、创业计划”中的创业项目。

模块七

创业万事开头难

自我思考

正准备创业的你，是否还在为申报公司、选择场所、拟定制度、创建品牌等问题而苦恼？本模块将对上述问题进行讲解，以帮助创业者走好创业第一步。

请同学们想一想，企业选址应考虑哪些因素？申办企业的基本流程是怎样的？企业是否需要创立品牌？企业怎样做才算是合法经营？

开篇故事

三个大学生的艰辛创业路

有这样3个人，他们怀揣着梦想在大学相遇，后来成为好友，并一起走上了“创业路”，主要做装修设计。现在，三人也算小有所成，可是用他们自己的话说，这条路才刚刚起步。

组团走上创业路

许某、闫某和刘某是同一所大学的学生，其中，刘某主修工程管理，是他们的创业发起人，在公司主要负责工地；许某和闫某主修室内设计，不光是同班同学还是室友，主要负责设计。

毕业前夕，怀揣创业梦想的刘某找到了室内设计专业成绩优异的许某和闫某，希望他们能发挥专业所长，一起创业。提到刚决定创业时，许某笑着说：“当时就在我们宿舍谈的，我想他是个挺靠谱的人，做事也很周到，不管成与不成，都一起试试吧。”就这样，他们三人成为合伙人。之后，他们又从财务管理等专业寻找了几个志同道合的同学，组建了装修工作室。

骑自行车跑客户

创业初期肯定是艰苦的，尤其是对几个毫无社会经验的大学生来说。创业的前两个月，他们每天起早贪黑出去跑，但一个客户都没有谈成。闫某说：“当时，松树庄社区回迁，我们到处打听了哪天交钥匙，到了那天我们几个骑着自行车就跑去谈客户了。跟人家谈的时候，人家觉得我们是大学生不可信，根本不给我们机会。”

一年接20多个订单

后来，他们集中力量在黄家营社区谈下了一个订单。许某说，那时候，为了省钱，很多苦力活都是自己干。“其实我主要是负责设计的，但有时候工地上忙不开，就过去帮忙。为了节省开支，我们经常自己搬建材，每个人手上都有老茧。”这个工程做完后，一下子得到了大家的认可。刘某回忆：“那是最让人兴奋的一段时间，每天都有客户来找我们装修。”

就这样，他们一下子接了20多个订单，每天早上6点到工地，晚上10点回住处，回到住处后还要设计图纸、算价格，有时候忙得一天只能吃上一顿饭。许某说，那时候虽然每天都很累，但感觉很踏实。就这样忙忙碌碌地奋斗了一年，每个人都瘦了。

“我们还在路上，想开大公司”

谈及自己的理想，他们三人肯定地告诉记者，他们的目标在更远的路上。闫某说：“最近看了电影《中国合伙人》，觉得很多东西很有共鸣。这一年来，我们赚过钱，也赔过钱，也走过弯路。现在公司虽然发展起来了，但还属于小公司，缺乏人才，没有完善的管理制度，面临着一个发展的瓶颈。”

“最近连续 5 天，我们晚上都聚在一起开会，想未来的发展方向。我们想把公司做出规模。”刘某说，现在我们希望能帮更多的人把家装修得“像个家”，把公司做得对社会有贡献。同时，我们也希望为在校的学弟学妹做点事，将来公司会作为学校的实习基地，帮助更多有创业梦想的同学。

资料来源：张德山. 大学生创业教育案例分析 [M]. 镇江：江苏大学出版社，2015.

第一节　依照步骤办企业

创业思考

创业者通过市场分析找到了创业机会，组建了创业团队，制订了创业计划书，获得了创业资金以后，就可以开始正式申办企业了。在进行下面的学习之前，请同学们先思考以下问题：

（1）创业者应该选择何种企业组织形式？

（2）创业者应该如何进行企业选址？

（3）创业者申办企业的具体流程是怎样的？

创业课堂

一、企业组织形式的选择

扫一扫

企业类型的选择

创业是一个建立企业和促使企业逐渐成长、发育的过程。创业的第一步，除了做好资源、心理等准备之外，极为重要的一件事就是针对自身的情况，选择一个合适的企业组织形式。一般来说，创业者可选择的企业组织形式有个人独资企业、合伙企业和公司制企业三种。

（一）个人独资企业

个人独资企业是指依法在中国境内设立的，由一个自然人投资，财产为投资人个人所有，投资人以其个人财产对企业债务承担无限责任的经营实体。

个人独资企业是企业组织形式最初始的形态，也是民营企业的主要组织形式。个人独资企业是非法人型企业，其典型特征就是个人出资、个人经营、个人自负盈亏和自担风险。在各类企业组织形式中，个人独资企业的创设条件最简单，办理手续最简便，尤其适于初涉市场、资金实力有限的创业者。

根据《中华人民共和国个人独资企业法》的规定，设立个人独资企业应当同时具备下列条件：

（1）投资人为一个自然人。这句话包含以下两层意思：① 只能是自然人，不能是法人；② 只能是具有中国国籍的自然人。

（2）有合法的企业名称。个人独资企业的名称应当符合名称登记管理的有关规定，并与其责任形式及从事的营业活动相符合。其名称中不得使用“有限”“有限责任”“公司”字样。

（3）有投资人申报的出资。出资的形式可以是货币，也可以是实物、土地使用权、知识产权等。

（4）有固定的生产经营场所和必要的生产经营条件。

（5）有必要的从业人员。

（二）合伙企业

合伙企业是指自然人、法人和其他组织依法在中国境内设立的普通合伙企业和有限合伙企业。合伙人共同出资、合伙经营、共享收益、共担风险。其中，普通合伙企业是指由 2 人以上的普通合伙人（承担无限连带责任的投资人）组成，对合伙企业的债务依法承担无限连带责任的企业。有限合伙企业是指由有限合伙人（承担有限责任的投资人）和普通合伙人共同组成的企业。普通合伙人对合伙企业债务承担无限连带责任，有限合伙人以其认缴的出资额为限对合伙企业债务承担责任。

根据《中华人民共和国合伙企业法》的规定，有限合伙企业由 2 人以上 50 人以下合伙人组成。其中，普通合伙人和有限合伙人均至少有 1 人。有限合伙人不执行合伙事务，不得对外代表有限合伙企业。有限合伙企业只剩下普通合伙人时，应当转为普通合伙企业；只剩下有限合伙人时，应当解散。

合伙企业也是非法人型企业，不具备法人资格。在现代企业中，合伙企业的数量所占比例很高。实践证明，合伙企业是一种灵活、简便又不失一定规范和规模的企业组织形式。

根据《中华人民共和国合伙企业法》的规定，设立合伙企业应当具备下列条件：

（1）有两个以上合伙人。合伙人为自然人的，应当具有完全民事行为能力。

（2）有书面合伙协议。合伙协议是由各合伙人通过协商而达成的，共同确定彼此的权利、义务且具有法律约束力的文件。合伙协议应当载明下列事项：① 合伙企业的名称和主要经营场所的地点；② 合伙目的和合伙企业经营范围；③ 合伙人的姓名及其住所；④ 合伙人出资的方式、数额和缴付出资的期限；⑤ 利润分配和亏损分担方式；⑥ 合伙企业事务的执行；⑦ 入伙与退伙；⑧ 争议解决办法；⑨ 合伙企业的解散与清算；⑩ 违约责任。

（3）有合伙人认缴或者实际缴付的出资。合伙人可以用货币、实物、知识产权、土地使用权或者其他财产权利缴纳出资，也可以用劳务出资。

（4）有合伙企业的名称和生产经营场所。普通合伙企业的名称中应当标明“普通合伙”的字样，不得使用“有限”或者“有限责任”的字样。经企业登记机关登记的合伙企业主要经营场所只能有一个，并且应当在其企业登记机关登记管辖区域内。

（5）法律、行政法规规定的其他条件。

（三）公司制企业

公司制企业是指按照法律规定，由法定人数以上的投资人（或股东）出资建立、自主经营、自负盈亏、具有法人资格的经济组织。公司是企业法人，以其全部财产对公司的债务承担责任。我国的公司制企业包括有限责任公司和股份有限公司两种形式。

（1）有限责任公司。有限责任公司是指股东以其认缴的出资额为限对公司承担责任，公司以其全部财产对公司债务承担责任的公司。根据《中华人民共和国公司法》的规定，设立有限责任公司，应当同时具备下列条件：① 股东符合法定人数。有限责任公司由50个以下股东出资设立。② 有符合公司章程规定的全体股东认缴的出资额。③ 股东共同制定公司章程。④ 有公司名称，建立符合有限责任公司要求的组织机构。一般情况下，公司名称由公司所在地的行政区划名称、商号（字号）、所在行业或经营特征，以及“有限责任公司”字样四个部分构成。⑤ 有公司住所。

（2）股份有限公司。股份有限公司是指全部资本分为等额股份，股东以其认购的股份为限对公司承担责任，公司以其全部财产对公司的债务承担责任的公司。根据《中华人民共和国公司法》的规定，设立股份有限公司，应当具备下列条件：① 发起人符合法定人数。设立股份有限公司，应当有2人以上200人以下为发起人，其中须有半数以上的发起人在中国境内有住所。② 有符合公司章程规定的全体发起人认购的股本总额或者募集的实收股本总额。③ 股份发行、筹办事项符合法律规定。④ 发起人制订公司章程，若采用募集方式设立，则须经创立大会通过。⑤ 有公司名称，建立符合股份有限公司要求的组织机构。⑥ 有公司住所。

小知识

根据《中华人民共和国公司法》第77条的规定，股份有限公司的设立，可以采取发起设立或者募集设立的方式。发起设立是指由发起人认购公司应发行的全部股份而设立公司。募集设立是指由发起人认购公司应发行股份的一部分，其余股份向社会公开募集或者向特定对象募集而设立公司。

企业的各种组织形式没有绝对的好与坏之分。对创业者而言，需要考虑的是选择哪种组织形式更有利于创业企业的生存与发展。企业各种组织形式的优势与劣势如表7-1所示。

表 7-1 企业各种组织形式的优势与劣势

组织形式	优势	劣势
个人独资企业	① 企业设立、转让和解散等行为的手续简便，仅向登记机关登记即可，且费用低。 ② 创业者拥有对企业的控制权。 ③ 企业经营灵活性强，可迅速对市场变化做出反应。 ④ 利润归创业者所有，不需要与他人分享。 ⑤ 只需缴纳个人所得税，无须双重纳税。 ⑥ 在技术和经费方面易于保密	① 创业者承担无限责任。 ② 不易从企业外部获得信用资金，筹资困难。 ③ 企业寿命有限，易随着创业者的退出而消亡。 ④ 企业的成功更多地依赖创业者的个人能力。 ⑤ 创业者投资的流动性低
合伙企业	① 企业的设立较简单和容易，费用低。 ② 企业经营具有高度的灵活性。 ③ 企业资金来源较广，信用度较高	① 合伙人承担无限连带责任。 ② 财产转让困难。 ③ 融资能力有限，企业规模受限。 ④ 企业往往因关键合伙人的退出而解散。 ⑤ 在合伙人对企业经营有分歧时，决策困难
有限责任公司	① 股东只承担有限责任，风险小。 ② 公司具有独立寿命，易于存续。 ③ 公司所有权与经营权分离，聘任经理人管理，更能适应市场竞争。 ④ 以出资人的出资额为限承担公司的经营风险。 ⑤ 可促使公司形成有效的治理结构。 ⑥ 多元化产权结构有利于科学决策。 ⑦ 可吸纳多个投资人，促进资本集中	① 公司设立程序比较复杂，费用较高。 ② 税收负担较重，存在双重纳税问题。 ③ 不能公开发行股票，筹集资金的规模与渠道受限。 ④ 资产运作受限
股份有限公司	① 股东只承担有限责任，风险小。 ② 公司易于存续。 ③ 公司产权可以股票的形式充分流动。 ④ 可聘任职业经理人管理，管理水平较高。 ⑤ 筹资能力强	① 公司设立程序复杂，费用高。 ② 税收负担较重，存在双重纳税问题。 ③ 政府限制较多，法规要求比较严格。 ④ 因公司要定期报告其财务状况，所以公司的相关事务不能严格保密

课堂互动

阅读以下材料，思考并回答问题。

马里奥·瓦伦丁拥有一家经营得十分成功的汽车经销商店——瓦伦丁商店。一直以来，瓦伦丁一直坚持独资经营，身兼所有者和管理者两职。现如今，已经 70 多岁的瓦伦丁打算从管理岗位上退下来，但他希望汽车经销商店仍能掌握在自己家族成员手中，并将这份产业留给自己的儿孙。为此，他正在考虑是否应该将他的商店转为公司制经营。为了能够选择正确的企业组织形式，瓦伦丁制订了如下五个目标。

（1）所有权目标：瓦伦丁希望他的两个儿子各拥有 25%的股份，5 个孙子各拥有

10%的股份，这样就能保证商店所有权掌握在自己家族成员手中。

（2）存续能力目标：瓦伦丁希望即使发生儿孙死亡或放弃所有权的情况，商店的存续也不受影响。

（3）管理目标：瓦伦丁希望将商店交给资深雇员乔·汉兹管理。瓦伦丁认为，他的儿孙们不具有经济头脑，也没有任何管理经验，所以他并不希望他们参与日常管理工作。而乔·汉兹不但毕业于有名的商学院，还长期服务于瓦伦丁商店，从普通店员一直做到高级管理人员，相对于瓦伦丁的儿孙来说具有更丰富的专业知识和管理经验。

（4）所得税目标：瓦伦丁希望商店采取的组织形式可以尽可能减少他的儿孙们应缴纳的所得税。同时，每年的经营所得可以尽可能多地分配给商店的所有权人。

（5）所有者的债务：虽然商店已经在保险公司投了保，但瓦伦丁还是希望所采取的组织形式能够确保在商店发生意外事件或经营不善发生损失时，儿孙们的个人财产不会因此受任何影响。

请同学们根据瓦伦丁老先生的这五个目标，再结合不同企业组织形式的特点，分析瓦伦丁商店应该选择哪种企业组织形式。

二、企业营业场所的选择

（一）影响企业选址的因素

创业者选择企业经营地址时，须考虑政治因素、经济因素、技术因素、社会文化因素、自然因素及人口因素等。其中，经济因素和技术因素对选址决策起着基础性作用。

（1）政治因素。在选择企业地址时，创业者应注意研究政府在市场发展、产业发展等方面的相关规定。例如，创业者应先研究政府在不同时期的产业发展重点和优惠政策，然后将企业建在有产业政策支持的地区，以使企业发展抢占市场先机。

（2）经济因素。经济因素决定了企业预选地址所在地的消费者购买力。消费者购买力一般体现在该地区消费者的银行存款、收入水平、家庭总收入等指标上。这些指标与该地区的经济发达程度有密切关系。因此，创业者应注意评估企业预选地址所在地的相关经济指标。同时，创业者还应注意考察企业预选地址所在地的商业环境，了解那里是否形成了具有竞争力的企业集群。一般来说，创业者将企业地址确定在相关联企业比较集中的地区时更容易获得成功。

（3）技术因素。对于以科技研发与生产为方向的高新技术企业，创业者可将企业地址确定在某地区的技术研发中心附近，或者新技术信息通畅的地区，以便及时了解和掌握国内外新技术发展变化的新规律、新特点和新趋势，避免技术进步的难以预测性和技术市场变化的不确定性给高新技术企业的发展带来不利影响。

（4）社会文化因素。由于价值取向与生活态度的差异，不同文化背景的消费者对健康、营养、安全与环境等的关注程度不同。这会直接影响企业产品或服务的市场需求与市场拓展。因此，创业者在选择企业地址时应考虑企业地址所在城市的影响力、所在地区的社区文化与商业文化，分析企业产品或服务目标消费群体的文化品位与消费心理。

（5）人口因素。人口因素往往反映一个地区的市场需求及市场容量（即在不考虑产品价格或供应商策略的前提下，市场在一定时期内能够吸纳某种产品或劳务的数量）。因此，创业者应重点了解企业地址所在地区的人口结构、人口数量、人口稳定状况，以及消费者的职业与收入状况、消费者的购买习惯等情况。

（6）自然因素。创业者应该关注所选地址的地质状况、水资源状况、气候状况等自然因素是否符合企业生产与经营的客观需要。同时，创业者应考虑地理环境对企业发展是否有利。例如，企业预选地址所在地的交通是否便利，能否为企业营销发展提供有利条件等。

课堂互动

星巴克是全球著名的咖啡连锁店企业，也是当下青年人热爱的咖啡品牌之一。其特有的选址策略为其迅速扩张和占领市场提供了强有力的支持。请同学们根据自己对星巴克的认识，讨论一下星巴克咖啡选址策略的特点。

案例阅读

商品价格与店面选址

小吴很喜欢喝咖啡，一直梦想有一家属于自己的咖啡店。大学毕业后，她在亲友的协助下，在长沙一个老小区的幽静地段开了一家咖啡馆。这个咖啡馆分上下两层，共有 30 多个座位，环境优雅舒适，很有品位和格调。

然而，经过一段时间的经营，小吴发现店里的咖啡就算只要 18 元一杯，顾客都会嫌贵，而在市中心的商场里，同样的咖啡 38 元一杯，却能吸引不少顾客。后来她才意识到，她的咖啡馆所在地段的消费能力不行。因为周边的社区多是长沙本地居民，在社区活动的大多是退休的老人，而在市中心工作的人回到家时已经是晚上了，所以无暇光顾她的咖啡馆。简而言之，由于地段不好，所以咖啡馆的效益很一般。

最后，小吴把咖啡馆转让给了一对夫妇，而这对夫妇在接管咖啡馆以后将其变成了一家棋牌室。从此，店里的生意逐渐兴隆起来。

资料来源：https://www.sohu.com/a/211896919_409217

（二）企业选址的策略和技巧

科学的选址对企业的成长至关重要，因此，创业者必须掌握企业选址的策略和技巧。具体应注意以下几个方面：

（1）在搜集与研究市场信息的基础上选址。市场信息对企业选址的影响是不可忽视的。创业者可依据影响企业选址的各种因素，亲自或委托中介机构搜集市场信息，并对所搜集的市场信息进行定性与定量的科学分析，进而在此基础上进行科学选址。

（2）在考察与评估备选地址的基础上选址。创业者应对多个备选地址进行实地考察，并采用科学的定量分析方法对备选地址进行评估；然后，按照企业“必需的”和“希望的”选址条件，对备选地址进行详细的比较与分析，最终选出最佳地址。

（3）在咨询与听取多方建议的基础上选址。创业者在选址时应咨询有经验的企业家或相关人士，听取他们的意见与建议，以获得有益的帮助；同时，应综合分析各种信息、意见与建议，制作出备选地址的优势与劣势对比表，然后根据企业所在行业的特点与市场定位等，做出正确的选址决策。

三、申办企业的流程

2015 年 6 月 23 日，国务院办公厅颁布了《关于加快推进“三证合一”登记制度改革的意见》（国办发〔2015〕50 号），以简化企业登记、审批的程序，提高登记效率，方便企业准入。

2015 年 10 月 1 日起，“三证合一、一照一码”登记制度改革开始在全国推行。2015 年 12 月 31 日，国家工商行政管理总局、国家税务总局联合发出《关于进一步做好“三证合一”有关工作衔接的补充通知》（工商企注字〔2015〕228 号），要求各地建立健全信息共享机制，做好企业登记和税务管理衔接有关工作，确保“三证合一”工作衔接顺畅高效。

“三证合一”，就是将企业依次申请的工商营业执照、组织机构代码证和税务登记证三证合为一证，提高市场准入效率；“一照一码”则是在此基础上更进一步，通过“一口受理、并联审批、信息共享、结果互认”，实现由一个部门核发载有“统一社会信用代码”（共 18 位）的营业执照。企业无须再次进行税务登记，也不用再领取税务登记证。“一照”即营业执照，“一码”即统一社会信用代码。

2016 年 6 月 30 日，国务院办公厅颁发《关于加快推进“五证合一、一照一码”登记制度改革的通知》（国办发〔2016〕53 号），在“三证合一”登记制度改革的基础上，再整合社会保险登记证和统计登记证，实现“五证合一、一照一码”。

2018 年 6 月 15 日，全国各省（自治区、直辖市）级及计划单列市国税局、地税局合并，且统一挂牌。此次省级新税务局挂牌后，至 2018 年 7 月底，市、县级税务局逐级分步完成集中办公、新机构挂牌等改革事项。2018 年 8 月起，税务局整合办税流程，全面实现了“一厅通办”“一网办理”。

小知识

国家计划单列市的全称为“国家社会与经济发展计划单列市”，即在行政建制不变的情况下，省辖市在国家计划中单列户头，国家赋予这些城市相当于省一级的经济管理权限。目前，全国仅 5 个计划单列市，即大连、青岛、宁波、厦门和深圳。

上述制度简化了企业的设立登记流程。一般情况下，设立企业需要经过以下5个步骤：① 预先核准企业名称；② 准备申请材料并在线提交；③ 领取营业执照并刻制印章；④ 银行开户；⑤ 税务报到。企业设立登记的管理机关为各省市的市场监督管理局，具体的注册登记工作可以完全通过网络平台进行。

（一）预先核准企业名称

创业者设立企业时，首先需要核准企业名称。创业者可登录市场监督管理局官方网站，进入“网上办事大厅”或“在线办事”栏目，注册账号并登录；然后，选择“名称登记”选项，按要求填写事先准备好的企业名称并提交。在企业设立之前通过预先核准程序将企业名称确定下来，对统一申请材料中的企业名称、规范登记文件等均有重要的作用。企业名称经审核通过后，创业者即可获得《企业名称预先核准通知书》。

（二）准备申请材料并在线提交申请

企业名称经审核通过后，创业者即可选择“企业登记”选项，按要求填写企业登记的相关信息，如企业住所地、企业类型、注册资本、经营范围、投资人名单及其出资比例等。

同时，创业者应准备企业登记的相关申请材料，并按照系统提示上传申请材料的PDF文件。对于有限责任公司的设立而言，创业者通常应准备法定代表人、全体股东、财务负责人的身份证明材料，代理人的资料，备案登记资料，公司章程，住所证明等。具体的申请材料如下：

（1）企业设立登记申请书。该申请书包括《企业设立登记申请表》《单位投资人（单位股东、发起人）名录》《自然人股东（发起人）、个人独资企业投资人、合伙企业合伙人名录》《投资人注册资本（注册资金、出资额）缴付情况》《董事会成员、经理、监事任职证明》《企业住所证明》等材料，均由法定代表人亲笔签署。

（2）公司章程。由全体股东签字；有法人股东的，还应加盖该法人单位公章。

（3）股东资格证明。自然人股东应提交身份证复印件，企业法人股东应提交加盖公章的营业执照复印件。

（4）《指定（委托）书》。即创业者委托代表或代理人办理企业登记注册手续的授权委托书。

（5）经营范围涉及前置许可项目（如危险品经营、快递业务经营等）时，创业者应提交有关审批部门的批准文件。

企业登记的相关申请材料提交完成后，市场监督管理局会在5个工作日内进行审核。如果申请材料存在问题，市场监督管理局会另行通知申请人修正后继续提交。网上审查通过后，申请人将收到《准予设立登记通知书》。

（三）领取营业执照并刻制印章

申请人与市场监管局预约领证时间，然后携带《准予设立登记通知书》、申请人的身份证原件，到市场监督管理局领取营业执照正、副本。申请人领取营业执照之后，凭营业执照到公安局指定刻章点刻制公司公章、财务专用章、合同专用章、法人代表章和发票专用章。

（四）银行开户

银行账户是企业为办理结算和申请贷款在银行开立的户头，也是企业委托银行办理信贷与转账结算及现金支付业务的工具，它具有监督和反映国民经济各部门、各单位活动的作用。根据《人民币银行结算账户管理办法》的规定，单位银行结算账户分为基本存款账户、一般存款账户、专用存款账户和临时存款账户。各类账户均有不同的设置和开户条件。按照规定，企业只能在银行开立一个基本存款账户。

小知识

基本存款账户是存款人因办理日常转账结算和现金收付需要开立的银行结算账户。一般存款账户是存款人因借款或其他结算需要，在基本存款账户开户银行以外的银行营业机构开立的银行结算账户。专用存款账户是存款人按照法律、行政法规和规章，对其特定用途资金进行专项管理和使用而开立的银行结算账户。临时存款账户是存款人因临时需要并在规定期限内使用而开立的银行结算账户，如设立临时机构、开展异地临时经营活动、注册验证时开立的账户。

企业开立银行基本存款账户和临时存款账户的基本程序如下：

（1）企业选定开户银行，向该银行领取开户申请书并如实填写，交由主管部门审核盖章后，附上营业执照正本，交给开户银行审核。

（2）银行同意开户后，企业送交预留印鉴，包括财务专用章和法人代表章的印鉴。

开立银行账户之后，企业可根据业务需要向开户银行购领有关结算凭证，如现金缴款单、支票等。

（五）税务报到

新办企业在市场监督管理局办理完“五证合一、一照一码”登记后，应携带营业执照正、副本原件，法人身份证原件及公章，法人代表章到税务局报到，登录税务局官网并办理税务登记业务。

典型案例分析

雪贝尔——开一间，火一间

雪贝尔蛋糕店每开一间就火一间，在业内是有目共睹的。同样是蛋糕店，为什么雪贝尔就可以越开越火？

雪贝尔公司的原“选址员”、现雪贝尔深圳公司经理倪修兵介绍说：“我刚刚到雪贝尔公司时的工作就是选址。在广州培训了一个月后，我就被派到了人生地不熟的深圳，专门负责公司新开蛋糕店的选址。当时我选的店面每开一间就火一间，所以我今天才坐到了经理的位置。”那么，倪修兵选址有什么诀窍呢？

倪修兵认为，开店的人都特别讲究人气，有人气的地方才有生意。那么，是不是选择店址的时候，只要找准人多的地方就好呢？其实也不尽然。很多人都存在一个认识误区，那就是把人流量当成判断一个地段好坏的唯一标准。诚然，人流量是决定生意成败的一个重要因素，但了解客流的消费目标才是更为重要的工作。在开店以前，要研究的不是人有多少，而是这些人中，自己的“潜在顾客”或者说“有效客流量”有多少。雪贝尔每开设一个新连锁店，都要花费大量的精力做最佳店址的选择工作，其中一项最重要的工作就是测算和分析人流量，公司派员工带着秒表到目标场所测算人流量。这些测算人员除了要汇报每日人流量以外，还要详细汇报以下数据：附近有多少路公共汽车经过；在过往人群中，多少人是走路来的，多少人是坐公共汽车来的，多少人是打车或开车来的。测算人员会利用这些数据来仔细分析该地区人群的消费水平和消费习惯。

据了解，倪修兵很快成为选址专家的关键在于他很有悟性。他发现肯德基与雪贝尔都属于同一种业态，于是就取巧地看肯德基的选址，雪贝尔的新店址就选在肯德基方圆百米内。这样一来，雪贝尔新店的生意果然火爆！

资料来源：https://business.sohu.com/20050707/n226220265.shtml

【案例分析】

对创业者而言，无论创业企业以哪种组织形式运作，经营地址的选择都显得非常重要。雪贝尔蛋糕店的选址经验能对创业企业选址起到一定的启示作用。

探索活动

企业选址调研

活动目的：

通过选址调研，了解调研方案的主要内容，并掌握根据创业项目的实际情况合理选址的技能。

活动内容：

全班学生以小组为单位，选择不同的经营项目，进行选址调研，并制订选址方案。具体活动流程如下：

（1）全班学生每4~6人一组，各组选出一个负责人。

（2）各小组编写调研方案，确定调研内容、调研方法、调研人员及分工等事项。调研内容包括：① 企业的目标客户在哪些地方？② 所选地址的日客流量是多少？③ 所选地址的房租处于什么价位？④ 预选地址所在区域有多少家同行企业？他们的实力如何？⑤ 经营项目在所选地区是否有长远的发展前景？⑥ 预选地址所在区域的经济是否发达？⑦ 预选地址所在区域的消费者收入、消费者文化品位和消费心理具有什么特点？⑧ 预选地址所在区域的交通是否便利？

（3）实施调研方案。

（4）编写选址方案。

（5）将选址方案制作成 PPT，由小组负责人上台展示。

（6）教师进行各组的选址方案进行点评。

活动检测：

活动结束后，教师可根据表 7-2 进行评分。

表 7-2　探索活动评价表

评分标准	满分	实际得分	备注
按要求实施了调研	25		
选址报告结构完整，分析合理	25		
灵活运用了企业选址的技巧	25		
PPT 制作精美，讲解清晰流畅	25		
总分	100		

能力训练

（1）阅读下列材料，思考并回答问题。

王嘉欣想开一家中高档花店，却在店面选址上犹豫不决。在王嘉欣所在的城市里，东区已经有好几家中高档花店，竞争非常激烈，而西区没有中高档花店。王嘉欣不知该如何抉择。后来，她到一个农家乐游玩时发现了这样一种现象：农家乐里有两个钓鱼池，小钓鱼池处围满了人，而大钓鱼池处却冷冷清清，只有两三个人。经打听得知，原来小钓鱼池里的鱼多，不断有人钓上鱼来；而大钓鱼池里的鱼少，很少有人钓上鱼来。王嘉欣豁然开朗，很快就确定了花店选址的方案。

思考：如果你是王嘉欣，你会把花店开在哪儿？为什么？

（2）模拟填写创办企业时所需要的审核表，包括《××公司名称预先核准申请书》《企业设立登记申请表》《公司章程》等。

提示：学生可上网下载所需要填写的各种表格。

（3）名称对企业来说非常重要，通俗易懂、琅琅上口的名称很容易被客户记住。请同学们运用头脑风暴法给自己的企业取一个名字。

第二节 制度、文化是基础

创业思考

制度建设和文化建设是企业规范化、科学化运作的基础，也是企业实施有效管理的基础。一个企业若缺少合理的企业制度和积极的企业文化，就难以井然有序地运行，且容易产生发展后劲不足的问题。因此，企业应把制度建设和文化建设作为一项重要的工作来抓，在不断完善制度体系建设的同时加强文化建设，强化监督检查，提高执行力。在进行下面的学习之前，请同学们先思考以下问题：

（1）企业为什么要进行制度建设？

（2）企业为什么要进行文化建设？

（3）创业者应从哪些方面着手建立企业制度？

（4）创业者应如何创建企业文化？

创业课堂

一、企业制度建设

（一）企业制度建设的概念

企业制度是企业员工在生产经营活动中共同遵守的规定和准则的总称，是企业赖以生存的体制基础，是员工的行为规范。任何一个成功企业的背后都有规范的、创新的管理制度作支撑，它能规范企业的日常活动，保证各项活动高效有序地进行。

企业制度建设是指企业围绕责权分配、人事管理、财务管理、质量管理、营销管理等各方面管理工作所进行的一系列活动的总称。

（二）企业制度建设的内容

（1）组织机构建设。企业组织机构建设主要是指企业管理者设计组织结构，规定职务或职位，明确责权关系，以使组织中的成员互相协作配合，进而有效地实现组织目标。创业企业的组织结构可以设计得相对简单一些，今后随着企业的不断发展，不断改进和完善。

不同类型的企业适合采用不同的组织结构形式。下面是某销售企业的组织结构（见图 7-1）和某物流公司的组织结构（见图 7-2）。

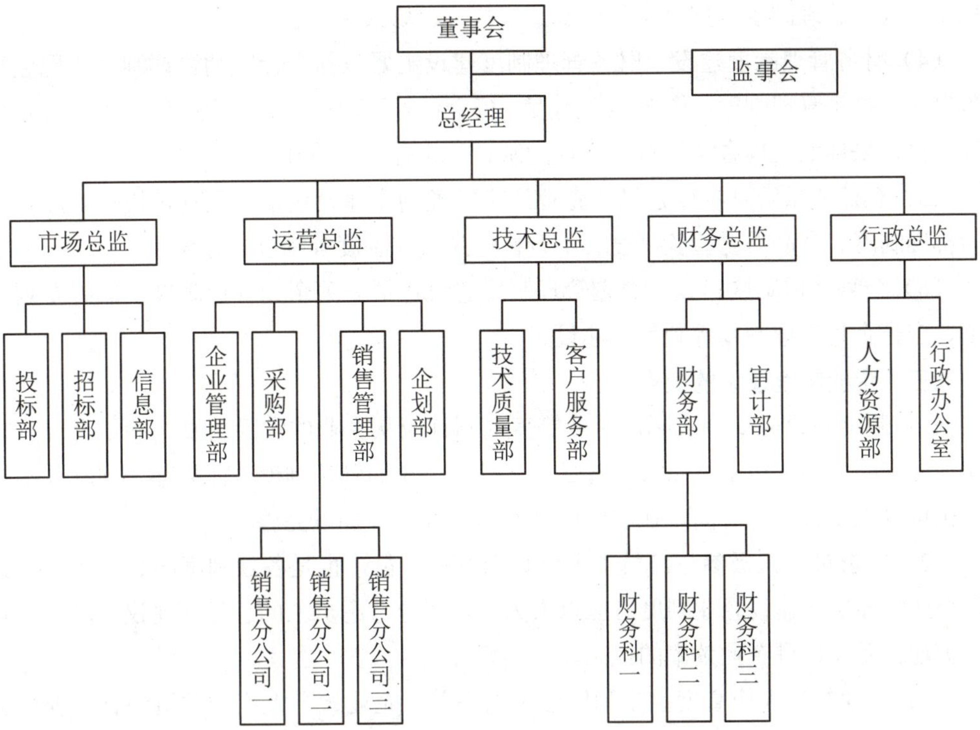

图 7-1　某销售企业的组织结构

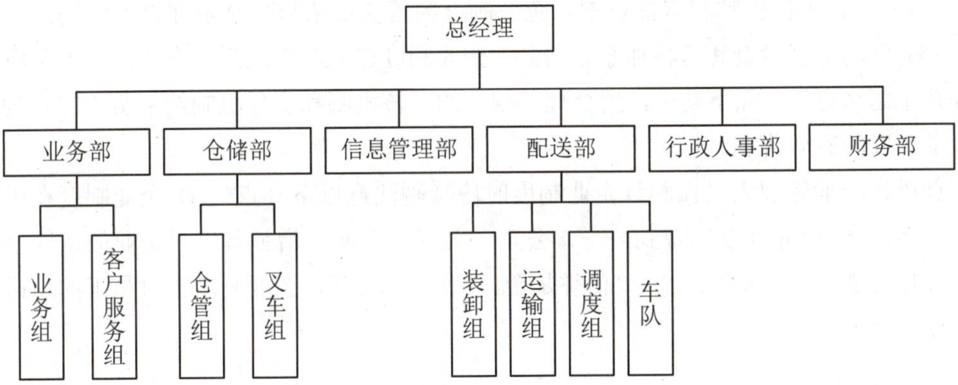

图 7-2　某物流公司的组织结构

（2）人事管理制度和行政管理制度建设。人事管理制度建设包括员工招聘与录用制度、薪酬管理制度、员工培训制度、考勤制度、绩效考核制度、员工奖罚制度、出差人员管理制度等制度的建设。行政管理制度建设包括办公用品管理制度、印章管理制度、车辆管理制度、档案管理制度、安全保卫管理制度等制度的建设。

（3）营销管理制度建设。营销管理制度建设主要包括销售计划书、年度销售计划管理办法、营销定价管理办法、降价销售管理办法、营销渠道管理制度、营销促销管理制度、市场销售人员管理制度等规范文件的制订、执行、修改和完善。

（4）财务管理制度建设。财务管理制度建设主要包括会计出纳管理制度、现金收支管理办法、报销管理制度、资金预算制度、资金运筹管理办法、资金控制制度、应收账款管理办法、呆坏账处理办法等规范文件的制订、执行、修改和完善。

（5）企业质量管理制度建设。企业质量管理制度建设包括质量管理检查制度、质量检验标准制度、产品质量检验制度、不合格产品监审制度等制度的建设。

（6）企划管理制度建设。企划管理制度建设包括公关企划管理制度、品牌企划管理制度、广告企划管理制度等制度的建设。

（三）企业制度建设的要点

（1）制度建设应切合实际。企业制度的制订应从企业的实际出发，并结合现有制度和企业未来的发展，切不可照搬或盲目引进其他公司的管理制度。如果某一项制度不够成熟，则可以先试行一段时间，在实践中不断总结经验并加以完善。

（2）要求员工积极参与。员工不仅是企业的一员，也是各项制度的利益相关者。因此，企业领导层在建设企业制度时应以人为本，充分考虑员工的意见和建议，以便建立和谐的劳动关系，促进企业效率的提高。

（3）企业领导人应高度重视制度的不断完善。企业领导人应经常组织召开管理工作总结会和管理能力提升研讨会，进而及时对企业制度进行修订，使其不断完善，不断适应公司发展，能够持续为企业的稳步发展保驾护航。

（4）完善考核机制和责任机制。企业制度的落实仅依靠自觉遵守是不够的，而必须有一套完整的监督检查和考核体系。因此，企业制度建立起来之后，企业管理人员应该在“违反了怎么办”方面下功夫，用合理、规范的考核机制和责任机制约束员工的行为，确保企业制度的有效落实。

此外，企业管理人员在制订企业制度时应特别注意以下几点：① 企业制度在于精而不在于多；② 企业制度应做到公平、公正、公开、透明，增强员工对企业的认同感，促使员工自觉遵守企业制度；③ “信誉是金，承诺是负债”，企业制度中对员工的承诺一定要兑现。

二、企业文化建设

（一）企业文化的概念及作用

企业文化是指企业在长期经营活动中确立的，被全体员工普遍认可和共同遵守的价值观念和行为规范，以及这些观念和规范的外在体现的总称。企业文化建设是指企业文化相关理念的形成、塑造和传播过程。

企业文化是企业的灵魂，是推动企业发展的不竭动力。积极的企业文化能够有效增强员工的责任感和企业的凝聚力，推动企业不断发展壮大。现代企业越来越重视企业文化在企业发展过程中的重要作用。

（二）企业文化的构成

企业文化由显性和隐性两部分内容构成。企业文化的显性部分是指能体现企业价值观和经营理念的标志标语、管理制度、员工行为等，如企业标志、厂服、商标、工作环境、规章制度、经营管理行为等。企业文化的隐性部分是指企业经营哲学、企业价值观、道德规范、企业精神等。具体而言，企业文化可以分为四个层次，即物质层文化、行为层文化、制度层文化和精神层文化。

（1）物质层文化。物质层文化是企业文化中最直观的部分，它包括企业的产品、生产经营过程、企业环境、企业广告等可以直接看到、感受到的物化部分。其中，企业的产品是物质层文化中最重要的部分，包括有形的产品和无形的服务。有形的产品包括产品本身及产品的质量、特色、品牌和包装等；无形的服务包括能给消费者带来附加利益、心理满足感和信任感的售后服务、产品保障、产品声誉等。

（2）行为层文化。行为层文化，又称“企业行为文化”，是指在企业经营活动、人际关系活动、教育宣传活动、文娱体育活动中产生的文化现象。它能够动态地展现企业的经营作风、精神面貌及人际关系，是企业精神和企业价值观的集中反映。

（3）制度层文化。制度层文化是指具有企业文化特色的各类规章制度和行为准则的总和。在企业文化中，制度层文化必须适应精神层文化的需要。一方面，企业管理者总是在正确的价值观引导下建立企业制度，并使企业制度与组织目标相适应，以保障企业战略目标的实现。另一方面，制度层文化又是精神层文化的基础和载体，成形的企业制度能影响企业员工的价值观选择，从而为新的精神层文化的诞生奠定基础。此外，制度层文化是行为层文化得以贯彻的保证，企业制度的确立能够有效地保障员工行为展现企业良好的经营作风与精神面貌。

（4）精神层文化。精神层文化是指在企业员工长期的实践活动中形成并被普遍接受的价值理念。精神层文化是企业文化的核心和灵魂所在，与企业经营密切相关的企业目标、经营哲学、企业精神、企业宗旨等内容都是企业精神层文化的重要内容。例如，“用户的难题就是我们创新的课题”的经营理念和“人人是人才，赛马不相马”的用人理念是海尔集团精神层文化的重要组成部分；“尊重个人，服务顾客，追求卓越”的基本信仰是沃尔玛百货有限公司精神层文化的重要组成部分。

（三）企业文化的建设原则

企业文化通常是在某种生产经营环境中，由企业内少数人倡导和实践，在规范管理的基础上逐步形成的。企业文化的建设一般要经历创建、完善、定型和深化的过程。在企业文化建设过程中，企业管理者应坚持以下几个原则：

（1）树立正确的企业价值观。企业价值观是指企业在经营活动中所推崇的基本信念和奉行的目标。它是企业文化的核心，企业文化的所有内容都是在企业价值观的基础上产生的，企业的所有活动都是在企业价值观的指导下开展的。因此，构建企业文化，首先要树立正确而独特的企业价值观。这种价值观必须能够反映企业自身的利益和员工利益，在企业经营活动中发挥凝聚力和向心力的作用。正确的企业价值观能够将企业利益与员工利益结合起来，调动员工的积极性，使员工为实现企业目标共同奋斗。

（2）适应时代发展。不同的时代有着不同的时代精神。随着时代的变迁，社会不断发展变化，企业文化也要随之创新，与时俱进，以适应时代变革和社会发展的需要。例如，在国家大力加强生态文明建设的形势下，环境保护已经成为社会发展过程中不可忽略的重要内容，企业在构建自己的企业文化时，必须准确地把握环境保护这一时代要求，顺应时代潮流。

（3）明确企业目标。企业目标是企业文化的具体表现。明确的企业目标能够把员工团结起来，增强企业凝聚力，成为企业文化强有力的支撑。因此，企业应当设立明确、具体、切合实际的企业目标，提升自身感召力，有效地引导员工自觉合作、积极奋斗。

（4）注重全员参与。企业文化是一种群体意识，单靠领导者的力量是无法形成的。企业文化只有得到全体员工的普遍认同，才能发挥其应有的导向作用。因此，企业文化的建设应注重全员参与，要能够激发全体员工的内在活力。

（5）保证企业文化的独特性。不同企业在业务内容、行业环境、员工素质等方面存在差异，这使得不同企业的企业文化也有所不同。能够契合企业自身特点的企业文化，才能使企业在竞争中独辟蹊径，树立起引人注目的企业形象。因此，企业在建设企业文化时，必须保持自己企业的个性特点，而不能千篇一律地照搬别人的东西。例如，海底捞的企业文化主张把员工当作家人，并授权员工去创造差异化服务。这种具有独特性的企业文化改变了传统餐饮行业中标准化、单一化的服务模式，打造了个性化的特色服务，使海底捞树立起了“服务细致入微”的良好形象，提高了海底捞的知名度和行业内的影响力。

（6）批判继承文化传统。企业文化的建设并非一日之功。企业要想长久地发展下去，就应当采用扬弃的态度继承企业文化传统，取其精华，去其糟粕，使企业文化不断完善和深化。例如，海尔集团、美的集团等品牌企业在发展过程中不断提升和升华企业精神，不断改进和完善企业文化，进而在优秀企业文化的引领下实现了高质量的发展。

（四）企业文化的建设方法

（1）重视企业战略文化宣传。在企业文化建设过程中，企业应采取灵活多样的形式，搞好企业发展战略的宣传，让企业员工明确企业的发展方向和工作思路，增强对企业发展战略的认同感，以便充分发挥企业战略文化的导向作用。

（2）建设企业人本文化。人才是企业发展的宝贵资源，所以企业必须重视企业人本文化的建设。具体而言，企业应做到以下三个方面：首先，在企业内部营造尊重人、塑造人的文化氛围，增强员工的归属感，激发员工的积极性和创造性。其次，努力营造良好的学习氛围，搭建人才成长的平台，帮助员工不断更新知

> **名人名言**
>
> 世界上一切资源都可能枯竭，只有一种资源可以生生不息，那就是文化。
>
> ——任正非

识结构、提升业务能力，使全体员工与企业同呼吸、共成长。最后，增强员工的主人翁意识，并对员工进行目标教育，使他们把个人目标同企业发展目标紧密结合在一起，自觉参与企业的各项活动。

（3）规范企业制度文化。企业文化与企业制度之间是相互支撑、相互辅助的关系，制度文化是企业文化的重要组成部分。因此，企业应注重规范企业制度文化。在制度文化建设过程中，企业应突出创新，严于落实，建立科学的企业决策机制和人力资源开发机制，制订完善的企业运行规则和经营管理制度，构建精干高效的组织架构，以使各项工作紧密衔接，从而保证企业目标顺利实现。同时，由于员工参与民主管理的程度越高，其工作的积极性就越容易调动，所以企业应建立开放的沟通制度，及时了解员工的思想动态，并鼓励员工参与民主决策和民主管理。此外，企业应强化监督，规范管理行为，营造和谐的文化氛围，促进企业管理水平的提高。

（4）打造企业团队文化。企业发展目标的实现离不开员工之间的相互协作。因此，企业应注重打造企业团队文化，培养企业员工的团队精神，以便顺利实现各项目标，并在激烈的市场竞争中立于不败之地。整体而言，企业团队文化的重要任务就是在企业内部营造有利于企业发展的良好氛围，促使领导与领导、领导与员工、员工与员工之间建立精诚合作的关系，进而促进企业目标顺利实现。同时，企业应恰当地处理企业外部各方面的关系，尽可能地减少摩擦和矛盾，争取各方人士的理解和支持。

典型案例分析

制度和企业文化建设的精髓

史玉柱，巨人集团（即珠海巨人高科技集团公司）的创始人，“脑白金”产品的创始人，是一个传奇企业家：从一无所有到亿万富翁，他是一个著名的成功者；从亿万富翁到一无所有，他是一个著名的失败者；再从一无所有到亿万富翁，他是一个著名的东山再起者。他创造了一个中国乃至全球经济史上绝无仅有的传奇故事。

在回顾创业历程时，史玉柱说，消费品企业，尤其是营销类消费品企业，其管理重点还是在于以下两个方面：一是制度的建设，二是企业文化的建设。

建立合理的企业制度

史玉柱说，1989 年他刚下海创业的时候，产品研发之后的生产很简单，很多人其实都在做销售。当时他们公司员工的人数还不到 100 人，也就谈不上什么管理，因为什么事都是老板说了算。由于公司规模小，所以这样做也没出什么问题。但当公司员工有上千人之后，管理就出了问题，因为企业管理制度没有跟上。

当时，公司销售的诸如电脑之类的产品开始出现一些呆坏账。面对这个现象，史玉柱第一次感受到管理制度的重要性，于是就开始进行企业制度建设，也确实制订了一系列企业制度。这些制度制订得很细，印成手册达一尺（1 尺=33.33 厘米）厚。从表面上看，这些制度都很完善，但后来回过头来看，这些制度都形同虚设，并不可取。到 1997 年初，巨人集团倒下的时候，公司的呆坏账非常多，金额达 4 亿～5 亿元。史玉柱说，如果没有这些呆坏账，他们“摔一跤”的时间可能会延后几年。

由于经历了之前的失败，在开始投资“脑白金”之前，史玉柱就开始思考一个问题：“脑白金”的制度应该怎样建设？最后，他决定主要从以下几个方面来制订这套制度：

第一个方面，制度建设应体现多劳多得。一个员工来自己这里工作，他追求的是什么？他的追求可能很多，但最主要的还是以下两点：第一点是经济回报；第二点是个人价值的实现。基于这两点，史玉柱重新设计了一套制度。这套制度的第一点就是要充分体现多劳多得、少劳少得、不劳不得。如果这套制度设计得合理，那么它的威力就相当大。

例如，在家庭联产承包责任制实行之前，中国多数地区连温饱问题都不能解决，但在实行家庭联产承包责任制之后，中国的温饱问题便很快得到了解决，粮食也有了富余。那个时候，史玉柱在统计局里负责统计工作，他认识到制度的力量就是将人的主观能动性发挥出来，企业管理也是这样。史玉柱说，他先前所制订的规章制度其实是在压制人的主观能动性，后来进行制度改革之后，他明显地感觉到企业员工的主观能动性得到了提高。

第二个方面，制度要体现出充分授权。史玉柱认为，权力很烫手，能不放在自己手里就不要放在自己手里，只要能将权力、责任、利益合理搭配，就可以充分授权给员工。在充分授权的情况下，公司的每个员工都会觉得自己有发挥才能的舞台——可以在自己的权力范围内做出决策，而不需要事事都向上级汇报。决策后，如果取得了成功，他就会有成就感；而如果失败了，他就会吸取教训。这对锻炼员工本身也有所帮助。

第三个方面，制度应简单。史玉柱说，刚投资“脑白金”产品的时候，公司的制度是他写的，内容只有一页半纸。后来公司不断扩大，制度也不断丰富，篇幅慢慢变成二三十页。史玉柱发现，二三十页的制度不如一页半的制度好用。制度越简单越好，要让每一位员工看得懂，理解得透。另外，对于一些基础操作的规定，也是越简单明了越好。例如，公司制度对“脑白金”产品在终端的摆放方式只规定了一个原则：“脑白金”在商店里的摆放数量不得少于 3 盒，摆放高度不得低于 1.5 米，不得高于 1.8 米。

企业制度的实施离不开企业文化的建设

对于企业文化建设，史玉柱认为，如果没有企业文化的配套与补充，即使企业制度非常完善，企业管理也将是徒劳。因为任何一套制度都会有空子可钻，所以只有将企业文化建设作为补充，整个企业管理才是健全的，整个公司的氛围也才是健康的。

如何建设企业文化呢？史玉柱认为，对于营销类企业而言，企业文化建设的关键就是针对自己的企业可能存在的制度上无法解决的问题，专门确定一些文化理念和口号。这些理念和口号并不需要有多高调，适合自己的企业就好。在启动“脑白金”项目之初，史玉柱确定了几个文化理念，而且这些理念长期沿用，因为它们长期发挥着作用。

例如，在史玉柱的企业文化中，第一个理念就是“只认功劳不认苦劳”，因为苦劳意味着员工对一个企业没有做出任何贡献。虽然中国的传统文化认同“没有功劳也有苦劳”，但苦劳不会给企业带来任何利润。所以，如果将“只认功劳不认苦劳”这种理念明确地提出来，并将之传达给员工，那么一旦得到员工的认可，企业的效率就会得到很大的提高。

又如，史玉柱的企业文化中还有另一个理念，即“做不到就不要说，说了就一定要做到”。不少人有拍胸脯、说大话的陋习，这种陋习在下级对上级表态度的时候表现得尤为突出，当然上级有时候也对下级说大话。如果企业员工长期处于这种氛围中，那么企业上下级之间就没有信任可言。而一旦将“做不到就不要说，说了就一定要做到”作为理念提出来，下级在向上级拍着胸脯承诺计划完成的销售任务时就会十分慎重。这种行为理念一旦得到贯彻，它将与企业制度相互配合，相互补充，并产生相当强的导向作用。

资料来源：钟宇，朱勇刚，蔡向阳. 创新创业实践能力训练. 镇江：江苏大学出版社，2016

【案例分析】

在企业经营过程中，企业制度和企业文化是非常重要的两个方面，它们相辅相成，缺一不可。合理的企业制度和良好的企业文化能规范企业经营，调动员工的工作积极性，增强员工的凝聚力和执行力，提升公司整体的运营效率。

探索活动

企业认知探索

活动目的：

通过参观当地企业，了解制度建设对企业发展的重要意义。

活动内容：

全班学生分组参观当地企业，了解企业的组织结构、部门职能、运作流程，以及管理制度。通过参观活动，学生应能对企业的组织结构、生产经营特点和工作管理产生感性的认识。具体活动流程如下：

（1）全班学生进行分组，每 4～6 人一组，各组选出一个负责人。

（2）各小组自行选择当地的一家企业，并进行现场参观。

（3）各小组观察企业各岗位工作人员的工作情况，并进行记录；了解该企业的各项工作制度。

（4）以小组为单位写一份调查报告。报告内容应包括对企业运营状况的分析、企业管理制度的建设状况、企业管理工作有待改进的地方及相应的改进建议等。

活动检测：

活动结束后，教师可根据表 7-3 进行评分。

表 7-3　探索活动评价表

评分标准	满分	实际得分	备注
正确评价企业的运营状况	20		
正确评价企业的制度建设情况	20		
能指出企业存在的问题	20		
能针对现存问题提出具有可行性的建议	20		
报告结构完整，分析合理	20		
总分	100		

华为的企业文化探索

活动目的：

通过探索华为技术有限公司（以下简称“华为”）的企业文化，了解企业文化对企业发展的重要作用。

活动内容：

上网查找华为的相关资料，分析资料并回答下列问题：华为企业文化的核心价值是什么？华为的企业文化对企业发展具有哪些作用？你认同华为的企业文化吗？

全班学生每 3～5 人一组，就上述问题展开讨论，撰写讨论报告，并在班上进行交流。

活动检测：

活动结束后，教师可根据表 7-4 进行评分。

表 7-4　探索活动评价表

评分标准	满分	实际得分	备注
明确华为企业文化的核心价值	25		
理解企业文化对企业发展的作用	25		
能积极参与讨论	25		
观点鲜明，论据充分	25		
总分	100		

能力训练

（1）收集两个不同类型企业的管理制度，分析其人事管理制度之间、营销管理制度之间的差异，以及这些差异产生的原因。

（2）“好的制度能使坏人变好，坏的制度能使好人变坏。”你如何理解这句话？请同学们上网搜集一些相关的创业案例，然后结合案例谈谈制度建设在企业运营过程中的重要作用。

（3）一位教授说：“制度让人不得不这么做，而企业文化让人自觉这么做。”结合所学知识，谈谈你对这句话的理解。

（4）比较企业文化与班级文化，说说你所在班的班级文化的基本内涵，并谈谈班级文化的作用。

第三节　财务管理是保障

创业思考

财务管理是企业经营管理的重要环节，在一定程度上决定着企业经营管理的成败。要想让初创企业的经营子路走得更加顺畅，创业者就必须加强企业的财务管理。在进行下面的学习之前，请同学们先思考以下问题：

（1）创业者可通过什么方式来减少企业的支出？

（2）为了控制企业在运营过程中的风险，创业者应该如何建立企业的财务管理体系？

创业课堂

一、建立财务管理体系

建设财务管理体系是指企业根据企业战略目标，对企业会计政策、财务管理制度、财务会计岗位和财务会计人员进行合理设置和安排，以实现企业价值最大化的活动过程。具体而言，财务管理体系的建设主要包括以下七个方面。

（一）建立企业的会计制度

创业企业应依据《中华人民共和国会计法》和国家统一的会计制度，制订适合本企业的会计制度，以明确会计工作流程，建立岗位责任制，充分发挥会计的核算职能和监督职能。具体而言，会计制度的内容包括企业的成本核算规程、会计工作规程、会计人员岗位责任制、财务会计部门职责制度、会计档案管理制度等。良好的会计制度是企业财务控制得以顺利进行的有力保障。

（二）设置完善的财务会计岗位

创业企业应按照不相容职位相分离的原则，合理设置财务会计岗位及相关工作岗位，明确职责权限，形成相互制衡的机制。不相容职位包括授权批准、业务经办、会计记录、财产保管、稽核检查等职位。例如，有权批准采购的人员不能兼任采购员；采购员不能兼任仓库管理员；填写销货发票的人员不能兼任审核员；出纳员不能兼任记账员；等等。

（三）制订授权批准控制制度

创业企业应制订授权批准控制制度，明确规定涉及财务会计及相关工作的授权批准范围、权限、程序、责任等内容，企业各级管理人员必须在授权范围内行使职权和承担责任，经办人员也必须在授权范围内办理业务。例如，采购人员必须在授权批准的金额范围内办理采购业务，采购金额超过规定数额时必须先报上级审批。

（四）做好成本控制

创业企业应采取有效的成本控制方法控制从原材料采购到产品最终售出过程中的各项成本，同时应通过改善生产工艺来降低产品成本。更进一步地说，创业企业应对比分析“投入”和“产出”，研究成本增减与收益增减的关系，以确定最有利于提高效益的成本控制方案。

（五）做好应收账款和应收票据控制

由于市场竞争日趋激烈，企业不得不采用赊账销售的形式进行部分甚至全部业务交易。这势必导致企业应收账款和应收票据的相关金额不断上涨，从而增加企业财务风险。因此，创业企业必须有效地控制应收账款和应收票据的金额。具体而言，应收账款和应收票据的控制主要从以下几个方面进行：

（1）确保财务核算准确、债权债务关系明确。即创业企业必须建立完整的应收账款核算体系，并确保原始单据真实、完整。

（2）评价客户资信程度，制订相应的信用政策。即创业企业必须根据客户的资信程度来给客户制订信用标准（即企业授予客户信用所要求的最低标准）。客户的资信程度通常可以从信用品质、偿付能力、资本、抵押品、经济状况五个方面来评价。创业企业可以选择资信程度好的客户，而拒绝那些资信程度差的客户。

（3）加强应收账款的账龄分析。创业企业应及时分析应收账款的账龄、质量状况等。对于长期未给付货款的客户，创业企业应催促他们及时付款，以加快应收账款回笼，减少坏账损失。

（六）加强现金流量预算与控制

现金流量是企业的命脉，其预算与控制是企业财务管理的一个关键点。创业企业需要通过现金流预算管理来控制现金流量，确保企业的账上有不少于 6 个月的现金储备（完成一轮融资通常需要 6 个月的时间），以避免资金断流。

现金流量预算是指企业按照时间顺序对一定时间内的经营活动、投资活动和筹资活动所产生的现金流入量和流出量进行预测，并分析预算期间现金流量的方向、规模和结构。现金流量预算能以现金流入、流出的净值反映企业的支付能力和偿债能力，以及现金管理工作中的薄弱环节，有利于企业通过采取针对性措施提高现金使用效益，规避财务风险，从而实现企业价值最大化。

在现金流量预算管理过程中，创业企业应遵循“以收定支”原则（即按照收入数额来确定支出数额）和“收入与成本费用相匹配”原则，严格控制资金支出，合理安排资金调度业务，保证生产、销售、投资等环节对资金的合理需求，优化企业的资金结构，以降低财务费用，提高资金使用效益，并避免资金断流。

（七）做好财务风险控制

处于初创期或成长期的企业，需要大量的运营资本来支付快速增加的应付账款，因此，举债经营成为企业发展的途径之一。由于负债需要支付利息，债务到期后要及时偿还，因此，创业企业必须正确、客观地评估财务风险，采取稳健的财务策略。

二、节税

（一）节税的概念和作用

节税是指纳税人在不违背税法立法精神的前提下，通过采用合法之手段（如税收优惠政策、会计政策、计算分析等），选用税收负担最低的方式处理财务、经营、交易等事项，以达到不交或少交税的目的。合理节税能够为企业节省许多不必要的支出，切实提高企业的经济效益。

（二）节税的特点

节税主要具有以下四个特点：

（1）以符合税收政策法规为前提。节税是在合法的条件下进行的，是纳税人在充分分析税法并对比多种方案后做出的优化选择。

（2）符合政策意图。节税措施本身是宏观调控的一种手段。纳税人通过最大限度地利用税收优惠政策来享受相应的利益，其结果正好符合通过优惠政策来宏观调控的意图。

（3）需要进行策划。节税需要纳税人充分了解现行税法知识和财务知识，结合企业全方位的筹资、投资和经营业务，进行合理合法的策划。总之，没有策划就没有节税。

（4）表现形式多样。一般来说，一国税收政策在地区之间、行业之间的差别越大，可供纳税人选择的余地也就越大，节税形式也就更加多样。

（三）节税的形式

企业节税的形式主要包括以下几种：

（1）通过变更企业组建形式节税。在企业组建过程中，往往有多种组建形式可供选择。不同的组建形式往往能使企业经营者从中获得不同的利益。这种利益差异中就存在节税收益的问题。例如，对于一个母公司来说，设立子公司和设立分公司就存在很大的利益差异。子公司在形式上是一个独立的法人，独立核算盈亏，而分公司不是独立的法人，它的盈亏要同母公司（即控股公司）合并计算。一般说来，如果组建的公司一开始就可以盈利，那么设立子公司更有利；如果组建的公司在经营初期会发生亏损，那么组建分公司会更有利。

（2）通过财务筹划节税。企业在会计核算的过程中，可通过灵活选择会计处理方法来减少纳税义务。例如，在核算材料采购成本和计提固定资产折旧时，企业可通过选择一种最优方法，使企业年度内或跨年度实现的利润符合企业节税的要求。

（3）利用税法中的税收优惠条款节税。为了使税收更好地适应经济形势的需要，国家在税法中规定了许多税收优惠条款。企业可以合理利用这些优惠条款，以达到节税目的。

（四）不同阶段的节税重点

1．设立阶段的节税重点

（1）利用国家的税收优惠政策。为了鼓励创业和实现税收调节功能，国家会实施税收优惠政策。创业企业在创立初期可充分利用这些税收优惠政策，以享受节税收益。

（2）合理选择企业设立地点。在设立企业之前，创业者应深入分析不同地区的税收优惠政策，选择最优地点作为企业设立地点，以享受该地区的税收优惠。例如，我国西部地区和一些沿海城市的工业园区，为了促进当地经济的发展，出台了很多税收优惠政策（如免除企业应缴纳的全部或部分税款，或按企业缴纳税款给予一定比例的返还等），创业者可以将企业注册到这些有税收政策的低税区，这样就可以合法地节省企业开支。

（3）合理选择组织形式。面对个人独资企业、合伙企业与公司制企业这三种不同的组织形式，创业者应考虑与不同组织形式相适应的税负状况及企业经营战略，选择最利于企业节税的组织形式。组织形式不同的企业所适用的税收政策是不同的。例如，个人独资企业不具有法人资格，可以申请核定征收（税率可低至0.5%～3.5%），而不需要缴纳企业所得税（税率为25%）。因此，一些创业者会根据自己的实际情况选择个人独资企业的组织形式，以实现有效节税。

小知识

所谓核定征收，是指由税务机关根据纳税人的情况，在正常生产经营条件下，对其生产的应税产品查实核定产量和销售额，然后依照税法规定的税率征收税款的征收方式。

（4）合理确定增值税纳税人类型。增值税纳税人分为一般纳税人和小规模纳税人，两种纳税人的身份不同，其所适用的税率也不同。一般纳税人的增值税基本税率为13%，少数几类货物适用9%的低税率，且允许抵扣进项税额；而小规模纳税人适用3%的征收率，且不得抵扣进项税额。因此，企业应综合考虑自身经营的特点，选择相应的纳税人身份。

2．创业初期的节税重点

在创业初期，企业并不适合采用传统融资方式来筹集资金，因为初创企业往往难以满足金融机构的贷款条件，而发行股票、债券又必须符合相当严格的限制条件。因此，企业在筹资阶段的税收筹划重点应转向非金融机构借款、商业信用（如延期付款或预收货款等）、租赁、短期借款等。例如，企业通过融资租赁的方式，可将经营租赁的租金支出作为经营费用计入当期成本，减少企业当期应纳税所得额基数，从而产生节税效应。

3．经营阶段的节税重点

企业的经营过程会涉及很多种税。对企业影响比较大的税种主要有增值税、企业所得税和个人所得税。因此，在经营阶段，企业应将税收筹划的重点放在这些最为重要的税种上。

三、纳税申报

纳税申报又称“报税”，是指纳税人、扣缴义务人按照税法规定的期限和内容向税务机关提交有关纳税事项书面报告的法律行为。企业在经营活动中应当依法办理纳税申报。

（一）纳税申报的对象

纳税申报的对象为纳税人和扣缴义务人。应当正常履行纳税义务的纳税人在纳税期内即使没有应缴税款或享受减免税待遇，也应当按照规定办理纳税申报；取得临时应税收入或临时发生应税行为（即有偿提供应税劳务、有偿转让无形资产所有权或使用权、有偿转让不动产所有权的行为）的纳税人，也应当依法办理纳税申报和缴纳税款。

（二）纳税申报的内容

纳税申报的内容主要包括各税种的纳税申报表，代扣代缴、代收代缴报告表，以及随纳税申报表附报的财务报表和有关纳税资料。

（三）纳税申报的方式

纳税申报的方式主要有直接申报、邮寄申报、数据电文和简易申报四种。

（1）直接申报。直接申报是指纳税人自行到税务机关办理纳税申报的一种申报方式。这是一种传统的申报方式。

（2）邮寄申报。邮寄申报是指经税务机关批准的纳税人使用统一规定的纳税申报特快专递专用信封，通过邮政部门办理交寄手续，并以邮政部门收据作为申报凭证的一种申报方式。

（3）数据电文。数据电文是指以税务机关确定的电话语音、电子数据交换和网络传输等电子方式进行纳税申报的一种申报方式。纳税人网上申报是常用的数据电文申报方式。纳税人采取电子方式办理纳税申报的，应当按照税务机关规定的期限和要求保存有关资料，并定期书面报送主管税务机关。

（4）简易申报。简易申报是指实行定期定额缴纳税款的纳税人在法律、行政法规规定的期限内或税务机关依据法规的规定确定的期限内缴纳税款的，税务机关可以视同申报。

（四）延期申报管理

纳税人、扣缴义务人不能按期办理纳税申报或报送代扣代缴、代收代缴税款报告表的，经税务机关核准，可以延期申报，但应在纳税期内按照实际缴纳的税额或税务机关核定的税额预缴税款，并在核准的期限内办理税款结算。

典型案例分析

沃尔玛的成本控制

天天低价源于成本控制

零售企业的竞争力应该包括三个层次：竞争的优势、竞争的能力和竞争的资源。这三个层次中的每一个层次都是不可缺少的，提升零售企业竞争力也要从这三个层次入手。

一是表现层，即竞争优势，它是企业竞争能力的外在表现。其要素都是顾客可以直接感知的，如产品质量、服务质量、价格和环境等。

二是中间层，即竞争能力，它是竞争优势形成的内在原因，包括业态（即业务经营的形式、状态）创新能力、快速扩张能力、营销管理能力、成本控制能力和财务运作能力等。

三是核心层，即竞争资源，它是竞争能力形成的关键因素，包括企业的人员、设备，以及企业所拥有的业务流程、制度和文化。

沃尔玛成功的原因是什么？针对此问题，一些国外专家经研究得出的结果是，沃尔玛的竞争优势就在于价格的优势——天天低价。那么，沃尔玛是如何实现天天低价的呢？

沃尔玛五项竞争能力中最为核心的是成本控制能力。业态创新能力、快速扩张能力、财务运作能力和营销管理能力都是围绕着成本控制能力来运行的。这五项能力最终都在不同的方面节省了沃尔玛的整个运营成本。

成本控制源于竞争资源

沃尔玛的成本控制能力最终来源于竞争资源，也就是说企业资源是围绕着成本控制运行的。其中，沃尔玛低成本的业务流程是非常重要的。

沃尔玛的业务流程都是围绕低成本运作形成的。例如，沃尔玛采用批量采购、集中订货等方式使采购价格大大下降；降低采购价格以后，沃尔玛再通过自己的低成本配送系统进行配送，就能够降低产品成本，从而实现天天低价格销售。天天低价格销售大大增加了销售量，从而促使沃尔玛增加采购量，而采购量的增加又可以降低采购成本，从而使得整个业务流程得以低成本运行。

此外，沃尔玛的配送中心和信息系统也是保证成本控制的关键。

沃尔玛在全球建立了 62 个配送中心，为 8 500 多家店铺进行配送，配送半径最远为 500 千米。

通过持续不断地建设信息系统，沃尔玛总部可以在 1 个小时之内对全球店铺的库存和销售数量进行盘点，从而让公司管理层及时了解各店铺、各种产品的销售情况。同时，沃尔玛的信息系统可以让供货商了解自己的产品卖得如何，并根据销售情况安排生产，大大降低库存成本，从而有效地降低产品成本。这有利于降低沃尔玛的采购成本。

制度和文化的核心也是控制成本

沃尔玛拥有自己独特的组织制度和文化，而且这些制度和文化在本质上也是为控制成本服务的。

沃尔玛提倡忠于顾客。忠于顾客的内涵就是提供有价值的商品给顾客，外延就是实行天天低价，为顾客节省每一分钱。这不仅仅是制度，更是沃尔玛的文化。

沃尔玛在企业和员工之间建立了伙伴关系。每一位员工都是沃尔玛的合伙人，每位员工在退休或离开沃尔玛的时候都会得到一部分利润分成。另外，每位员工也可以以比较低的价格购买沃尔玛的股份。

资料来源：https://www.sohu.com/a/120980629_116680

【案例分析】

沃尔玛重视企业的成本控制，并围绕节省运营成本来开展各个环节的业务，使“天天低价”营销战略能一直坚持下去，从而吸引众多的消费者在沃尔玛消费。这是沃尔玛能多次成为世界500强第一位的一个重要原因。

企业在创办初期，一定要建立规范的财务管理体系，重视成本控制，这样才能确保企业的产品价格在市场上有竞争力，从而使企业获得更多的利润。

探索活动

企业账务管理体系分析

活动目的：

走访新建企业，运用所学知识分析该企业存在的财务问题。

活动内容：

走访几家新开办的企业，从账务管理的角度来分析其岗位设立是否合理，会计制度是否健全，是否有规范的现金流量预算控制、应收账款控制、成本控制和财务风险控制，等等。选择其中一家企业，撰写一份1 000字左右的分析报告。该报告须说明以下情况：

（1）企业的名称、开办地点、性质、所属行业、主要业务、开业时间和人员构成情况。

（2）企业开办以来的缴税情况。

（3）企业的现金流量预算控制情况。

（4）企业的应收账款控制情况。

（5）企业的成本控制和风险控制情况。

（6）你认为该企业的账务管理还需要改进的地方。

活动提示：

（1）学生可以选择自己住所附近的饭店或商店，通过自己的观察或与经营者交谈的方式了解基本情况。

（2）为了深入了解企业的财务管理情况，学生可以通过各种途径搜集资料，包括查阅有关文献、咨询专家等，也可以到网上搜索一些资料。

（3）对于涉及企业商业秘密的数据，不用写得太过具体。

活动检测：

活动结束后，教师可根据表 7-5 进行评分。

表 7-5　探索活动评价表

评分标准	满分	实际得分	备注
按要求进行访问	20		
按要求撰写分析报告	20		
报告分析得准确、合理	20		
能提出合理的改进建议	20		
积极参与活动实施	20		
总分	100		

能力训练

（1）搜集国家或地方政府针对创业活动出台的扶持政策，并从中筛选出你可能会用到的政策，将这些政策分类后列入表格。

（2）分析企业资金管理过程中常出现的一些问题，根据拟创办企业的自身情况，制订企业现金管理和使用的制度，提出公司成本控制的有效措施。

要求：

① 了解企业所属行业的资金运作特点。

② 通过网络等途径搜集相关行业企业的资金运作情况。

③ 讨论同行企业的资金运作特点，总结可以借鉴的经验。

第四节　树立品牌引客户

创业思考

随着市场经济的迅猛发展，同质化产品越来越多。在琳琅满目的产品面前，消费者更钟情于品牌产品。这是因为企业在建立品牌之初就赋予了产品更多的内涵——高档、质优、时尚等，其所描绘的均是消费者理想中的或所期待的产品印象。因此，创业者在创办企业时，应把品牌建设作为长期目标。在进行下面的学习之前，请同学们先思考以下问题：

（1）什么是品牌？

（2）你所熟悉的品牌有哪些？这些品牌的产品有什么特色？

（3）创业者如何创建属于自己的品牌？

创业课堂

一、企业品牌建设的作用

扫一扫

品牌启示录

品牌是指人们对企业产品或服务的认知程度。品牌的本质是品牌拥有者的产品、服务或其他优势能为目标受众带去的价值。这种价值包括功能性利益和情感性利益。企业品牌建设是指企业对自己所拥有的品牌进行的规划、设计、宣传、管理的行为。加强企业品牌建设具有重要作用，主要作用包括以下四个方面。

（一）增强企业的凝聚力

企业品牌建设能够增强企业的凝聚力。这种凝聚力不仅能增强员工对企业的认同感和归属感，而且有利于增强员工的主人翁意识，使其产生与企业同舟共济、荣辱与共的思想，进而主动提升自身素质，关注企业发展，为提升企业竞争力而努力奋斗。

（二）增强企业的吸引力和辐射力

好的企业品牌令人羡慕、向往。加强企业品牌建设能增强企业的吸引力，不仅能吸引投资方，而且能吸引人才。这种吸引力能使有利于企业发展的各种资源得到有效集聚和合理配置。企业品牌的吸引力是一种向心力，而辐射力（即企业在同一领域或不同领域继续挖掘价值的机会）则是一种扩散力，有利于提高企业的美誉度和知名度。

（三）提高企业的知名度和竞争力

一个企业的实力、活力、潜力及可持续发展的能力都集中体现在竞争力上，而企业竞争力的提高又和企业知名度的提高密不可分。一个好的企业品牌能够吸引各种资源推动企业发展，从而大大提高企业知名度和竞争力。这种提高的动力不是来自人力、物力、财力的投入，而是来自“品牌”的无形力量。

（四）促进企业发展和社会进步

好的企业品牌能够提高企业的美誉度和知名度，增强企业的吸引力和辐射力，为企业吸引资金和人才，从而促进企业不断发展壮大。品牌企业的发展是社会经济发展的重要组成部分，能够有力地促进社会进步和发展。在经济全球化的背景下，好的品牌能够扩大企业在国际市场上的影响力，增强企业的竞争力。

二、企业品牌建设的内容

品牌建设包含品牌定位、品牌元素设计和品牌营销策略三个方面的内容。

（一）品牌定位

品牌定位是指企业为某个特定品牌确定一个适当的市场位置，使产品在消费者的心中占据一个特殊的位置，以使消费者在产生某种需求时能立即想到该品牌。例如，在炎热的夏天突然口渴时，人们会立刻想到“可口可乐”饮料。品牌定位是品牌建设的基础，是品牌经营成功的前提。企业在进行品牌定位时应把握以下两个方面：

（1）品牌定位的关键是“抓住客户的心”。摸准客户的心理，满足他们某种切实的需要，是品牌定位的关键。如何做到这一点呢？具体而言，企业首先应从主客观条件出发，按照某种标准将消费市场细分成一个个具有相似特点的子市场，从中寻找合适的目标市场并确定目标客户，然后根据目标客户的特定需求找准市场缝隙，细化市场并确定品牌的市场位置，进而向目标客户提供具有优势的产品或服务，带给客户实际的利益。

此外，由于客户的需求是不断变化的，所以企业还可以根据时代的进步和新产品的发展趋势，引导目标客户产生新的需求，进而形成新的品牌定位。

（2）品牌定位的核心是“差异化”。“带给客户实际的利益”并不意味着品牌就一定能受到青睐，因为市场上还有许多企业能提供同样的产品或服务，也能给客户带来同样的利益。因此，要想让品牌脱颖而出，企业就必须尽力塑造差异，使产品或服务与众不同，以吸引客户的注意力。这种差异可以表现在许多方面，如质量、价格、技术、包装、售后服务等，甚至还可以是脱离产品或服务本身的某种概念或印象。例如，香烟品牌“万宝路”所展现的自由洒脱、豪迈粗犷、饱经风霜的西部牛仔形象，与香烟本身没有任何关系，但其渲染出的一种感觉，能满足客户精神上的某种需求。

要想让客户接受一个品牌，完全不必为该品牌塑造全能形象，而只需突出某一方面的优势即可。许多知名品牌都是靠某一方面的优势而被客户熟知的。例如，在汽车市场上，沃尔沃强调“安全与耐用”，奔驰宣传“高贵、王者、显赫、至尊”的品质，宝马则对“驾驶乐趣”津津乐道。

案例阅读

“茶颜悦色”的成功秘籍

在长沙，除了芒果台、火宫殿、臭豆腐、橘子洲和岳麓山之外，还有一枚新的名片——“茶颜悦色”。在奶茶市场已经相对饱和的市场条件下，茶颜悦色是如何突出重围，并迅速成长为长沙的标杆品牌的呢？

诱之以“色”，动之以情

在黑白、简约的北欧风格盛行的现代市场，茶颜悦色依靠独树一帜的中国风装帧意外地成为都市审美中的一股清流，其店面风格因此成为一个绝佳的营销噱头。茶颜悦色及其子品牌“知乎茶也”的“越中国，更时尚”“着了复古的魔”等推广文案，为消费者打造了全景式的新中式茶饮风尚。“声声乌龙”“幽兰拿铁”“蔓越阑珊”“桂花弄”“两生花”……，雅致的饮品名称让人在点单时便感到十分愉悦。

增值服务，温馨可人

最动人的服务不是给客户店家认为最好的，而是给客户他最需要的。在茶颜悦色的点单台上，有一个醒目的温馨提示牌，上面写着除了饮品外店家还能为客户提供的服务。除了常见的应急药物（如创可贴、花露水、风油精、“十滴水”等）外，店家还十分贴心地为女性客户准备了红糖。

制造认同，不忘初心

说起喜茶、贡茶等，人们很难记起它们的来处。然而，茶颜悦色却明确地告诉人们，这是一个长沙的品牌，它是长沙的茶。长沙话主题的杯子、店服……，这种地域认同感的极力营造，让每一个长沙人都殷切地以各种形式声援茶颜悦色。

品牌的建立是一个长期的过程，茶颜悦色还在不断成长。在成长过程中，茶颜悦色一直坦诚面对甚至拥抱自己的客户。当一些客户抱怨“‘茶颜’做大了，也变得高冷了”时，茶颜悦色专门推送了一篇微信文章予以解释，并在结尾附上了这样一段话：“茶颜在努力提升实力，为更多人带去一杯好茶，而在我们成为更好的茶颜悦色之前，希望大家再给我们一些时间成长和发展。如果在门店遇到了不愉快的事，请果断求偿；如果门店服务不周，请告诉店长或者留言给我们。我们一定尽快处理！你们的反馈越多，我们才能越清晰明了自身的不足和成长的方向。我们不怕吐槽，只怕你转身离去。”

资料来源：https://www.sohu.com/a/169578663_649605

（二）品牌元素设计

品牌元素是指能将企业自身的产品或服务与竞争者的产品或服务区别开来，且易于辨认的标志。它主要包括品牌名称、图标、广告语、网址等。

（1）品牌名称。品牌名称是品牌的最核心元素，是让消费者认知品牌的关键点。一个好的品牌名称可以为企业节约大量的宣传费用，并能有效地传达品牌的核心价值。例如，“可口可乐”能有效地传达品牌饮料的特性，具有极高的品牌价值。

（2）图标。品牌的图标关系到产品的视觉效果，是重要的传播元素，对于销售型企业和服务型企业来说尤为重要。例如，麦当劳的“M”形黄色拱门图标非常醒目，且能让人使人联想到快乐和财富；苹果公司的图标为一个被咬掉一口的艺术化了的苹果，既能够直接和品牌名称联系起来，又能表达创新和智慧的内涵。

（3）广告语。品牌的广告语是用于营销传播的重要元素，不仅要将产品最重要的特点或用途表达出来，而且要念起来非常顺口，方便人们记忆和联想。例如，英特尔的广告语为“给电脑一颗奔腾的芯”；雕牌洗衣粉的广告语为“不买贵的，只选对的”；雀巢咖啡的广告语为“味道好极了”；等等。

（4）网址。网址对于互联网公司来说至关重要，其本身往往也是品牌名称。通常，互联网公司都有一个中文名称和网址（uniform resource locator, URL），两者结合得非常紧密，多数情况下中文名称的拼音就是网址的内容。例如，淘宝网名称的拼音与网址内容的拼写（https://www.taobao.com/）相同，易读，易记。

美国的品牌权威学者凯文·莱恩·凯勒认为，品牌元素的选择标准有六个：① 易于记忆，即有辨识度，能引人注意，容易被记住；② 富有意义，即能反映品牌内涵；③ 受人喜爱，即具有美感，能传达品牌的个性，受目标客户的喜爱；④ 可转换，即可以随着时代的发展调整内涵与形式；⑤ 可适应，即品牌的含义能适应不同国家和地区的文化；⑥ 可保护，即能受到法律的保护，不可轻易被复制。企业在设计品牌元素时，应按照上述六个选择标准进行。

（三）品牌营销策略

企业在创建品牌时还应关注与品牌有关的营销策略。营销策略主要包括产品策略、价格策略、渠道策略和促销策略四个方面。

1. 产品策略

企业应把有限的人力、物力、财力有效地分配到核心产品的开发项目上，以使新产品的开发取得最佳效果。企业在开发产品时，应考虑以下四个方面：

（1）产品性能和用途独创。在进行新产品开发前，企业应充分考察同类产品、相应替代产品的技术含量和性能用途，确保所开发产品具有先进性和独创性，且容易被市场接受。

（2）产品质量可靠。建立品牌的前提是产品有质量上的保证。只有这样，品牌才能得到客户的认可。因此，企业在开发新产品时应确保产品质量可靠。

> **名人名言**
>
> 质量是维护顾客忠诚的最好保证。
>
> ——杰克·韦尔奇

（3）产品包装突出品牌特点。产品包装被称为“营销的最后五秒钟”，对于品牌营销至关重要。企业在设计产品包装时，要以颜色、形状和材料等要素突出品牌特点，制造视觉上的差异，使产品包装能引导客户对品牌进行积极联想。

（4）产品具有前瞻性。随着人们生活水平的提高，客户的需求呈现出多样化趋势，且不断发展变化。因此，企业在开发新产品时应确保产品有适当的前瞻性，并且确保产品的生命周期与客户需求变动的周期相协调。这样，产品才能稳定地适应市场。

此外，企业还应考虑企业产品和技术创新的能力、技术力量的储备和产品开发团队的建设情况等。

2．价格策略

价格是企业营销过程中的一个敏感因素。产品价格较低可能会让一部分客户对产品的质量产生怀疑；而产品价格较高则可能影响客户购买行为的实施。因此，企业应合理定价，以减少产品营销过程中的阻碍，提高品牌构建的成功率。

课堂互动

一些企业为了扩大销量，快速提高市场占有率，便低价销售产品。你认为这种价格策略是否有利于品牌建设？为什么？

3．渠道策略

渠道策略是企业营销和品牌建设的重要组成部分，它对于降低成本和提高品牌竞争力具有重要意义。渠道策略主要包括渠道战略决策、渠道系统设计和营销渠道管理三个方面。

（1）渠道战略决策。企业在确定营销策略时应考虑是自建渠道还是借用现成渠道。在实际操作中，绝大多数企业都会考虑借用营销中介机构和零售机构的现成渠道。几乎所有快速消费品行业的企业和部分耐用消费品行业的企业，都是借用外部渠道而不是自建渠道来营销的。借助外部渠道资源的快速消费品企业，其销售人员主要负责渠道服务和促销工作。而借用外部渠道资源的耐用消费品企业，通常设有服务于渠道的销售队伍和外聘的终端促销队伍；当品牌构建到一定阶段时，耐用消费品企业可能会自建销售公司和品牌专卖店。

小知识

快速消费品是指使用寿命较短、消费速度较快的消费品，主要包括日化用品、食品饮料、烟酒等；耐用消费品是指使用周期较长、一次性投资较大的消费品，包括（但不限于）家用电器、家具、汽车等。

（2）渠道系统设计。企业要想设计一套适合自身情况的渠道方案，就应该树立品牌先行的意识。所谓品牌先行，就是先建立打造品牌的渠道，再建立提升销量的渠道。由于消费者通常不熟悉初创企业的产品，所以企业在初创阶段需要一种能够为客户提供介绍、展示、试用等服务的渠道。这种渠道就是可以打造品牌的渠道。例如，专卖店就是打造品牌的一种终端渠道，五星级酒店、高端会所等高档次消费场所也是品牌型渠道。需要注意的是，初创企业在渠道资源的选择上应另辟蹊径，避开强势竞争对手的锋芒，建立属于自己的独特渠道系统。

（3）营销渠道管理。企业需要对营销渠道进行长期的管理和维护，以持续改进渠道绩效。具体而言，企业可以从以下四个方面管理营渠道：

首先，在选择渠道成员（即通过多种方式结合在一起而形成有效渠道的各类单位和个人）时，需要对渠道成员的资源能力、合作意愿和行业口碑等各个方面进行综合评价，进而选择资源能力符合要求、合作意愿强烈和口碑不错的渠道成员作为合作伙伴。

其次，对渠道成员进行培训，包括产品知识培训和营销技巧培训，以快速提高渠道成员的销售能力。

再次，应制订一套激励措施，定期给予渠道成员一定的激励，如年终返点、销售奖励等。

最后，对渠道成员的绩效进行评估，评估内容包括销售指标完成情况、合作水平、特别贡献等，同时对业绩优异的渠道成员进行奖励，帮助业绩不理想的渠道成员分析原因，必要时将其予以更换。

4．促销策略

促销也是企业营销和品牌构建的重要因素。制订合理有效的促销策略有助于加速品牌的构建。促销策略主要包括广告促销、营业推广和人员销售等。

（1）广告促销。广告是通过一定媒体的运作介绍产品特性，以激发客户对产品的兴趣，从而促进产品销售的一种行为和手段。

比较常见的广告形式有电视广告、报纸广告和网络广告。电视广告表达效果好，是展现并演示产品的最有效形式，但广告费用很高。报纸广告的促销效果较好，其广告费用相对较低，但广告覆盖面仅局限于某一地域范围或当地市场。网络广告就是利用网站上的广告横幅、文本链接、多媒体等在互联网上刊登或发布的广告，其覆盖面广，观众基数大，互动性强，效果持久，广告费用相对较高。此外，实际生活中可能使用的广告形式有宣传册、传单、广告墙等。

企业在选择广告形式时首先应考虑广告成本和广告形式的特点，然后根据实际情况控制广告成本，选择合适的广告媒体，做好策划与宣传，以便取得预期效果。

（2）营业推广。营业推广是指企业利用一定的时机（如节假日、周年店庆等）或者在特定的地点，采用特定手段向客户促销产品，以促使产品销售额迅速增长的促销方式。营业推广的具体形式主要有免费赠送试用产品、发放折扣券、有奖销售等。

（3）人员销售。人员销售是指企业销售人员直接同目标市场或客户建立联系并传递促销信息，以促使产品销售额迅速增长的活动。企业销售人员在开展人员销售活动前，必须对目标市场和客户信息进行调研，并搜集客户的有关资料，以便增强面对面销售活动的针对性。

三、寻找目标客户

建立企业品牌的首要工作是找到产品或服务的目标客户。在确定目标客户时，最忌讳的一种思想就是“老少皆宜”，即产品或服务适合所有人。因为在企业创建初期，这是绝对不可能的。因此，企业必须将市场细分，将目标客户精确到某一类型的客户。例如，“可口可乐”将其目标客户定位为年轻人；苹果手机将其目标客户定位为追求时尚的年轻人、白领和商务人士。

具体而言，寻找目标客户的主要步骤包括市场细分和确定目标市场。

（一）市场细分

市场细分是指企业通过市场调研，根据消费者的需要、购买行为和购买习惯等差异，将某一产品的市场整体划分为若干消费者群的市场分类过程。市场细分的主要依据有地理标准、人口标准、心理标准和行为标准。根据这些标准划分的市场细分分别为地理细分、人口细分、心理细分和行为细分。

（1）地理细分。即根据国家、省、地区、县、市或居民区等标准对市场群体加以细分。不同地区的居民有着不同的生活方式、风俗习惯等，因而其消费需求也是不同的。例如，北方比较干燥，而南方比较潮湿，因此，加湿器的目标客户主要是北方的居民。

（2）人口细分。即根据消费者的年龄、性别、家庭规模、家庭生命周期、收入、职业、受教育程度等因素对市场群体加以细分。不同群体具有不同的消费倾向和喜好。例如，青年人追求时尚和新潮，而中老年人则更注重实用和功效，讲究物美价廉。

（3）心理细分。即根据消费者的所处阶层、生活方式、价值取向、个性特征、购买动机等对市场群体加以细分。具有不同的心理特征的人，其消费偏好也有所不同。品牌经营者可以据此进行市场细分。例如，大众汽车公司根据生活方式的不同将消费者划分为“循规蹈矩的公民”和“汽车爱好者”，并分别为其打造经济、安全、符合生态原理的汽车和具有灵敏度高、易驾驶、运动娱乐性强等特点的汽车。

（4）行为细分。即根据消费者对某品牌的了解程度、所追求的利益、购买时机、购买频率及态度反应等对市场群体加以细分。在实际操作中，企业进行行为细分时需要考虑的细分因素主要有以下几项：① 品牌了解程度，即消费者对品牌产品的了解程度，如不了解、听说过、有兴趣、希望买、准备买等；② 购买时机，即消费者购买品牌产品的时机，如结婚、升学等；③ 购买频率，即消费者是经常购买，还是偶尔购买；④ 购买利益，即消费者所看重的利益价值，如价格便宜、方便实用、新潮时尚等；⑤ 态度反应，即消费者对某品牌的态度，如热情、肯定、漠不关心、否定、敌视等；⑥ 使用者状况，如曾使用过、未曾使用过、初次使用、计划使用等。

（二）确定目标市场

在市场细分的基础上，企业应对细分市场进行评估，进而确定品牌的目标市场。在评估时，企业应考虑三个方面的因素：细分市场的规模、细分市场内部结构的吸引力、企业的发展方向与资源条件。

（1）对小企业而言，细分市场的规模越大，企业需要投入的资源越多；与此同时，细分市场对大企业的吸引力也越大，市场竞争也就越激烈。因此，初创企业选择不被大企业看重的较小的细分市场才是上策。

（2）细分市场内部结构的吸引力取决于该细分市场潜在的竞争力，竞争者越多，竞争越激烈，该细分市场的吸引力就越小。因此，初创企业应避免选择竞争过于激烈的细分市场。

（3）企业的每一步发展都是为了实现其长远目标服务的，进入一个细分市场只是企业品牌发展的其中一步。因此，企业首先应考虑细分市场的发展趋势，如果一些细分市场的发展趋势和企业的长期发展方向不一致，那么即使其具有较大的吸引力，企业也应放弃进入。与此同时，企业还应考虑自身资源条件，如果企业的技术资源、财力资源、人力资源有限，不能保证在某一细分市场取得成功，那么即使细分市场的发展趋势和企业发展方向相符，企业也应果断舍弃。

典型案例分析

品牌定位策略及相关案例

一、类别定位策略

类别定位是指企业根据产品的类别建立起品牌联想（即消费者看到某一特定品牌时所产生的想法、感受、评价、期望等）的一种定位策略。类别定位的任务是通过品牌符号宣传，强化某一品牌在消费者心目中的印象，使该品牌与某一类产品关联起来（将“格力”与空调、“星巴克”与咖啡、“哈根达斯”与冰激凌的关联起来），从而使消费者在对某类产品产生需求时会立即联想到该品牌。

七喜汽水“非可乐”就是成功使用类别定位策略的一个经典案例。可口可乐与百事可乐是市场的领导品牌，市场占有率极高，在消费者心目中的地位不可动摇。“非可乐”的定位使七喜归为与“百事”“可口”对立的类别，成为可乐饮料之外的另一种选择。七喜汽水“非可乐”不仅避免了与两巨头的正面竞争，还巧妙地与两品牌挂钩，使自身处于和它们并列的地位。成功的类别定位使七喜在美国龙争虎斗的饮料市场上占据了老三的位置。

国内企业在运用类别定位策略方面也有不俗的表现。1996 年，广东喜之郎集团有限公司（以下简称“喜之郎”）提出了“果冻布丁喜之郎”的口号，并通过率先在中央电视台投放巨额广告来不断强化这一品牌口号，在产品和行业之间建立起了一对一的联想，进而让人们一提到果冻布丁就想起喜之郎，或者一提到喜之郎就想起果冻布丁。这一口号人为地设置了一道同类产品难以逾越的障碍。在高峰时期，喜之郎曾占有 70%的市场份额。2004 年河北中旺集团推出“五谷道场”方便面时，也特意强调其“非油炸”的特性，赚足了消费者的眼球，获得了很好的品牌定位效果。

二、比附定位策略

比附定位是企业以竞争品牌为参照，依附竞争品牌来确定自身市场定位的一种定位策略。比附定位的目的是通过品牌竞争提升自身品牌的价值与知名度。企业可以通过各种方法与同行中的知名品牌建立一种内在联系，使自己的品牌迅速进入消费者的内心，借名牌之光使自己的品牌生辉。

蒙牛乳业（集团）股份有限公司（以下简称“蒙牛”）也是比附定位策略的受益者。在刚开拓市场时，蒙牛只有区区 1 300 多万元的资金，名列中国乳业的第 1 116 位，与乳业“老大”内蒙古伊利实业集团股份有限公司（以下简称“伊利”）根本不可同日而语。但蒙牛却提出了“为民族争气，向伊利学习”“千里草原腾起伊利集团、蒙牛乳业——我们为内蒙古喝彩”等广告口号，并将这些口号印在产品包装之上。这些广告看似是对伊利的赞赏，实际上是把蒙牛和伊利放在了并驾齐驱的位置，这让蒙牛在消费者心里留下深刻印象。而今，蒙牛已经成长为行业巨头，其超常规的发展也被业界标上了“蒙牛速度”的注脚。

三、档次定位策略

档次具备实物之外的价值，能给消费者带来自尊和优越感等。同类品牌常被消费者分成不同的档次。高档次品牌往往通过高价位来体现其价值。企业可以针对不同的消费群体使用不同的档次定位策略，以满足消费者的差异化需求。

例如，劳力士表的价格高达几万元甚至几十万元人民币，是众多手表品牌中的翘楚，也是财富与地位的象征，因此，消费者拥有一块劳力士表无异于向他人展示自己是一名成功人士或上流社会的一员。

又如，酒店、宾馆按星级划分为 1～5 个等级，五星级宾馆的高档品牌形象不仅涵盖了幽雅的环境、优质的服务、完备的设施，还包括进出其中的有一定社会地位的各界名人士，能为消费者带来较高的品牌价值；定位于中低档次的宾馆，则能满足追求实惠和廉价的低收入者的需求。

我国台湾顶新集团为了更好地占据国内方便面市场，在成功推出了“康师傅”品牌并占据中档市场后，又进军低档方便面市场，推出了“福满多”品牌。

四、USP 定位策略

USP 定位（即创意定位）策略包含三个方面的内容：一是要向消费者传播一种主张（一种忠告或承诺），告诉消费者购买某产品会得到什么样的利益；二是这种主张应是竞争对手无法提出或未曾提出的，应独具特色；三是这种主张应该以消费者为核心，易于理解和传播，具有极大的吸引力。

企业在同类产品品牌太多、竞争激烈的情况下运用USP定位策略，可以突出自身品牌的特点和优势，让消费者按自身偏好和对某一品牌利益的重视程度，将不同品牌进行排序，并在有相关需求时更迅速地选择某品牌产品。

在汽车市场，宝马宣扬“驾驶的乐趣”，奔驰展示“声望”，法拉利强调“速度”，马自达主推“可靠”，丰田主打“省油节能”，沃尔沃定位于“安全”。由于有清晰的价值主张，这些金字招牌各自拥有了自己的固定消费群，在各自的细分领域内具有较高的市场占有率。

五、消费者定位策略

消费者定位策略是指深入了解目标消费者，分析其不同方面的需求，然后根据这些需求提供相应的产品和利益的一种定位策略。

成功地运用消费者定位策略，可以实现品牌个性化，从而树立独特的品牌形象。例如，20世纪30年代，美国菲利普·莫里斯国际公司推出了万宝路香烟，然而该香烟在上市之初销售得非常不如人意。后来经调查得知，由于带过滤嘴，焦油含量较低，万宝路香烟被人们认为是“女性香烟”，而香烟的主要消费群体是男性，因此万宝路香烟的销路受到了影响。据此，该公司认为只有改变品牌的形象才能争取到更多的消费者，特别是男性消费者。于是，该公司开始煞费苦心地为万宝路引入“男性”因素，如改换代表热烈、勇敢和功名的红色包装，用粗体黑字来描画名称，表现出阳刚、含蓄和庄重，并让壮实的牛仔担任万宝路香烟广告的主角，反复强调“万宝路的男性世界”，最终成功地让万宝路香烟的销量和品牌价值位居世界香烟排名榜首。

六、比较定位策略

比较定位策略是指企业为了突出品牌的特性，通过抓住知名竞争对手的弱点来向消费者推销自己的优点，从而获取市场认可的一种定位策略。

例如，丰田公司为了突出其“雷克萨斯”汽车高质低价的产品特性，在宣传该车时，将该车图片和奔驰汽车图片并列摆放在一起，并加上大标题——“用36 000美元就可以买到价值73 000美元的汽车，这在历史上还是第一次”。与此同时，丰田公司在赠送给潜在顾客的录像带中加了这样一段话：“一位工程师分别将两杯水放在奔驰和雷克萨斯的发动机盖上，当汽车发动时，奔驰车上的水剧烈晃动起来，而雷克萨斯车上的水只有轻微的波动。”此举无疑为雷克萨斯汽车提高了声誉，从而使其获得了广泛的市场认可。

七、情感定位策略

情感定位策略是指企业利用产品带给消费者的情感体验进行定位的一种策略。市场营销专家菲利普·科特勒认为，人们的消费行为变化分为三个阶段：第一个是量的阶段，第二个是质的阶段，第三个是情感阶段。在第三个阶段，消费者所看重的已不是产品的数量和质量，而是产品与自己之间关系的密切程度，或某种情感上的满足，或产品与理想自我的吻合度。由此可见，情感是维系品牌忠诚度的重要纽带，情感定位是品牌诉求的重要支点。

因此，企业应提升品牌的文化内涵，不断增强品牌的审美和情感特性，培养消费者对品牌的情感，并激发消费者的情感共鸣，以使消费者对品牌“情有独钟”。

例如，“娃哈哈”可以说是中国市场上最成功的品牌命名之一。这一命名之所以成功，是因为它不仅通俗、准确地反映了一个产品的目标对象，还将一种开发儿童天性的祝愿和希望作为品牌命名的核心，从而生动形象地传达了该品牌定位及价值。

八、文化定位策略

文化定位策略是指企业突出品牌的某种文化内涵，以形成品牌文化差异的一种策略。文化定位不仅可以使品牌形象独具特色，而且可以大大提高品牌的品位。例如，人们在喝可口可乐和吃麦当劳、肯德基时，不仅是在解渴止饥，也是在进行文化消费。这种消费体现了一种美国文化和消费观念。

只有民族的，才是世界的。例如，中国“茅台”和法国“人头马”，无不承载了深厚的民族文化特色；“金六福酒——中国人的福酒”，这种定位已将品牌文化提升到一种民族的“福”；柒牌服饰以中国文化打动世界，情系“中国心、中国情、中国创”，认真谱写“立民族志气，创世界品牌”战略，并提出了“中国，才是美”的口号；“全聚德”烤鸭、“狗不理”包子等这些百年老字号，都是因为融合了中国传统的独特文化因子，才获得如此巨大的影响力的。

资料来源：http://www.795.com.cn/wz/86014.html

【案例分析】

品牌定位，致力于让企业品牌在消费者心目中占据一个独特的位置，使其成为消费者心目中某类产品的代表品牌，从而迅速影响消费者的购买选择——当消费者产生相关需求时，就会想到并选购该品牌产品，如人们一提到防止上火的饮料，就能迅速想到“王老吉”凉茶。

探索活动

企业品牌建设的探索

活动目的：

通过模拟创建企业品牌，了解品牌建设的核心，掌握企业创建品牌的方法。

活动内容：

假设你要创办一个企业，你将如何创建自己的品牌？请将你的想法填写到表 7-6 中。

表 7-6　建立公司品牌的策略

目标客户	核心产品	产品特色	价格策略	渠道策略	促销策略	其他

活动检测：

活动结束后，教师可根据表 7-7 进行评分。

表 7-7　探索活动评价表

评分标准	满分	实际得分	备注
目标客户判断正确	20		
所选取的产品有特色（差异化）	20		
确定合理的价格策略	20		
选用合理的营销策略	20		
灵活运用促销策略	20		
总分	100		

能力训练

（1）寻找目标客户。试着对某一企业或产品的目标客户进行分析，并制订客户开发计划。学生可每 3～5 人为一组，展开讨论，然后提出实施方案。

（2）观看视频“中国品牌故事：格力电器”。珠海格力电器股份有限公司（以下简称“格力电器”）成立于 1991 年，创业初期只有一条简陋的、年产量不超过 2 万台窗式空调的生产线。1994 年至 1996 年，格力电器开始以质量为中心，提出了“出精品，创名牌，上规模，创世界一流水平”的质量方针，建立和完善质量管理体系，推行“零缺陷工程”，使公司产品在质量上实现了质的飞跃。2005 年，格力电器实现销售收入 196 亿元，实现利润总额 7.4 亿元，出口创汇 5.5 亿美元。2014 年，格力电器实现营业总收入 1 400.05 亿元，实现净利润 141.55 亿元。2015 年，格力电器挺进福布斯全球 500 强，排名第 385 位。

观看完后，请思考以下问题：

① 格力电器的品牌定位是什么？

② 格力电器是如何打造自身品牌效应的？

③ 你认为格力电器未来的发展方向是什么？

第五节　依法合规是要务

创业思考

创业者在创建和经营企业的过程中，必须了解和遵守有关法律法规，以确保自身和他人的利益不受到非法侵害。在进行下面的学习之前，请同学们先思考以下问题：

（1）约束企业的法律和法规有哪些？

（2）企业在经营过程中应如何遵守这些法律法规？

创业课堂

创建企业时，创业者必须熟悉和掌握与企业相关的法律知识，如知识产权法、《中华人民共和国劳动合同法》、《民法典》“合同”编、《中华人民共和国反不正当竞争法》、《中华人民共和国产品质量法》等。法律法规对企业具有约束作用，但也会对企业的运营与发展加以保护。

扫一扫

知识产权保护

一、知识产权法

知识产权是指人们对其创造性的智力劳动成果所享有的民事权利，如著作权、专利权、商标专用权等。知识产权法是调整知识产权的获取、利用和保护所涉及的社会关系的法律规范的总称。

（一）著作权与著作权法

著作权又称“版权”，是指作者对其创作的文学、艺术和科学作品依法享有的权利。

著作权法是指国家制定或认可的，调整基于文学、艺术和科学作品而产生的社会关系的法律规范的总和。著作权人行使著作权，不得违反宪法和法律，不得损害公共利益。国家对作品的出版、传播依法进行监督管理。对著作权的保护是对作者原始工作的保护。

《中华人民共和国著作权法》所规定的著作权包括人身权和财产权，具体如下：

（1）发表权，即决定作品是否公之于众的权利。

（2）署名权，即表明作者身份，在作品上署名的权利。

（3）修改权，即修改或者授权他人修改作品的权利。

（4）保护作品完整权，即保护作品不受歪曲、篡改的权利。

（5）复制权，即以印刷、复印、拓印、录音、录像、翻录、翻拍、数字化等方式将作品制作一份或者多份的权利。

（6）发行权，即以出售或者赠与方式向公众提供作品的原件或者复制件的权利。

（7）出租权，即有偿许可他人临时使用视听作品、计算机软件的原件或者复制件的权利，计算机软件不是出租的主要标的的除外。

（8）展览权，即公开陈列美术作品、摄影作品的原件或者复制件的权利。

（9）表演权，即公开表演作品，以及用各种手段公开播送作品的表演的权利。

（10）放映权，即通过放映机、幻灯机等技术设备公开再现美术、摄影、视听作品等的权利。

（11）广播权，即以有线或者无线方式公开传播或者转播作品，以及通过扩音器或者其他传送符号、声音、图像的类似工具向公众传播广播的作品的权利，但不包括信息网络传播权。

（12）信息网络传播权，即以有线或者无线方式向公众提供，使公众可以在其选定的时间和地点获得作品的权利。

（13）摄制权，即以摄制视听作品的方法将作品固定在载体上的权利。

（14）改编权，即改变作品，创作出具有独创性的新作品的权利。

（15）翻译权，即将作品从一种语言文字转换成另一种语言文字的权利。

（16）汇编权，即将作品或者作品的片段通过选择或者编排，汇集成新作品的权利。

（17）应当由著作权人享有的其他权利。

著作权人可以许可他人行使上述第（5）项至第（17）项规定的权利，并依照约定或者本法有关规定获得报酬。

著作权人可以全部或者部分转让上述第（5）项至第（17）项规定的权利，并依照约定或者本法有关规定获得报酬。

（二）专利权与专利法

专利权是指发明创造人或发明创造的权利受让人在一定时期内对特定的发明创造依法享有的专有权。专利权是一种专有权，非专利权人要想使用他人的专利技术，必须依法获得专利权人的授权或许可。

专利法是指调整发明人与使用发明的人之间、发明人与其所属单位之间、发明人与发明人之间，在支配和使用该发明创造的问题上所产生的各种社会关系的法律规范。其实质是依照法律确认和保护发明创造的产权。

《中华人民共和国专利法》规定的发明创造是指发明、实用新型和外观设计。其中，发明是指对产品、方法或者其改进所提出的新的技术方案。实用新型是指对产品的形状、构造或者其结合所提出的适于实用的新的技术方案。外观设计是指对产品的整体或者局部的形状、图案或者其结合，以及色彩与形状、图案的结合，所做出的富有美感并适于工业应用的新设计。

授予专利权的发明和实用新型，应当具备新颖性、创造性和实用性，具体规定如下：

（1）新颖性，是指该发明或者实用新型不属于现有技术；也没有任何单位或者个人就同样的发明或者实用新型在申请日（从专利申请文件递交到国务院专利行政部门之日算起）以前向国务院专利行政部门提出过申请，并记载在申请日以后公布的专利申请文件或者公告的专利文件中。

（2）创造性，是指与现有技术相比，该发明具有突出的实质性特点和显著的进步，该实用新型具有实质性特点和进步。

（3）实用性，是指该发明或者实用新型能够制造或者使用，并且能够产生积极效果。

授予专利权的外观设计，应当不属于现有设计；也没有任何单位或者个人就同样的外观设计在申请日以前向国务院专利行政部门提出过申请，并记载在申请日以后公告的专利文件中；与现有设计或者现有设计特征的组合相比，应当具有明显区别；不得与他人在申请日以前已经取得的合法权利相冲突。

创业者创业离不开创新，有了创新后，应对发明创造进行保护，以避免被他人窃取。例如，为产品发明和外观设计等申请专利，以获得法律的保护。申请专利的基本流程如下：

（1）准备申请文件。发明或实用新型专利的申请文件应当包括请求书、说明书、摘要、权利要求书，各一式两份；外观设计专利的申请文件应当包括请求书、该外观设计的图片或者照片及对该外观设计的简要说明，各一式两份。申请人提交的有关图片或者照片应当清楚地显示要求专利保护的产品的外观设计。

（2）递交专利申请。申请人申请专利时，可以将申请文件面交到国家知识产权局专利局的受理窗口或寄交“国家知识产权局专利局受理处”，也可以现场递交或邮寄到设在地方的国家知识产权局专利局代办处。

（3）专利申请的受理。专利局收到专利申请后，对符合受理条件的申请将确定申请日，给予申请号，发出受理通知书。

小知识

专利检索

个人和企业在申请专利前，都应认真检索自己的发明创造是否已经被别人实现，以免侵犯他人专利权。事先进行专利检索也可以在一定程度上判断某项技术成果是否有可能获得专利。

专利检索的方法如下：

（1）选择适合的专利数据库。可以选择国家知识产权局网公开的数据库进行查询，也可以选择其他专利数据库进行查询。

（2）分析所要查询专利的类型。

（3）选择查询的途径，包括关键词检索、名字检索、号码检索、分类号检索。

① 关键词检索，即通过主题词或关键词检索专利文献。这是系统检索专利文献的常用途径。

② 名字检索，即通过发明名称或发明人、专利申请人、专利权人的姓名查找特定的专利文献。

③ 号码检索，即通过申请号、专利号、申请日期等检索特定的专利文献。

④ 分类号检索，即先利用《国际专利分类表》确定 IPC 分类号，再以 IPC 分类号为检索点进行检索。

资料来源：https://baike.sogou.com/v7753840.htm

（三）商标专用权与商标法

商标是用以区别商品和服务不同来源的商业性标志，由文字、图形、字母、数字、三维标志、颜色组合、声音或者上述要素的组合构成。商标专用权是指商标主管机关依法授予商标所有人其注册商标受国家法律保护的专有权。商标注册人拥有依法支配其注册商标并禁止他人侵害的权利，包括商标注册人对其注册商标的排他使用权、收益权、处分权、续展权（即在注册商标有效期届满后依法申请延续注册商标有效期的权利）和禁止他人侵害的权利。

商标法是调整企业在商标注册与使用过程中出现的各种社会关系的法律规范。根据《中华人民共和国商标法》（以下简称《商标法》）第 4 条、第 6 条和第 9 条的规定，自然人、法人或者其他组织在生产经营活动中，对其商品或者服务需要取得商标专用权的，应当向商标局申请商标注册。不以使用为目的的恶意商标注册申请，商标局应当予以驳回。法律、行政法规规定必须使用注册商标的商品，必须申请商标注册，未经核准注册的，不得在市场销售。申请注册的商标应当有显著特征，便于识别，并且不得与他人在先取得的合法权利相冲突。

注册商标的有效期为 10 年，自核准注册之日起计算。注册商标有效期满，需要继续使用的，商标注册人应当在期满前 12 个月内按照规定办理续展手续；在此期间未能办理的，可以给予 6 个月的宽展期。每次续展注册的有效期为 10 年，自该商标上一届有效期满次日起计算。期满未办理续展手续的，注销其注册商标。

根据《商标法》第 10 条的规定，下列标志不得作为商标使用：

（1）同中华人民共和国的国家名称、国旗、国徽、国歌、军旗、军徽、军歌、勋章等相同或者近似的，以及同中央国家机关的名称、标志、所在地特定地点的名称或者标志性建筑物的名称、图形相同的。

（2）同外国的国家名称、国旗、国徽、军旗等相同或者近似的，但经该国政府同意的除外。

（3）同政府间国际组织的名称、旗帜、徽记等相同或者近似的，但经该组织同意或者不易误导公众的除外。

（4）与表明实施控制、予以保证的官方标志、检验印记相同或者近似的，但经授权的除外。

（5）同“红十字”“红新月”的名称、标志相同或者近似的。

（6）带有民族歧视性的。

（7）带有欺骗性，容易使公众对商品的质量等特点或者产地产生误认的。

（8）有害于社会主义道德风尚或者有其他不良影响的。

县级以上行政区划的地名或者公众知晓的外国地名，不得作为商标。但是，地名具有其他含义或者作为集体商标、证明商标组成部分的除外；已经注册的使用地名的商标继续有效。

根据《商标法》第 11 条的规定，下列标志不得作为商标注册：

（1）仅有本商品的通用名称、图形、型号的。

（2）仅直接表示商品的质量、主要原料、功能、用途、重量、数量及其他特点的。

（3）其他缺乏显著特征的。

上述所列标志经过使用取得显著特征，并便于识别的，可以作为商标注册。

二、劳动合同法

劳动合同法是为了完善劳动合同制度，明确劳动合同双方当事人的权利和义务，保护劳动者的合法权益，构建和发展和谐稳定的劳动关系而制定的法律。

《中华人民共和国劳动合同法》（以下简称《劳动合同法》）对劳动合同的订立、劳动合同的履行和变更、劳动合同的解除和终止等内容做了规定。根据《劳动合同法》第 8 条的规定，用人单位在招用劳动者时，应当如实告知劳动者工作内容、工作条件、工作地点、职业危害、安全生产状况、劳动报酬，以及劳动者要求了解的其他情况；用人单位有权了解劳动者与劳动合同直接相关的基本情况，劳动者应当如实说明。

（一）劳动合同的订立

根据《劳动合同法》第 10 条的规定，建立劳动关系，应当订立书面劳动合同。已建立劳动关系，未同时订立书面劳动合同的，应当自用工之日起一个月内订立书面劳动合同。用人单位与劳动者在用工前订立劳动合同的，劳动关系自用工之日起建立。

劳动合同由用人单位与劳动者协商一致，并经用人单位与劳动者在劳动合同文本上签字或者盖章生效。劳动合同文本由用人单位和劳动者各执一份。

（二）劳动合同的基本条款

根据《劳动合同法》第 17 条的规定，劳动合同应当具备以下条款：

（1）用人单位的名称、住所和法定代表人或者主要负责人。

（2）劳动者的姓名、住址和居民身份证或者其他有效身份证件号码。

（3）劳动合同期限。

（4）工作内容和工作地点。

（5）工作时间和休息休假。

（6）劳动报酬。

（7）社会保险。

（8）劳动保护、劳动条件和职业危害防护。

（9）法律、法规规定应当纳入劳动合同的其他事项。

劳动合同除以上必备条款外，用人单位与劳动者可以约定试用期、培训、保守秘密、补充保险和福利待遇等其他事项。

（三）劳动合同的试用期

根据《劳动合同法》第 19 条的规定，劳动合同期限 3 个月以上不满 1 年的，试用期不得超过 1 个月；劳动合同期限 1 年以上不满 3 年的，试用期不得超过 2 个月；3 年以上固定期限和无固定期限的劳动合同，试用期不得超过 6 个月。同一用人单位与同一劳动者只能约定一次试用期。以完成一定工作任务为期限的劳动合同或者劳动合同期限不满 3 个月的，不得约定试用期。试用期包含在劳动合同期限内。劳动合同仅约定试用期的，试用期不成立，该期限为劳动合同期限。

（四）劳动合同的解除

《劳动合同法》第 36 条至第 42 条对劳动合同的解除做了相应规定，具体内容如下：

（1）协商解除。用人单位与劳动者协商一致，可以解除劳动合同。

（2）劳动者单方解除。劳动者提前 30 日以书面形式通知用人单位，可以解除劳动合同。劳动者在试用期内提前 3 日通知用人单位，可以解除劳动合同。用人单位有下列情形之一的，劳动者可以解除劳动合同：① 未按照劳动合同约定提供劳动保护或者劳动条件的；② 未及时足额支付劳动报酬的；③ 未依法为劳动者缴纳社会保险费的；④ 用人单位的规章制度违反法律、法规的规定，损害劳动者权益的；⑤ 以欺诈、胁迫的手段或者乘人之危，使劳动者在违背真实意思的情况下订立或者变更劳动合同，而致使劳动合同无效的；⑥ 免除自己的法定责任、排除劳动者权利，而致使劳动合同无效的；⑦ 用人单位违反法律、行政法规强制性规定，而致使劳动合同无效的；⑧ 法律、行政法规规定劳动者可以解除劳动合同的其他情形。

用人单位以暴力、威胁或者非法限制人身自由的手段强迫劳动者劳动的，或者用人单位违章指挥、强令冒险作业危及劳动者人身安全的，劳动者可以立即解除劳动合同，不需事先告知用人单位。

（3）用人单位单方解除。劳动者有下列情形之一的，用人单位可以解除劳动合同：① 在试用期间被证明不符合录用条件的；② 严重违反用人单位的规章制度的；③ 严重失职，营私舞弊，给用人单位造成重大损害的；④ 劳动者同时与其他用人单位建立劳动关系，对完成本单位的工作任务造成严重影响，或者经用人单位提出，拒不改正的；⑤ 以欺诈、胁迫的手段或者乘人之危，使对方在违背真实意思的情况下订立或者变更劳动合同，致使劳动合同无效的；⑥ 被依法追究刑事责任的。

有下列情形之一的，用人单位提前 30 日以书面形式通知劳动者本人或者额外支付劳动者一个月工资后，可以解除劳动合同：① 劳动者患病或者非因工负伤，在规定的医疗期满后不能从事原工作，也不能从事由用人单位另行安排的工作的；② 劳动者不能胜任工作，经过培训或者调整工作岗位，仍不能胜任工作的；③ 劳动合同订立时所依据的客观情况发生重大变化，致使劳动合同无法履行，经用人单位与劳动者协商，未能就变更劳动合同内容达成协议的。

小知识

不得解除劳动合同的情形

劳动者有下列情形之一的，用人单位不得解除劳动合同：

（1）从事接触职业病危害作业的劳动者未进行离岗前职业健康检查，或者疑似职业病病人在诊断或者医学观察期间的。

（2）在本单位患职业病或者因工负伤并被确认丧失或者部分丧失劳动能力的。

（3）患病或者非因工负伤，在规定的医疗期内的。

（4）女职工在孕期、产期、哺乳期的。

（5）在本单位连续工作满 15 年，且距法定退休年龄不足 5 年的。

（6）法律、行政法规规定的其他情形。

资料来源：https://www.pkulaw.com/

三、合同法律制度

（一）合同法律制度的作用

合同法律制度是国家制定的调整平等主体之间民事关系的法律规范的总和。其立法目的是为了保护合同当事人的合法权益。创业者学习合同法律制度，有利于防止企业盲目签约，防止与无签约资格、无履约能力或不讲信用的当事人签约；有利于确保合同内容的合法性与条款的完整性；有利于企业获得合同纠纷的主动权。

我国《民法典》“合同”编对合同订立的主体资格与程序，合同效力的确认，合同履行规则与保全措施，合同的变更、转让与终止，合同违约责任与缔约过错责任，合同争议解决的途径等做了相应规定。企业应建立与完善合同管理机构与制度。创业者应组织管理人员学习合同法，对企业合同进行登记和归档，对合同的签订与履约进行监督与检查。

（二）合同的订立原则

合同的订立应遵循以下原则：

（1）平等原则。《民法典》“总则”编第 4 条规定：“民事主体在民事活动中的法律地位一律平等。”合同当事人的法律地位平等，一方不得将自己的意志强加给另一方。

（2）自愿原则。《民法典》“总则”编第 5 条规定：“民事主体从事民事活动，应当遵循自愿原则，按照自己的意思设立、变更、终止民事法律关系。”自愿原则主要表现为合同当事人依法享有在缔结合同、选择相对人、决定合同内容，以及在变更和解除合同、选择合同补救方式等方面的自由。

（3）公平原则。《民法典》“总则”编第 6 条规定：“民事主体从事民事活动，应当遵循公平原则，合理确定各方的权利和义务。”

（4）诚信原则。《民法典》“总则”编第 7 条规定：“民事主体从事民事活动，应当遵循诚信原则，秉持诚实，恪守承诺。”

（5）合法原则。《民法典》“总则”编第 8 条规定：“民事主体从事民事活动，不得违反法律，不得违背公序良俗。”当事人订立、履行合同，应当遵守法律、行政法规，尊重社会公德，不得扰乱社会经济秩序，损害社会公共利益。

小知识

合同的要约与承诺

合同的签订一般要经过要约和承诺两个步骤。

一、要约

要约，又称“发盘”“出盘”“发价”“报价”等。要约是当事人一方向他方提出订立合同的要求或建议。发出要约的人称要约人，接受要约的人则称受要约人、相对人或承诺人。要约的构成要件如下：① 由具有订约能力的特定人作出；② 必须具有订立合同的意图；③ 必须向要约人希望与其缔结合同的受要约人发出；④ 内容必须具体确定。

要约人可以规定要约承诺期限，即要约的有效期限。在要约的有效期限内，要约人受其要约的约束，即有与接受要约者订立合同的义务；出卖特定物的要约人，不得再向第三人提出同样的要约或订立同样的合同。要约没有规定承诺期限的，可按通常合理的时间确定。对于超过承诺期限或已被撤销的要约，要约人则不受其拘束。

以对话方式作出的要约，受要约人知道其内容时生效。以非对话方式作出的要约，到达受要约人时生效。以非对话方式作出的采用数据电文形式的要约，受要约人指定特定系统接收数据电文的，该数据电文进入该特定系统时生效；未指定特定系统的，受要约人知道或者应当知道该数据电文进入其系统时生效。当事人对采用数据电文形式的要约的生效时间另有约定的，按照其约定。

二、承诺

承诺是指当事人一方对他方提出的要约表示完全同意。同意要约的一方称受要约人。受要约人对要约表示承诺，合同即告成立，受要约人就要承担履行合同的义务。承诺的构成要件如下：① 必须由受要约人向要约人作出；② 必须在规定的期限内到达要约人；③ 内容必须与要约的内容一致；④ 方式必须符合要约的要求。

承诺应当在要约确定的期限内到达要约人。要约没有确定承诺期限的，承诺应当依照下列规定到达：① 要约以对话方式作出的，承诺应当即时作出；② 要约以非对话方式作出的，承诺应当在合理期限内到达。

以对话方式作出的承诺，要约人知道其内容时生效。以非对话方式作出的承诺，到达要约人时生效。以非对话方式作出的采用数据电文形式的承诺，要约人指定特定系统接收数据电文的，该数据电文进入该特定系统时生效；未指定特定系统的，要约人知道或者应当知道该数据电文进入其系统时生效。当事人对采用数据电文形式的承诺的生效时间另有约定的，按照其约定。

对要约内容的扩张、限制或变更的承诺，一般可视为拒绝要约而为新的要约。承诺可以撤回。撤回承诺的通知应当在承诺通知到达要约人之前或者与承诺通知同时到达要约人。

（三）合同的成立

承诺生效时合同成立，但是法律另有规定或者当事人另有约定的除外。

当事人采用合同书形式订立合同的，自当事人均签名、盖章或者按指印时合同成立。在签名、盖章或者按指印之前，当事人一方已经履行主要义务，对方接受时，该合同成立。法律、行政法规规定或者当事人约定合同应当采用书面形式订立，当事人未采用书面形式但是一方已经履行主要义务，对方接受时，该合同成立。

当事人采用信件、数据电文等形式订立合同要求签订确认书的，签订确认书时合同成立。当事人一方通过互联网等信息网络发布的商品或者服务信息符合要约条件的，对方选择该商品或者服务并提交订单成功时合同成立，但是当事人另有约定的除外。

承诺生效的地点为合同成立的地点。采用数据电文形式订立合同的，收件人的主营业地为合同成立的地点；没有主营业地的，其住所地为合同成立的地点。当事人另有约定的，按照其约定。当事人采用合同书形式订立合同的，最后签名、盖章或者按指印的地点为合同成立的地点，但是当事人另有约定的除外。

四、反不正当竞争法

反不正当竞争法是指调整在制止不正当竞争行为过程中发生的社会关系的法律规范的总和。其宗旨是促进社会主义市场经济健康发展，鼓励和保护公平竞争，制止不正当竞争行为，保护经营者和消费者的合法权益。

《中华人民共和国反不正当竞争法》（以下简称《反不正当竞争法》）所称的不正当竞争行为，是指经营者在生产经营活动中，违反本法规定，扰乱市场竞争秩序，损害其他经营者或者消费者的合法权益的行为。所称的经营者，是指从事商品生产、经营或者提供服务（以下所称商品包括服务）的自然人、法人和非法人组织。

我国《反不正当竞争法》第 6 条至第 12 条规定了以下几种不正当竞争行为：

（一）类似“傍名牌”的混淆行为

混淆行为是指经营者实施一些“引人误认”的损害竞争对手的行为。根据《反不正当竞争法》第 6 条的规定，经营者不得实施下列混淆行为，引人误认为是他人商品或者与他人存在特定联系：

（1）擅自使用与他人有一定影响的商品名称、包装、装潢等相同或者近似的标识。

（2）擅自使用他人有一定影响的企业名称（包括简称、字号等）、社会组织名称（包括简称等）、姓名（包括笔名、艺名、译名等）。

（3）擅自使用他人有一定影响的域名主体部分、网站名称、网页等。

（4）其他足以引人误认为是他人商品或者与他人存在特定联系的混淆行为。

（二）商业贿赂行为

商业贿赂行为是指经营者为销售或购买商品而采用财物或者其他手段贿赂对方单位或个人的行为。根据《反不正当竞争法》第 7 条的规定，经营者不得采用财物或者其他手段贿赂下列单位或者个人，以谋取交易机会或者竞争优势：

（1）交易相对方的工作人员。

（2）受交易相对方委托办理相关事务的单位或者个人。

（3）利用职权或者影响力影响交易的单位或者个人。

经营者在交易活动中，可以以明示方式向交易相对方支付折扣，或者向中间人支付佣金。经营者向交易相对方支付折扣、向中间人支付佣金的，应当如实入账。接受折扣、佣金的经营者也应当如实入账。

经营者的工作人员进行贿赂的，应当认定为经营者的行为；但是，经营者有证据证明该工作人员的行为与为经营者谋取交易机会或者竞争优势无关的除外。

（三）虚假宣传行为

根据《反不正当竞争法》第 8 条的规定，经营者不得对其商品的性能、功能、质量、销售状况、用户评价、曾获荣誉等作虚假或者引人误解的商业宣传，欺骗、误导消费者。经营者不得通过组织虚假交易等方式，帮助其他经营者进行虚假或者引人误解的商业宣传。

（四）侵犯商业秘密的行为

商业秘密是指不为公众所知悉、具有商业价值并经权利人采取相应保密措施的技术信息、经营信息等商业信息。根据《反不正当竞争法》第 9 条的规定，经营者不得实施下列侵犯商业秘密的行为：

（1）以盗窃、贿赂、欺诈、胁迫、电子侵入或者其他不正当手段获取权利人的商业秘密。

（2）披露、使用或者允许他人使用以前项手段获取的权利人的商业秘密。

（3）违反保密义务或者违反权利人有关保守商业秘密的要求，披露、使用或者允许他人使用其所掌握的商业秘密。

（4）教唆、引诱、帮助他人违反保密义务或者违反权利人有关保守商业秘密的要求，获取、披露、使用或者允许他人使用权利人的商业秘密。

经营者以外的其他自然人、法人和非法人组织实施上述所列违法行为的，视为侵犯商业秘密。

第三人明知或者应知商业秘密权利人的员工、前员工或者其他单位、个人实施上述所列违法行为，仍获取、披露、使用或者允许他人使用该商业秘密的，视为侵犯商业秘密。

（五）不正当有奖销售行为

不正当有奖销售是指经营者在销售商品或提供服务时，以欺骗或其他不正当手段，附带性地向购买者提供物品、金钱或者其他经济上的利益，刺激消费者购买其商品或接受其服务的行为。

根据《反不正当竞争法》第 10 条的规定，经营者进行有奖销售不得存在下列情形：

（1）所设奖的种类、兑奖条件、奖金金额或者奖品等有奖销售信息不明确，影响兑奖。

（2）采用谎称有奖或者故意让内定人员中奖的欺骗方式进行有奖销售。

（3）抽奖式的有奖销售，最高奖的金额超过 5 万元。

（六）商业诽谤行为

商业诽谤行为是指经营者编造、传播虚假信息或者误导性信息，损害竞争对手的商业信誉、商品声誉，诋毁、诽谤竞争对手的行为。商业信誉是指社会公众对某一经营者的经济能力、信用状况等所给予的社会评价，即该经营者在经济生活信用、名誉中的地位。商品声誉是指社会公众对某一经营者的商品性能、品质所给予的社会评价，即该商品在经济生活中的地位。商业信誉和商品声誉有利于经营者开拓市场、扩大交易，关系着经营者在市场竞争中的成败。因此，我国《反不正当竞争法》第 11 条对商业诽谤行为予以禁止。

商业诽谤行为的构成要件如下：① 经营者故意编造、传播虚假信息或者误导性信息的意图；② 诋毁商誉行为的客体是同行竞争者的商业信誉和商品声誉；③ 经营者采用了编造、传播虚假信息或者误导性信息的手段。

（七）互联网不正当竞争行为

根据《反不正当竞争法》第 12 条规定，经营者利用网络从事生产经营活动，应当遵守本法的各项规定。经营者不得利用技术手段，通过影响用户选择或者其他方式，实施下列妨碍、破坏其他经营者合法提供的网络产品或者服务正常运行的行为：

（1）未经其他经营者同意，在其合法提供的网络产品或者服务中，插入链接、强制进行目标跳转。

（2）误导、欺骗、强迫用户修改、关闭、卸载其他经营者合法提供的网络产品或者服务。

（3）恶意对其他经营者合法提供的网络产品或者服务实施不兼容。

（4）其他妨碍、破坏其他经营者合法提供的网络产品或者服务正常运行的行为。

五、产品质量法

产品质量法是调整在生产、流通及监督管理过程中，因产品质量而发生的各种经济关系的法律规范的总称。其宗旨是加强对产品质量的监督管理，提高产品质量水平，明确产品质量责任，保护消费者的合法权益，维护社会经济秩序。

（一）生产者的产品质量责任和义务

根据《中华人民共和国产品质量法》（以下简称《产品质量法》）第 26 条至第 32 条的规定，生产者应当承担以下责任和义务：① 应当对其生产的产品质量负责；② 产品或者其包装上的标识必须真实并符合法定要求，裸装的食品和其他根据产品的特点难以附加标识的裸装产品，可以不附加产品标识；③ 易碎、易燃、易爆、有毒、有腐蚀性、有放射性等危险物品，以及储运中不能倒置和其他有特殊要求的产品，其包装质量必须符合相应要求，依照国家有关规定做出警示标志或者中文警示说明，标明储运注意事项；④ 不得生产国家明令淘汰的产品；⑤ 不得伪造产地，不得伪造或者冒用他人的厂名、厂址；⑥ 不得伪造或者冒用认证标志等质量标志；⑦ 生产产品时不得掺杂、掺假，不得以假充真、以次充好，不得以不合格产品冒充合格产品。

（二）销售者的产品质量责任和义务

根据《产品质量法》第 33 条至第 39 条的规定，销售者应当承担以下责任和义务：① 建立并执行进货检查验收制度，验明产品合格证明和其他标识；② 采取措施，保持销售产品的质量；③ 不得销售国家明令淘汰并停止销售的产品和失效、变质的产品；④ 销售的产品的标识应当符合《产品质量法》对生产者的产品或者其包装上的标识的要求；⑤ 不得伪造产地，不得伪造或者冒用他人的厂名、厂址；⑥ 不得伪造或者冒用认证标志等质量标志；⑦ 销售产品时不得掺杂、掺假，不得以假充真、以次充好，不得以不合格产品冒充合格产品。

产品存在缺陷而造成人身、缺陷产品以外的其他财产损害的，生产者应当承担赔偿责任。销售者的过错使产品存在缺陷，造成人身、他人财产损害的，销售者应当承担赔偿责任。若销售者不能指明缺陷产品的生产者，也不能指明缺陷产品的供货者，则销售者应当承担赔偿责任。

典型案例分析

青年学生创业前应多学法

“没想到我们的第一次创业就这样草草结束了！我们真的很受打击。”小谢等三名初出校门的大学生向同学讲述自己初次创业的坎坷经历。

小谢说，他和另外两个合伙人均毕业于湖南某职业学院，因觉得毕业后工作不好找，遂决定自己创业。经过一段时间的考察，他们看中了长沙芙蓉区解放西路的某个店面。由于该店面附近的酒吧和 KTV 比较多，他们便打算在此开一家烟酒店。随后，小谢和店面的房东签订了两年的租房合同。合同签订后，小谢便抓紧时间装修店铺，以便尽快开业。“装修那段时间没日没夜地干活，真的很辛苦，但是我们充满了信心和激情。”小谢感慨道。

不料，烟酒店刚开业不到半个月，街道办事处就在店面外面张贴了拆迁公告，告知商户和居民此处即将拆迁。这份拆迁公告让小谢他们陷入了巨大的恐慌当中，因为“我们仅装修费就花了 3 万多元，这些钱可都是我们父母的血汗钱”。同时，小谢和另外两个合伙人也质疑房东“为何在拆迁一个月前把房子租给他们”。对此，房东解释说他也不知道要拆迁。

小谢他们所担心的房租、门面装修费、经营损失费，究竟应该由谁来承担？湖南某律师事务所律师对此分析后告知，根据《民法典》“合同”编的相关规定，小谢可要求房东返还房租，至于门面装修费、经营损失费，则应该由拆迁方来补偿。

资料来源：https://www.unjs.com/jiuye/cankao/20090828091747_133237.html

【案例分析】

缺乏社会阅历是大学生创业者的最大“短板”。大学生社会经验不足，考虑问题不周全，所以在创业前应多学习有关法律法规，对相关法律问题最好向专业人士进行咨询，做好充分的调研准备，以免因不懂法而创业失败。

探索活动

谈谈合法经营的重要性

活动目的：

通过搜集并讨论典型的创业案例，培养合法经营意识。

活动内容：

学生分组搜集一些创业案例，并结合案例谈一谈企业合法经营的重要性。具体活动流程如下：

（1）全班学生每3～5人一组，各组选出一个负责人。

（2）各小组上网搜集3～5个创业案例，包括合法经营案例和违法经营案例。

（3）小组成员结合案例讨论合法经营的重要性，并写一份500字的分析报告。

（4）将分析报告制作成PPT，然后由小组负责人上台进行讲解。

（5）教师进行点评。

活动检测：

活动结束后，教师可根据表7-8进行评分。

表7-8 探索活动评价表

评分标准	满分	实际得分	备注
积极参与讨论	25		
案例典型，有说服力	25		
分析报告观点鲜明，有理有据	25		
PPT制作精美，讲解者表达清晰	25		
总分	100		

能力训练

（1）阅读下列材料，思考并回答问题。

许某是某职业院校毕业生，一直有创业雄心。一次偶然的机会，他发现网上有一套幼儿识字软件不错，于是想到一个创业的点子。徐某仿照网上的这套幼儿识字软件进行编程和修改，很快做出了自己的“作品”。他将这套“作品”放在网络上销售，没想到生意出乎意料地红火。

后来，一位客户朱老师联系到徐某，并建议徐某编写一套识字软件的配套教材。徐某觉得这个想法很好，便邀这位老师与他合作编写教材。教材很快就编写好了，徐某没有申请图书出版号，便直接找了一个印刷公司将教材印制了出来，并将其和原来的软件组成大礼盒一起销售，每套大礼盒的售价为600多元。

这套大礼盒很畅销，不到两年就有了30多万元营业额。正当徐某初尝创业成功的喜悦时，文化行政管理部门联合公安机关对徐某的办公场所进行了突击检查，查获了大量还未销售的光盘和配套书籍。随后，当地检察院以非法经营罪对徐某提起了公诉。

问题：徐某为什么会创业失败？面对这种情况，他该怎么办？

（2）请同学们上网查找《中华人民共和国专利法》《中华人民共和国商标法》《中华人民共和国著作权法》《中华人民共和国反不正当竞争法》《中华人民共和国民法典》《中华人民共和国产品质量法》《中华人民共和国劳动法》等法律条文，然后阅读这些法律的内容，熟悉与创业活动相关的法律知识。

创业实践

确定一个创业项目，模拟企业注册及制度建立等事项。具体实施步骤如下：

（1）每 4～6 人一组，以小组为单位完成模拟练习。

（2）模拟注册企业，填写注册企业所需要的各种表格。

（3）完成公司制度建设，包括组织结构设计，以及人事和行政管理制度、营销管理制度、财务管理制度和企划管理制度的建设等。

（4）进行公司管理，包括品牌设计、产品开发、营销推广等。

（5）撰写实践总结，写明心得体会。

模块八

创业发展有诀窍

自我思考

创业者完成企业注册、制度建设、企业文化创建、品牌策划、营销策划等一系列工作后，接着面临的问题是如何明确企业的社会责任、实施创新经营、融合“互联网+”，以使企业驶入创业快车道。

请同学们想一想，企业在经营过程中应承担哪些社会责任？企业走上正轨以后，能否一帆风顺，久盛不衰呢？在“互联网+”时代，企业要如何做才能跟上时代的步伐？

开篇故事

联想向左、华为向右：谁将更胜一筹？

2018 年 12 月 23 日，联想集团首任总工程师倪光南在一次演讲中谈到了联想与华为的对比。1995 年，联想集团销售额达到了 67 亿元人民币，是华为的 4.5 倍。但是，从 1996 年起，华为开始超过联想。到如今，华为已经远远把联想集团乃至联想控股甩在了后面。

联想与华为，这对中国科技企业界的双子星，确实在过去 30 多年的发展历程中走出了戏剧化的情节。

华为的辉煌起步于 1993 年，任正非的团队在这一年研发出了 C&C08 数字程控交换机。在同一阶段，倪光南也带领联想的团队研发出了自己的程控交换机，而且当时联想的营收远超华为。

倪光南回忆："在 1988—1995 年第一阶段，联想的'技工贸'胜过了华为的'贸工技'，在 1995 年，联想销售额 67 亿元，是华为的 4.5 倍。"然而就在此时，倪光南却被迫离开联想。公司失去了技术带头人，走上了多元化之路。而华为一直在任正非治下坚持以技术研发为生命线。

23 年之后，联想与华为的实力对比调转。2018 年华为的营收至少是联想的 2 倍。

联想已不是纯粹的科技企业

华为与联想有很多共同之处——创始人都有参军经历，并且都是中年创业，两家公司都在科技领域内创造过不可思议的商业成绩，两家企业都屡屡提及"产业兴国"……

然而一个常被人忽视的事实在于，严格意义上来说，联想其实早就不是一家科技企业了。2017 年，IT 业务在整个联想控股所占的比例已经降低至 30%。联想控股自称"是一家纯粹的投资控股公司，联想集团仅是其战略投资的企业之一，并非其核心或主营业务"。

联想与华为的业务路径也像一个相向而行的轮回：华为最早是从事针对企业的数字程控交换机生意的，最近几年才下沉到手机、个人电脑等针对个人的产品；联想则是以个人电脑起家的，近些年则将大众科技消费品渐渐从主营业务剥离，转而切入金融、医疗等与消费电子看似毫无关联的产业。例如，联想控股在金融领域内的投资包括卢森堡国际银行、正奇金融、拉卡拉、翼龙贷等；创新消费领域内的投资包括神州租车、三育教育、上海德济医院、寻医问药网等。

联想作为中国最早的科技企业之一，为什么在移动互联网时代却掉队了呢？

既是身不由己，却也是求仁得仁。

倪光南说："联想公司的利润过去是靠创新产品，但是现在它最稳定的利润来源是融科智地房地产。"

一切还是要从柳传志的经营理念说起。柳传志从来就是一位在技术研发与商业并购之中坚定地选择后者的人。有人评论他："对于学术理论并不敏感，或许本来就缺乏兴趣……但是，他对于大环境风向的转变很敏感。另外，他还具备与生俱来的敏锐的商业神经。"

根据《联想风云》一书的记载：1995 年，柳传志在与时任联想总工程师的倪光南代表的"技术派"的较量中最终胜出，也就此定下了联想未来要走的路——更偏重商业而非技术研发。到了 2001 年，柳传志又将公司拆分为从事自有品牌业务的联想集团和从事代理业务的神州数码，并选定杨元庆和郭为两个接班人，同时还成立了联想控股，进军投资领域。而联想控股的成立，标志着柳传志在 IT 领域内的故事告一段落，也意味着联想进入更广阔的投资领域。

人们喜欢华为，却看不见联想

移动互联网时代，联想在消费者眼前逐渐隐身了。柳传志说："在IT行业变革的时候，联想集团没有紧跟上节奏。"华为则正好相反，从最初的2B生意到现在的2C设备，已下沉到千家万户。久而久之，联想仿佛一个顾全大局的理性指导员，华为则像是有血有肉、专啃硬骨头的独立团团长。

柳传志说："1984 年联想集团成立的时候，全世界有几万家电脑公司，到 1998 年前后做电脑业务的公司只剩不到十家……高科技领域由于颠覆式创新、技术创新和业务模式创新，有很大风险……"在风险面前，联想的选择是成立联想控股，对外进行战略投资与财务投资。

相比之下，华为的选择显得更加坚定不移，在欧盟委员会发布的《2018 年欧盟工业研发投资排名》中，华为以 113.34 亿欧元的研发投入，位列全球第五。华为将技术研发当作生命线的做法让他们一骑绝尘，也因此必须时刻保持危机感。任正非说："华为已前进在迷航中……华为正在本行业逐步攻入无人区，处在无人领航、无既定规则、无人跟随的困境。"

柳传志用投资给联想换来了商业上的"保险"。任正非却一条路走到底，直到无人跟随。

格局与结局

2018 年《财富》世界 500 强榜单上，华为排名第 72 位，联想排名第 240 位，华为营收为 890 亿美元，大约是联想集团的 2 倍，华为盈利 70 亿美元，而联想集团则亏损 1.89 亿美元。

2018 年上半年，华为实现销售收入 3 257 亿元人民币，其轮值董事长郭平在 2019 年新年致辞中提到全年预计实现销售收入 1 085 亿美元；截至 2018 年 6 月 30 日，联想控股实现收入 1 565.49 亿元人民币。

从数字上来看，华为优势明显。可是，从企业经营格局而言，似乎柳传志的构想并不逊色于任正非。柳传志对联想控股的定位是："以产业报国为己任，致力于成为一家值得信赖并受人尊重，在多个行业拥有领先企业，在世界范围内具有影响力的国际化投资控股公司。"但是，外界对于联想控股的质疑从未停止，也暴露出了这一模糊方向存在的问题，如联想控股的投资领域之间缺乏协同，联想控股缺乏锁定投资某些领域的明确路线图，等等。

作为对比，任正非对于华为的想法则显得更加清楚："一个人一辈子能做成一件事已经很不简单。"华为在做的事情也众人皆知——2C 终端设备，包括手机、平板、电脑、智能家居等；2B 产品与服务，包括交换机、路由器、服务器等产品与运营商网络搭建、解决方案、咨询服务、华为云等。华为的业务简单清晰，同时还有清楚明确的价值观与管理体系，后者让前者变得更加有力。

如此看来，格局不等于结局。决定结局的，是战略上的定力。

任正非的定力在于数十年如一日地坚持技术攻坚，以技术开拓市场。柳传志缺少这样的定力，在意识到科技领域的巨大风险之后，他选择了多元化投资。尽管在杨元庆眼中这并非易事："外人不能理解我们为什么在死守 PC 与多元化转型之间，选择了更为艰难的一条道路。"

谁将基业长青？

毕业于军校西北电讯工程学院（今西安电子科技大学）的柳传志，并非不知道带兵打仗需要破釜沉舟的勇气和运用自己最擅长的方式的道理，正是看到了联想集团在科技研发方面出现的潜在风险，他才未雨绸缪地用对外投资来保障内部早晚会处于下风的科技业务。

这种方式说不上对错，只不过似乎一下子失去了锐气。最鲜明的对比，发生在 PC 和手机业务上。

2018 年，联想重回 PC 市场全球第一的宝座。个人电脑作为联想在科技领域内的辉煌起点，尽管多次历经挫折，但依旧是联想的"硬实力"。自联想集团收购 IBM、富士通等巨头至今，PC 业务一直为其贡献 70%以上的利润。华为在 PC 领域内的布局则始于 2016 年，销量至今无法与联想比肩。事实上，华为进军 PC 这个"夕阳产业"，更像是在为下一代计算平台做准备。

手机业务的对比则大相径庭。华为轮值董事长郭平在给员工的新年致辞中宣布 2018 年华为智能手机出货量超过 2 亿台；而联想手机 2018 年 1 000 多万台的出货量也远超 2017 年的 180 万台。

在手机领域，双方最早进入的时机相差无几，联想 2001 年开始做手机，华为 2003 年进入手机行业。但是此后的发展依旧源于不同的选择：联想热衷于商业并购，华为坚持技术研发。

目前来看，华为的选择将有很大可能让他们在 5G 时代占据先机，而联想的并购之路依旧会延续，同时伴随着联想集团在 2018 年的复苏，这两家企业在对标过程中，依旧会有新的故事出现。

华为眼下最重要的事情，是顶着压力实现 5G 时代的技术革新与商用市场领先。究竟是任正非的战略定力换来的结局更有历史穿透性，还是柳传志多领域播种的大格局能够保障基业长青？

人们拭目以待。

资料来源：http://app.myzaker.com/news/article.php?pk=5c3dac079e780b765d0027ec

第一节　社会责任勇担当

创业思考

也许有些创业者认为，创业的目的就是最大限度地获取经济利润，其他的都不用考虑。其实不然，如果企业只顾自己的利益，不顾环境保护、职工健康、消费者利益，就很难获得长久发展。因此，企业除了关注自身发展外，还要考虑企业能为社会带来什么影响，应该承担什么样的责任。在进行下面的学习之前，请同学们先思考以下问题：

（1）企业应承担的社会责任有哪些？

（2）企业应如何承担社会责任？

创业课堂

企业的社会责任是指企业在经营发展过程中应当履行的社会职责和义务。一般来说，企业应承担以下七个方面的社会责任。

一、诚实守信

依法经营、诚实守信是市场经济的必然要求，也是企业生存、发展、壮大的基础。而目前，由于种种原因造成企业诚信缺失的现象越来越严重：一些企业弄虚作假，生产假冒伪劣产品；一些企业以次充好，以劣质产品滥竽充数；还有一些企业采用不正当竞争手段如商业欺诈扰乱市场秩序；等等。这些行为不但给消费者造成损失，还埋下了巨大的安全隐患，甚至导致许多依法经营的企业步履维艰，难以为继，严重扰乱了市场经济的发展。

为了维护市场经济稳定有序的发展，保障人民群众的利益，企业必须把质量和品牌放在第一位，承担起诚实守信、确保产品货真价实的社会责任。

二、科学发展

企业担负着增加税收和促进经济发展的使命。因此，企业必须承担起发展的责任，要以发展为中心，以发展为前提，不断扩大经营规模，扩大纳税份额，为国家经济发展做出贡献。需要注意的是，企业的发展观必须是科学的，是符合社会利益的。

企业要想实现科学发展就必须做到以下两方面：一方面，不能仅着眼于企业的局部利益，而要把自身纳入社会有机体内，站在宏观的角度看问题，坚持企业发展与社会发展并重，这才是企业基业常青的根本所在；另一方面，要建立和谐共赢的经营理念，在发展过程中要统筹兼顾，协调处理各方利益关系，与利益相关者共享企业经营成果，秉持协作、竞争、共赢的经营理念，这样才能使企业获得科学的、持久的发展。

三、可持续发展

可持续发展是指既要考虑当前发展的需要，又要考虑未来发展的需要；不能为了发展只追求眼前的利益，而以牺牲以后的利益为代价。企业的可持续发展是指企业在追求自身经济价值增值的过程中，要充分考虑社会和生态环境可持续发展，要在实现当前经营目标的同时保持长期的竞争优势，能够持续地增强盈利能力和扩大企业规模，实现企业的长久发展。

这就对企业提出了更高的要求：既要考虑企业经营目标的实现和市场竞争地位的提高，又要考虑企业未来的持续盈利能力，还要兼顾到社会、资源、环境的协调一致。

四、保护环境

随着经济的快速发展，生态环境日益恶化，一方面，环境污染加剧，特别是大气、水、海洋的污染日益严重；另一方面，自然资源的过度开发，不仅使野生动植物面临生存危机，也给人类的生存和发展带来了很大威胁。环境问题已成为制约经济发展的瓶颈。因此，为了人类的生存和经济的持续发展，企业一定要担当起保护环境、维护自然和谐的重任。

五、发展公益事业

虽然我国的经济发展取得了巨大成就，但作为一个有着近 14 亿人口的大国，我国经济发展不平衡，还存在不少贫困地区和贫困人口，发展任务依然艰巨。企业作为社会经济的基本单位，有责任发挥自身优势，为脱贫攻坚贡献自己的力量。

具体而言，企业可在多个方面发展公益事业：除了捐钱捐物外，企业还可以以公益、教育的方式扶智，切实改变贫困群众观念；以就业培训等方式扶志，帮助劳动力在不同城市、产业之间实现流转，提升他们的劳动技能和收入；通过消费扶贫，打通当地农特产品资源对外销售渠道，实现产业对接，发展自主产业，使贫困地区由“被动输血”变为“自主造血”。

案例阅读

党的十八大以来，民营企业按照国家“集中连片、突出重点、全国统筹、区划完整”的整体部署，以14个集中连片特殊困难地区、680个县为主战场，积极参与新一轮农村扶贫开发。2015 年精准脱贫攻坚战全面打响以来，民营企业以建档立卡贫困村、贫困户为帮扶对象，以产业扶贫、就业扶贫、公益扶贫、消费扶贫为主要帮扶途径，组织发起了“万企帮万村”精准扶贫行动。

2018年10月20日，习近平总书记给“万企帮万村”行动中受表彰的民营企业家回信，信中指出：“看到有越来越多的民营企业积极承担社会责任，踊跃投身脱贫攻坚，帮助众多贫困群众过上了好日子，我非常欣慰。”

截至 2019 年 12 月底，进入“万企帮万村”行动台账管理的民营企业有 9.99 万家，精准帮扶 11.66 万个村（其中建档立卡贫困村 6.56 万个）的 1 434.42 万建档立卡贫困人口，产业扶贫项目投入 819.57 亿元，公益投入 149.22 亿元，安置就业 73.66 万人，技能培训 111.33 万人。在攻克深度贫困堡垒方面，民营企业聚焦边远贫困地区，组织开展了“凉山行”“怒江行”“临夏行”“南疆行”“精准扶贫西藏行”“民营企业南疆行”等一系列活动，累计签订招商引资项目 680 多个，投资金额达 3 387.76 亿元，捐款捐物 5.15 亿元。

资料来源：http://www.qstheory.cn/laigao/ycjx/2020-05/23/c_1126020044.htm

六、保护职工健康

人力资源是社会的宝贵财富，也是企业发展的支撑力量。保障企业职工的生命、健康，确保职工拥有良好的工作环境与合理的薪资待遇，不仅关系到企业的持续健康发展，也关系到社会的发展与稳定。企业要做到：遵纪守法，爱护员工，做好劳动保护；按时发放工资，提供相关福利，保障员工的物质生活；多与员工沟通，关注员工心理健康。

七、重视技术创新

近年来，我国企业的技术创新意识不断增强，创新能力不断提升，以企业为主体的技术创新体系逐步完善。我国企业研发投入占全社会研发投入的比重超过 70%，规模以上工业企业（年主营业务收入在 2 000 万元以上的工业企业）中，超过四成企业开展了技术创新活动。而且，在专利数量大幅增长的同时，专利质量也在同步提升。我国企业创新能力的不断增强，为经济高质量发展打下了坚实基础。

但是，与发达国家相比，我国企业创新能力不强的问题依然突出，还存在研发投入不够、关键共性技术供给不足，激励企业创新的机制还不健全等问题。因此，企业要高度重视技术创新，注重引进技术的消化吸收和自主科技研发，加大资金与人员的投入，努力做到创新发展。

课堂互动

请同学们思考一下，企业除了要承担上述几种社会责任外，还应该承担什么社会责任？可结合身边的实例进行说明。

典型案例分析

中国企业全力支援抗击疫情

2019 年 12 月底，新型冠状病毒感染的肺炎疫情牵动着很多人的心。面对疫情防控阻击战印发的各类需求，很多中国企业第一时间积极响应，他们结合本领域优势，在医疗物资补充、生活物资供应、隔离病房扩建、应急资金周转等诸多方面提供了强有力的支援和保障。中国企业在防控疫情中的出色表现，不仅体现了自身强大的业务基础和生产实力，更体现出强大的社会责任意识与长远的发展眼光。

中央企业带头攻坚

疫情就是命令，防控就是责任。面对防控救治的重担，央企全力出击，率先垂范，拿出了一系列强有力的保障支援措施。

在信息服务方面，疫情发生后，中国电信、中国联通、中国移动三大电信央企协助政府相关部门免费发送疫情预警、交通状态、公共卫生提示及防控知识等公益短信，向用户宣传防疫知识，提供疫情信息。

在消毒灭菌领域，中核集团、中国广核集团旗下相关企业发挥专业优势，开辟了急需紧缺医用物资的灭菌绿色通道，免费为运往武汉地区用于防控疫情的医用口罩、医用防护服、医用面罩等提供辐照消毒灭菌服务。

在物流运输方面，中国南方航空集团有限公司等企业对符合条件的救援物资实行免费运输，开通援助物资运输绿色通道，向境内外机构组织用于捐赠公益的救援物资提供通航点之间机场到机场的免费航空运输及优先保障。

与此同时，疫情引发的资金缺口，也在第一时间获得了妥善安排。

国家开发银行建立了疫情防控应急融资服务机制：各级疫情防控指挥部及其成员部门提出的融资需求，在 24 小时内获得应急响应；其他参与疫情防控相关企业提出的融资需求，在 48 小时内完成应急响应。并且，国家开发银行为相关融资需求提供最优的贷款利率。

中国出口信用保险公司针对疫情带来的影响，采取“加强线上客户服务”“优先处理受疫情影响出口企业的出险理赔”“对特定业务需求特事特办”等措施，积极稳定企业预期，为打赢新型冠状病毒感染的肺炎疫情阻击战贡献力量。

各路企业纷纷支援

为了确保新型冠状病毒感染者及时接受治疗，有关部门决定参照 2003 年抗击非典期间北京小汤山医院模式在武汉建设火神山、雷神山两家专门医院。

在施工现场，机器设备轰鸣声不断，建设团队不分昼夜，以中国速度与时间赛跑，和疫情赛跑。接到任务后，上百台挖掘机、推土机等施工机械从四处赶来进场施工。短短几天内，累计平整全部场地 5 万平方米，相当于 7 个足球场大小，内转土方 15 万立方米，足以填满 57 个游泳池；建筑工人纷纷请战投入工程建设之中，有的来不及跟家人道别，有的在寒风中冒雨一干就是十几个小时……对承担火神山医院建设任务的中建三局等企业来说，提前 1 分钟交工，就能提前 1 分钟遏制疫情蔓延。

工地之外，各路企业也纷纷拿出拳头产品，助力两所医院尽快投入使用。

联想集团宣布为火神山、雷神山两所医院捐赠所需的全部 IT 设备。据了解，在紧急驰援武汉应急医疗工程中，联想集团共捐赠硬件设备超过 2 000 台，包括个人电脑与平板电脑、打印机及配套的桌面软件等。同时，联想集团还派出专业 IT 服务团队进驻现场，为医院提供 IT 设备运营维护和现场技术支持。

宁波金田铜业（集团）股份有限公司旗下的宁波杰克龙精工有限公司则主动对接武汉相关部门，在了解到具体建设需求后，该公司为火神山医院提供了 37 类急需的阀门。

彰显实力 体现担当

在抗击疫情的过程中，企业的作用还体现在解决各类难题上。

例如，疫情出现后，口罩、护目镜、净化器、消毒液、粮油等物资能否顺利运达引发各界关注。对此，京东利用自身完备的物流、成熟的供应链及动员上下游产能的能力，积极向市场输送各种物资。据介绍，京东物流开通全国各地驰援武汉救援物资的特别通道以来，已累计接到公益组织、企事业单位等 400 多家机构的捐助运输需求，企业正在通过公路、铁路、航空等多种运输方式，陆续将大批物资从全国各地运往武汉地区，确保及时送达。截至 2020 年 1 月 31 日，京东物流通过铁路往武汉地区运送的防疫物资超过 140 吨。

再如，全球支付涵盖跨境汇款、多币种兑换等多个环节，是银行中流程链条长、综合性强的业务。面对疫情，中国工商银行迅速启动应急预案，在有关部门的支持下，逐个解决节日期间清算假日、大额资金、小币种购汇、跨境汇款等问题，迅速搭建起从基层到总行、从个人到对公、从中国到全球的跨境支付绿色通道，依托覆盖全球 6 大洲、150 余个国家的本外币支付清算网络，争分夺秒完成资金支付，促进进口防疫物资尽快到位，为抗击疫情增添力量。

疫情的发生突如其来，既对企业原有运行节奏产生了影响，也对产品和服务提出了全新需求。在此背景下，中国企业纷纷通过捐款、捐物、扩大生产、提供服务等形式支援抗击疫情，体现出了中国企业的强大实力与责任担当。

资料来源：http://jx.people.com.cn/n2/2020/0201/c186330-33754543.html

【案例分析】

一个热心慈善公益的企业，更有可能树立良好的公众形象；一个对消费者负责的企业，更有可能赢得顾客与市场；一个诚实守信、保护环境的企业，更容易得到政府、投资方及消费者的支持。对企业家而言，企业承担社会责任意味着收获更好的经营环境和更多的资源支持，这是长远“投资”。

近年来，越来越多的企业在创造就业机会、促进地方经济发展的同时，积极投身公益事业。在疫情防控期间，广大中国企业积极作为，主动担当，在物资捐赠、防疫物资供应、复工复产、稳定就业等方面做出了巨大贡献，充分体现了企业的社会责任感和使命感。

探索活动

走访企业

活动目的：

通过走访企业，明确企业不仅仅要关注自身发展，也要承担一定的社会责任。

活动内容：

走访当地一家知名企业，评价该企业的社会责任感。可以参考以下问题进行提问：

（1）企业具有什么样的使命？

（2）企业文化是什么？

（3）企业是否关注职工健康？

（4）企业产品是否存在以次充好现象？

（5）企业在发展过程中，有无破坏周围环境的情况？

（6）企业是否注重科技创新？

（7）企业是否关注公益事业？

走访完毕，每位同学写一份报告。

活动检测：

活动结束后，教师可根据表 8-1 进行评分。

表 8-1　探索活动评价表

评分标准	满分	实际得分	备注
积极参与活动实施	25		
能按照要求进行走访	25		
报告结构完整，分析合理	25		
对该企业的社会责任感评价合理	25		
总分	100		

能力训练

（1）假设你要开办一家公司，请先回答以下问题：

① 公司的使命是什么？

② 公司的经营理念是什么？

③ 公司文化如何创建？

④ 如何促进职工的健康发展？如何留住人才？

⑤ 你会发展慈善事业吗？

请同学们每 3～5 人一组，就上述问题展开讨论，然后由 1 人汇报讨论结果。

（2）参与某个企业策划的爱心活动，近距离感受企业的社会责任感。

第二节　“互联网+”与创业

创业思考

2014 年 11 月，李克强总理出席首届世界互联网大会时指出，互联网是大众创业、万众创新的新工具。传统行业与互联网结合，产生了许多新的传奇：传统的广告加上互联网成就了百度，传统集市加上互联网成就了淘宝，传统百货卖场加上互联网成就了京东，传统银行加上互联网成就了支付宝，传统的安保服务加上互联网成就了奇虎 360，传统的红娘加上互联网成就了世纪佳缘……在进行下面的学习之前，请同学们先思考以下问题：

（1）生活中还有哪些企业采用“互联网+”的模式？

（2）你能想到哪些“互联网+”创业的点子？

创业课堂

一、什么是“互联网+”

“互联网+”代表一种新的经济形态，即充分发挥互联网在生产要素配置中的优化和集成作用，将互联网的创新成果深度融合于经济社会各领域之中，提升实体经济的创新力和生产力，形成更广泛的以互联网为基础设施和实现工具的经济发展新形态。

通俗地说，“互联网+”就是“互联网+各个传统行业”。这并不是两者简单相加，而是利用信息通信技术及互联网平台，让互联网与传统行业进行深度融合，创造新的发展生态。

“互联网+”促进了以云计算、物联网、大数据为代表的新一代信息技术与现代制造业、生产性服务业等的融合创新，发展壮大了新兴业态，打造了新的产业增长点，为大众创业、万众创新提供了环境，为产业智能化提供了支撑，增强了新的经济发展动力，促进了国民经济提质增效升级。

二、“互联网+”的七大特征

（一）跨界融合

随着互联网时代的到来，“互联网+”已经和众多行业进行了融合，出现了互联网金融、共享单车、自媒体、新零售等新模式，促进了传统行业的产业升级。“互联网+”在促进新行业不断涌现的同时，也使得行业间的界限变得模糊，实现了“产业跨界”。

（二）创新驱动

粗放的资源驱动型增长方式在现代社会早就难以为继，创新驱动发展才是正确的道路，而这正是互联网的优势所在。用互联网思维来求变革、求突破，发挥创新的力量，打造新的商业模式，创业者方能在新时代站稳脚跟。

（三）重塑结构

当前，互联网已打破原有的社会结构、经济结构、关系结构、地缘结构和文化结构。结构被重塑的同时带来很多要素，如权力、关系、连接、规则和对话方式的转变。抓住这些机遇方能距离成功更近一些。例如，网络购物已经超越线下购物成为主流，开网店成为许多大学生创业的首选。

（四）尊重人性

人性的光辉是推动科技进步、经济增长、社会进步、文化繁荣的最根本的力量。尊重人性是互联网最本质的文化。互联网席卷全球并非因为其尖端的技术，其力量之强大最根本的来源是对人的需要的满足、对用户体验的敬畏、对人的创造性的重视。例如，社群、电商、分享经济，都是透视人性、尊重人性的产物。

（五）开放生态

生态这一概念来自生物学，是指一个由不同类型生物种群及其所处环境通过相互支持与制约而形成的动态平衡的统一整体。大至一片树林、一个草原，小至一个池塘，都可以构成一个完整的生态。而在商业领域，互联网生态是指以互联网技术为核心，以用户价值为导向，通过跨界纵向整合产业链，横向扩展用户关系圈，打破工业化时代下产业边界和颠覆传统商业生态模式，实现链圈式价值重构的生态体系。

开放是互联网生态最大的特征。互联网生态下，创新不再是一个个孤岛，创新成果可以有机结合起来，发挥更大的效用。企业要学会用开放的视野看待资源，协调各方技术、整合所有资源，而不能故步自封。例如，对于很多开发能力较弱的传统企业而言，微信小程序是一个很好的选择。传统企业可以快速地利用微信提供的集成组件部署服务，更好地找到用户，而且可以快速迭代版本，比自己着手开发成本要低得多。

企业若能树立开放性思维，通过“互联网+”主动对接客户、对接市场，不断探索跨界行业合作，将会获得更多的优质资源，获得更广阔的发展空间。例如，老字号品牌“大白兔”，从联合法国时尚轻奢品牌进行跨界合作，到携手美加净推出大白兔奶糖味润唇膏，再到与年轻的乐町、气味图书馆展开合作，大白兔“永葆青春”的发展策略，就是让这颗国民奶糖不断年轻化，通过线上营销、跨界合作去拥抱更多的年轻人，从而创造更多的可能性。

（六）连接一切

“互联网+”的核心就是连接一切。移动互联网可以连接所有人、所有信息，只要有足够的创意，就会带来无限可能。例如，河南开封是一座有着悠久文化和历史的古城，但很多人并不了解。如今，通过“互联网+”旅游平台，游客到了这里，打开微信扫一扫，就可以听到开封市民讲述的开封故事，非常鲜活。

（七）法治经济

“互联网+”经济是建立在市场经济基础之上的法治经济，更加注重对创新的法律保护，扩大了知识产权的保护范围，使全世界对于虚拟经济的法律保护更加趋向共通。

三、“互联网+”的实际应用

（一）工业

“互联网+工业”模式下，传统制造业企业可以采用移动互联网、云计算、大数据、物联网等信息通信技术，来改造原有产品及研发生产方式，具体包括以下形式：

（1）“移动互联网+工业”。借助移动互联网技术，传统制造厂商可以在汽车、家电、配饰等工业产品上增加网络软硬件模块，实现用户远程操控、数据自动采集分析等功能，极大地改善工业产品的使用体验。

（2）“云计算+工业”。基于云计算技术，一些互联网企业打造了统一的智能产品软件服务平台，为不同厂商生产的智能硬件设备提供统一的软件服务和技术支持，优化用户的使用体验，并实现各产品的互联互通，产生协同价值。

（3）“物联网+工业”。运用物联网技术，工业企业可以将机器等生产设备接入互联网，构建网络化物理设备系统（CPS），进而使各生产设备能够自动交换信息、触发动作和实施控制。物联网技术能够对生产制造实时数据信息进行感知、传送和分析，加快生产资源的优化配置。

例如，传统磨辊间标准化工艺流程存在劳动效率低、安全风险高、质量波动大、环保效果差等问题。宝钢通过工业互联网、射频识别、信息交互、智能控制等技术，实现了轧辊自动识别、行车智能吊装、磨床智能磨削、轧辊自动水冷、轧辊自动补油、轧辊智能配辊等生产工艺，大大提高了生产能力，避免了安全风险，降低了生产成本，提高了环保节能水平。

（4）“网络众包+工业”。在互联网的帮助下，企业可以通过自建平台或借助现有的“众包”平台，发布研发创意需求，广泛收集客户和外部人员的创意想法，大大扩展创意来源。例如，工业和信息化部的信息中心搭建了“创客中国”创新创业服务平台，链接创客的创新能力与工业企业的创新需求，为企业开展网络众包提供了可靠的第三方平台。

（二）金融

从 2013 年起，以在线理财、支付、电商小贷、P2P（互联网金融点对点借贷平台）、众筹等为代表的细分互联网嫁接金融的模式进入大众视野以来，互联网金融已与人们的生活密不可分，为普通大众提供了更多元化的投资理财选择。

（1）互联网供应链金融。该业务与电子商务紧密结合，阿里巴巴、苏宁、京东等大型电子商务企业纷纷自行开展或与银行合作开展此项业务。互联网供应链金融具有以下优点：互联网企业基于大数据技术，在放贷前可以通过分析借款人历史交易记录，迅速识别风险，确定信贷额度，借贷效率极高。在放贷后，可以对借款人的资金流、商品流、信息流实现持续闭环监控，有力地降低贷款风险，进而降低利息费用，让利于借款企业。

（2）P2P 网络信贷。近年来，我国 P2P 网络信贷业务出现了爆炸式增长，无论是平台规模、信贷资金，还是参与人数、社会影响都有较大变化。P2P 网络信贷的飞速发展为中小微企业融资开拓了新的渠道，也为居民进行资产配置提供了新的平台。

（3）众筹。这种融资模式具有融资门槛低、成本低、期限和回报形式灵活等特点，是初创型企业除天使投资之外的重要融资渠道。

（4）互联网银行。2014 年，互联网银行落地，标志着“互联网+金融”融合进入了新阶段。2015 年 1 月 18 日，以腾讯为大股东的深圳前海微众银行试营业，并于 4 月 18 日正式对外营业，成为国内首家互联网民营银行。

互联网银行模式大大降低了金融交易成本：节省了有形的网点建设、管理和安全等高额的人力物力成本，节约了客户办理银行业务的时间成本等。这一模式还大大提高了金融交易的效率：客户在任何地点、任何时间都可以办理银行业务，网络化、程序化交易和计算机快速、自动化的业务处理，都大大提高了银行业务处理的效率。

（三）商贸

零售、批发等传统领域通过和互联网的深度结合，焕发出新的生机。正如马化腾所言，“‘互联网+’是对传统行业的升级换代，不是颠覆掉传统行业”。其中，又可以看到“特别是移动互联网对原有的传统行业起到了很大的升级换代的作用”。

（四）通信

“互联网+通信”产生了即时通信，几乎人人都在用即时通信 App 进行语音、文字、视频交流。然而一开始，传统运营商在面对微信这类即时通信 App 时简直如临大敌，因为即时通信软件导致其语音和短信收入大幅下滑。但随着互联网的进一步发展，来自数据流量业务的收入已经大大超过语音、短信收入的下滑额。可以看出，互联网的出现并没有颠覆通信行业，反而促进了运营商进行相关业务的变革升级。

（五）交通

“互联网+交通”促使交通运输领域产生了剧烈的“化学效应”——几乎人人都用过

打车软件、网上购票软件、出行导航系统等。

移动互联网催生了一批打车、拼车、专车软件，如国外的 Uber（优步）、Lyft（来福车），国内的滴滴打车，它们结合了移动互联网和传统的出租车行业，改善了人们的出行方式，增加了车辆的使用率，推动了互联网共享经济的发展，提高了效率，减少了排放，对环境保护也做出了贡献。

（六）旅游

现在多数景区已经实现了网上购票、景区导览、路线规划等功能，有些景区还建立起旅游服务云平台和运行监测调度平台。游客进入景区时，可使用电子门票自助扫码过闸机，无须人工检票入园，大大提高了检票的效率；进入景区后，景区可根据游客的购票信息，进行智能线路推送，避免人流拥堵，提高了旅游体验；游览时，游客还可使用电子讲解服务，深入了解景区。

此外，线上旅游也飞速发展，智慧景区技术方案日益成熟，虚拟现实技术（VR）得到广泛应用，如 VR 主题公园、VR 乐园、VR 展会、VR 演艺直播等。VR 运用于旅游目的地、景区及项目，丰富了旅游展示方式，催生了全新的旅游业态与形式。例如，虚拟全景乐山大佛、VR 圆明园等，复原或再造了文化遗产资源与景区，使游客获得如临实境的沉浸感和现场感。

（七）医疗

目前，看病难、看病贵等难题还无法完全解决。业内人士认为，“移动医疗+互联网”有望从根本上改善这一医疗生态。具体来讲，互联网将优化传统的诊疗模式，为患者提供一条龙的健康管理服务。在传统的医患模式中，普遍存在患者事前缺乏预防、事中体验差、事后无服务的现象。而通过互联网医疗，患者有望从移动医疗数据端监测自身健康数据，做好事前防范；在诊疗服务中，可依靠移动医疗实现网上挂号、询诊、购买和支付，节约时间和经济成本，提升事中体验；在诊疗结束后，还可依靠互联网与医生沟通。

（八）教育

一所学校、一位老师、一间教室，这是传统教育。一根网线、一部手机或一台电脑，学校任你挑、老师由你选，这就是“互联网+教育”。

在教育领域，“互联网+教育”的模式可以让所有人受益，无论是中小学教育、大学教育，还是职业教育，无论是自我提升还是技能培训，学习者都可以足不出户在家上课。“互联网+教育”使一切教与学的活动都围绕互联网进行，老师在互联网上教，学生在互联网上学，信息在互联网上流动，知识在互联网上成型。

（九）政务

“互联网+”进政府，主要体现在两个方面：一是政府在信息采集、信息监控等技术手段上进行创新，通过互联网采集、输送信息，大大减少信息传递的资金、人力和时间成本。二是“互联网+政府服务”理念，让政府的服务功能得到提高。当前，确实存在部分政府部门多头管理的问题，有时候办一件事需要跑很多部门。如果通过互联网，尤其是通过政府的大数据互通共享，使群众可以清楚了解政府办事的程序，合理安排办事程序，从而有效提高办事效率。

“互联网+政务”能大幅提升政务服务智慧化水平，优化服务流程，创新服务方式，推进数据共享，更好地推行公开透明服务，能让政府服务更“聪明”，让企业和群众办事更方便，更快捷，更有效率。

（十）农业

扫一扫

农产品营销走向“微”时代

“互联网+农业”潜力无限。农业是民生之本，通过信息技术对地块的土壤、肥力、气候等进行大数据分析，然后据此提供种植、施肥相关的最优解决方案，能够大大提升农业生产效率，彻底改变“靠天吃饭”的局面。

此外，农业信息的互联网化将有助于需求市场的对接，互联网时代的新农民不仅可以利用互联网获取先进的技术信息，也可以通过大数据掌握最新的农产品价格走势，从而确定农业生产重点。与此同时，农业电商将推动农业现代化进程，通过互联网交易平台减少农产品买卖的中间环节，可以有效增加农民收益。面对万亿元以上的农资市场及近七亿的农村用户人口，农业电商有着广阔的市场空间。

典型案例分析

我国迈入“互联网+”时代

在全功能接入国际互联网20年后，中国全速开启通往“互联网+”时代的大门。这扇大门打开速度之快令外界惊讶：2015年3月的政府工作报告提出制定“互联网+”行动计划，6月24日国务院常务会议通过《“互联网+”行动指导意见》，仅隔10天国务院发布全文。20多年来，互联网在中国快速发展。中国93.5%的行政村开通宽带，网民数达6.5亿，一批互联网和通信设备制造企业进入国际第一阵营。

随着第二届世界互联网大会在浙江乌镇召开，“互联网+”时代也将增添一个全新注脚。

互联网产业发展速度空前

1994年4月20日，中国实现了与国际互联网的第一条TCP/IP全功能链接。20年后，浙江乌镇西栅景区，百年老店叙昌酱园里，游客们都在使用支付宝付款。51岁的店员郑爱珍笑言：“现在景区所有店铺都能电子支付啦。”

近10年来，国内互联网企业快速成长，阿里巴巴、腾讯、百度和京东，一举占据了全球互联网公司10强中的4席；互联网对经济增长的贡献率明显提升，2014年我国互联网经济在GDP中的占比达7%，超过美国；网民数量持续增长，截至2020年3月，中国网民已达 9.04 亿人；网络基础设施建设突飞猛进，截至 2019 年 6 月，我国光纤接入用户规模达到 3.96 亿户，截至 2019 年底，我国 4G 基站数达到 544 万个，5G 基站数超过 13 万个。

互联网改变了中国人的生活。2020 年的“双 11”当天，天猫成交额达 4 982 亿元，京东累计下单额达 2 715 亿元，“双 11”成为全球最大的购物促销节日。

网民们开始习惯在网上接受生活服务。手机打车、买电影票、上门洗车……，越来越多的传统餐饮、休闲娱乐、美容健身等本地生活服务企业开始通过线上渠道，向消费者提供在线预约、下单、客服等服务，并大力开展线上的营销推广。

中国的互联网产品和品牌也在走向世界。阿里巴巴速卖通在巴西、俄罗斯等新兴市场国家已成为最大的电商平台，支付宝早在 2013 年就成为全球最大移动支付公司，微信全球月活跃账户已达到 6.5 亿，百度旗下移动产品已在海外收获 7 亿用户，猎豹 74%的移动端月度活跃用户来自欧美为主的海外市场。在世界范围内，我国互联网发展速度空前。

“互联网+”成驱动经济发展新引擎

在迅猛发展的同时，互联网产业正加速向传统行业渗透融合。“互联网+”为新常态注入了新动力。

2015 年全国两会上，“互联网+”行动计划首次出现在政府工作报告中。“十三五”规划建议明确提出：实施“互联网+”行动计划，发展物联网技术和应用，发展分享经济，促进互联网和经济社会融合发展。

多位业界人士感慨，与传统产业全面融合后，互联网不再是简单的应用工具或获取信息的渠道，而是一种可以对全产业链各要素进行有效整合的基础设施。例如，互联网与工业的跨界融合，推动工业生产向智能制造深刻变革，如青岛红领集团，运用大数据实现大规模服装定制，一方面催生了新的销售模式和生产方式，另一方面满足了消费者个性化的需求。

“互联网+”时代的新治理

自 2014 年中央网络安全和信息化领导小组成立后，中国发挥主场优势，积极搭建互联网领域国际交流的中国平台，除了首次主办“世界互联网大会”，还通过举办“中国—东盟网络空间论坛”和“中国—阿拉伯国家博览会网上丝绸之路论坛”，服务“一带一路”建设等国家战略。

通过积极开展双边、多边的互联网国际交流合作，中国的互联网“朋友圈”越来越大。而更为重要的是，中国互联网发展背后，是我国国家治理体系和治理能力现代化的重要转变。“互联网为政府改善社会治理提供了新手段，为公众参与社会管理提供了新渠道，为进一步密切政府与群众的关系提供了新桥梁，有利于加速推进政府职能转变和管理模式创新，有效提升社会管理水平。”

资料来源：http://www.xinhuanet.com/politics/2015-12/16/c_128533971.htm

【案例分析】

> 2014 年，世界互联网大会会址永久定于乌镇。这一年里，在古老的水乡，启动了智慧养老综合服务平台，全国首家互联网医院上线“开诊”，提出了建设“智慧小镇”的计划。互联网革新了这里的人们以往的生活方式，也带给了外界更多关于转型蜕变的想象。在这背后，我们有理由相信，在这一轮以信息技术为核心的工业革命浪潮中，“互联网+”为我国经济社会发展开启了全新模式，并扮演着这个时代前所未有的重要角色。抓住“互联网+”，就是抓住了机遇，就能跟上时代的步伐。

探索活动

跨界：“互联网+”时代的危与机

活动目的：

通过活动，了解互联网跨界的含义，树立互联网跨界的意识和应对意识。

背景链接：

晨光坐不住了，没想到，向自己宣战的居然是个做手机的！

柯达领先同行 10 年，却在 2012 年忽然倒下，打败它的不是对手富士、尼康，而是做手机的诺基亚。同样被迫迎接跨界对手挑战的，还有面对支付宝的银行，面对美团的康师傅，面对小米的晨光。

一

2019 年 6 月 11 日，小米推出一款巨能写中性笔，号称 1 支可以顶 4 支普通中性笔，并且在发布会现场秀了一波操作：成功书写完成圆周率小数点后 178 022 位。

一分钱一分货，这么优秀的产品，价格肯定不菲，但事实上，9.99 元就能买 10 支，堪称巨能写、巨顺滑、巨便宜。一支笔能写 17 万字，只要一块钱.很明显，雷军这是要向小学生“下手”了。

晨光作为文具届的龙头之一，已经占据市场领先地位许多年了。现在，却被做手机的小米发起挑战。但其实，这已经不是小米第一次挑战晨光了，早在 2016 年 7 月，小米就曾推出“米家签字笔”，售价 19 元。这款签字笔采用瑞士笔芯，搭配快干不溢油的日本油墨，具有不断墨、遇水不晕的特点。米家签字笔不仅好用，而且颜值也高，简洁又不失格调。虽然性能出色，但是 19 元的定价还是贵了点，当时米家签字笔更多的是受到小米忠实粉丝的青睐。

不少人好奇，小米不就是个做手机的吗，怎么还搞起文具来了？

二

2013 年年中，雷军感觉 IoT（物联网）的风口即将到来，大手一挥，让时任小米副总裁的刘德组建队伍做投资，决心用小米的价值观打造 100 家公司，搅动 100 个行业。

从 2010 年加入小米，刘德的角色定位就是“工业设计+X”，本身就是工业设计出身的刘德，专业对口，把工作搞得有模有样。不过，小米生态链毕竟是个新领域，相当于从零开始，而且听起来范围大得惊人。

小米以手机起家，最容易的当然是从手机周边起步。于是，刘德的首秀选择了紫米——做移动电源。人事方面，他挖来了时任英达华南京总经理的张峰——是第一个接下小米手机订单的人。

从移动电源的紫米开始，做耳机的 1MORE、做智能穿戴的华米、做净水器的云米、做平衡车的纳恩博等创业团队，纷纷被刘德招致麾下，小米生态链也将势力范围一路扩展至智能硬件、生活耗材领域。

发展到今天，小米主营业务除了手机，还有电视、洗衣机、空调等，其经营范围包括货物进出口、技术进出口、通信设备、厨房用品，甚至还有医疗器械。

如今的小米，堪称杂货铺，不仅什么都有，而且做得还不错，如智能穿戴设备。权威数据显示，截至 2019 年 3 月底，小米的智能穿戴设备在全球的市场份额遥遥领先，小米手环出货量超过 6 500 万台。

三

2016 年底，雷军公开表示：小米智能硬件生态链全年收入预计达到 150 亿元。2017 年 IoT 与生活消费品业务营收为 234.47 亿元，占比 20.5%，仅次于智能手机业务。

从一开始的“吸血”，到现在的“输血”，小米生态链已经成长为小米家族不可或缺的一员。截至 2019 年 6 月，小米已经累计投资超过 120 家生态链企业，其中有 90 多家专注于发展和生产智能硬件产品。

四

从白手起家，到 200 多亿元的产业链，我们能够从中学到什么呢？

第一，小米用硬件（手机）的方式占领市场，形成市场基础——几千万的粉丝和上亿的用户。

第二，小米很清楚自己的短板，知道单一的手机产品不足以支撑企业的持续性发展，所以雷军下决心布局生态链，帮助小米实现可持续性发展。

第三，小米将通过 IoT 寻求突破，虽然这个步骤尚在探索之中，但是小米凭借强大的用户基础和大数据，在未来一定大有作为！

资料来源：https://www.sohu.com/a/320278246_465282

活动内容：

请同学们结合所学知识探索互联网跨界的更多案例，并试着回答如下问题：

（1）互联网跨界有规律吗？

（2）互联网跨界能够带来什么，全部是机会吗？

（3）看不见的敌人是最危险的，那么互联网跨界带来的危机有哪些？

活动检测：

活动结束后，教师可根据表 8-2 进行评分。

表 8-2　探索活动评价表

评分标准	满分	实际得分	备注
明确互联网跨界的含义，能列举出互联网跨界的案例	25		
明确互联网跨界的利弊，并能分别举出实例	25		
积极参与活动	25		
观点鲜明，论据充分，语言表述清晰	25		
总分	100		

能力训练

不知从何时开始，女孩们买衣服的习惯悄悄发生了变化：去商场越来越少了，拿起手机购物越来越多了，网购的品种和数量也越来越多了。现在，女孩们在网上看中一件品牌服装，但是对面料、尺寸还拿不准时，就会到现实中的品牌店去了解——她们按图索骥在线下店面找到网上看中的服装，然后试衣、挑选，最后回到网上购买。因此，当她们网购的服装寄来时，女孩们已经知道这件衣服肯定是自己满意的了。

问题：

（1）你认为互联网时代的购物与传统商业模式的购物有哪些不同？

（2）分析女孩们为什么喜欢这样网购，这说明了女孩们的什么心理？

请同学们 3～5 人为一组，就上述问题展开讨论，然后由 1 人汇报讨论结果。

创业实践

随着移动互联网的兴起，微商作为一个新名词诞生了。很多在职人员、全职妈妈、在校学生开始做微商，其中不乏成功人士。然而，由于加入微商的门槛太低，很难保证每个微商都会规范经营，最终造成市场鱼龙混杂，大量三无产品充斥于市场，消费者对微商的信任程度正在逐渐降低。

小丽是某高职院校的一名学生，希望利用课余时间进行创业。经过仔细考虑，她觉得虽然消费者对微商的信任度降低，但如果有好的创意和点子，在互联网平台上开店并非不能赚钱；而且做微商成本低、时间自由，正好适合她这样的学生进行创业。

请大家为小丽的创业项目出谋划策，主要内容包括：

（1）哪些有创意的产品可能从众多微商产品中脱颖而出？

（2）如何进行创意营销，将经营的产品推广出去？

（3）除微信平台外，还有哪些平台适合小丽创业？

以团队为单位分享自己的好点子，采用头脑风暴法对其进行完善，形成可行性方案。方案内容应包括：团队人员及各自职责、供货渠道及供货商、微店的设计及商品资料的发布、微店的日常经营管理（业务洽谈、售后服务、微店的营销与推广）等。

参考文献

[1] 李肖鸣，朱建新. 大学生创业基础 [M]. 2版. 北京：清华大学出版社，2013.

[2] 李贞. 职业生涯规划与创业指导 [M]. 镇江：江苏大学出版社，2013.

[3] 刘辉，李强，王秀艳. 大学生创新创业教程 [M]. 上海：上海交通大学出版社，2016.

[4] 吴晓义. 创业基础：理论、案例与实训 [M]. 北京：中国人民大学出版社，2014.

[5] 杨建平，蒙秀琼. 大学生就业与创业指导 [M]. 北京：航空工业出版社，2015.

[6] 袁凤英，王秀红，董敏. 创新创业能力训练 [M]. 北京：中国书籍出版社，2014.

[7] 张德山. 大学生创业教育 [M]. 镇江：江苏大学出版社，2015.

[8] 张德山. 大学生创业教育案例分析 [M]. 镇江：江苏大学出版社，2015.

[9] 章小莲. 大学生就业与创业指导 [M]. 北京：航空工业出版社，2015.

[10] 张玉利. 创业管理 [M]. 4版. 北京：机械工业出版社，2016.

[11] 钟宇，朱勇刚，蔡向阳. 创新创业实践能力训练 [M]. 镇江：江苏大学出版社，2016.

[12] 王凯，赵荣，李峰. 大学生创新创业理论与实务 [M]. 上海：上海交通大学出版社，2018.

[13] 张钱，李强，詹一览. 大学生创新创业教育教程 [M]. 上海：上海交通大学出版社，2017.